70년의 대화

새로 읽는 남북관계사

70년의 대화

김연철 지음

창비

남북관계를 보는 눈

남과 북을 가르는 비무장지대는 바다다. 냉전의 파도가 치는 바다에 다리가 있었다. 도로와 철도가 놓이고 사람들이 오가고 물자가 넘나들면서 다리가 넓어졌다. 한때 적대의 바다가 협력의 공간으로 변하기도 했다. 그러나 남북관계는 쾌청한 날이 많지 않았다. 비바람이 불고 천둥 번개가 치면서, 접촉이 끊어지고 다리가 사라졌다. 비무장지대는 다시 바다로 변했다. 건널 수 없는 바다에 둘러싸인 우리는 섬 아닌 섬에 산다.

다리가 있을 때와 없을 때의 남북관계는 다르다. 다리는 왜 사라졌을까? 북한이 일방적으로 끊어버렸다는 주장도 있지만, 관계는 언제나 일방적이지 않고 상호적이다. 남과 북이 아닌 제3의 누군가가 다리를 선물로 주지도 않을 것이다. 우리 스스로의 힘으로 다리를 놓아야 한다. 비무장지대라는 바다를 건너면 북한이라는 더 큰 다리가 나오고 우리는 유라시아 대륙과 만날 수 있다.

한국전쟁 이후 남과 북을 잇는 다리는 없다가도 생기고, 그러다 갑자기 사라졌다. 전쟁이 끝나고 64년이 흘렀지만, 남북관계는 여전히 전쟁과 평화 사이에서, 오해와 이해 사이에서, 과거와 미래 사이에서 길을 잃고 헤맨다. 남북관계는 가다 서다를 반복해왔고 자주 비틀거린다. 남북관계가 가야 할 길은 멀고 지금은 비바람마저 친다. 지금까지 걸어온 길을 되돌아보면 앞으로 가야 할 길도 보이리라. 사라진 다리를 생각하며, 이 책을 쓴다.

이 책은 세가지 시각으로 남북관계를 해석하려 한다. 북한을 따라가는 수동적 접근이 아닌 남한이 주도하는 능동적 접근, 동북아 지역질서와 남북관계를 함께 보는 포괄적 접근, 남북관계의 역사에서 지혜를 찾는 역사적 접근이다.

먼저 움직이자: 능동적 접근

2016년 5월 북한의 7차 당대회가 열렸다. 대회가 열리기 전날, TV에 출연한 어느 전문가는 북한이 장거리 미사일을 쏠 것으로 전망했다. 북한 내부의 결속을 위해 필요하다는 것이다. 그러나 미사일은 정치적 축포가 아니다. 미사일은 기술적 준비가 끝나야 쏠 수 있다. 북한에서는 핵실험이나 미사일 발사를 당연히 국내정치적으로 활용하지만, 그것만으로는 설명이 충분치 않다. 우리가 북한의 핵실험과 미사일 발사를 분석할 때에도 이 점을 염두에 두어야 한다. 대부분의 한국 언론은 '공이 북한으로 넘어갔다'고 보도한다. 그러나 과연 남북관계가 북한이 대결하자면 대결하고, 대화하자면 대화하는 식으로 흘러갔을까? 그런 역사는 없고, 그럴 수도 없다.

북한만 쳐다보는 시각을 수동적 접근이라 부를 수 있다. 반대로 적극적으로 문제를 해결하는 시각이 능동적 접근이다. 수동적 접근은 주로 남북관계가 악화된 시기에, 능동적 접근은 남북관계가 개선된 시기에 등장한다. 한국전쟁 이후 이뤄진 대화 국면은 대체로 남한이 주도했다. 1972년 7·4남북공동성명 국면은 그 전해에 박정희 정부가 적십자회담을 제안하면서 시작됐다. 1991~92년 남북기본합의서 국면도 노태우 정부의 북방정책으로 시작됐다. 2000년과 2007년 두번의 정상회담도 북한이 먼저 제안한 것이 아니라 남한이 환경을 만들고 북한을 설득해 이뤄냈다.

　관계를 주도하지 못하면 상황에 끌려다닌다. 수동적 접근의 결과는 언제나 남북관계의 악화다. 수동적 접근은 북한에 압력을 행사하면서 북한의 태도가 변할 때까지 기다릴 것을 주장한다. 감나무 밑에서 감이 떨어지기를 기다리는 격인데, 언제나 감이 떨어지기도 전에 남한 정부가 교체되곤 했다. 기다리면 할 일이 없고 아무것도 바꿀 수 없다. 이런 수동적 접근의 시기에 빠짐없이 등장하는 단골손님이 '북한 붕괴론'이다. 1994년 북한의 김일성 주석이 사망했을 때, 어느 전문가는 '빠르면 3일, 늦어도 3년' 안에 북한이 붕괴할 것이라고 전망했다. 김영삼 정부도 북한 붕괴론 쪽으로 기울었다. 미국의 클린턴 정부가 조문 외교에 나섰을 때, 김영삼 정부가 공안정국으로 대응한 배경에 바로 '붕괴론'이 작용했다.

　남북관계는 상호작용의 결과다. 대화든 대결이든 상대의 호응이 필요하다. 우리가 북한과 대화하고 싶다고 해서 대화할 수 있는 것은 아니다. 거꾸로 북한이 도발해 와도 우리가 어떻게 대응하느냐에 따라 싸움으로 번지는 일을 막을 수 있다. 손뼉도 마주쳐야 소리가 나듯 대화도 대결도 갑자기 이루어지지 않으며, 관계를 이해하기 위해서는 관계의 오랜 맥락을 알아야 한다.

북한의 대남정책은 냉전시기에는 공세적이었지만 탈냉전시기에는 수세적으로 전환했다. 위기상황에서 북한이 선택할 수 있는 수단은 제한적이고, 대응하는 방식도 단순하다. 관계가 악화된 시기에는 위기를 조장하는 '벼랑 끝 전술'에 주로 의존하지만, 관계가 개선되면 대화에 응한다. 그런 점에서 1990년대 이후 북한의 대남정책은 변수가 아니라 상수에 가깝다. 남한이 대북정책을 무엇으로 선택하느냐에 따라 남북관계는 후퇴하거나 전진했다. 남북관계의 역사를 능동적 접근의 관점으로 다가가면, 전혀 다른 사실이 보인다.

대북정책의 목표는 북한을 비난하는 것이 아니라 한반도 문제를 해결하는 것이다. 한국전쟁 이후 오랜 세월이 흘렀지만, 분단의 상처는 치유되지 않은 채 자주 재발한다. 문제가 복잡하면 해법이 어렵다. 오래된 문제는 해결 과정도 길다. 비바람 부는 남북관계 한가운데, 우리는 비관의 바다에서 낙관의 좁은 문을 찾아야 한다. 능동적 접근은 그 출발점이다. 이 책은 남북관계가 걸어온 길에서 수동적 접근과 능동적 접근의 엇갈린 운명을 보여준다. 문제를 해결하기 위해서는 북한이 행동하고 남한이 대응하는 수동적 접근이 아니라, 남한이 행동하고 북한의 대응을 유도하는 능동적 접근이 필요하다.

넓게 보자:
포괄적 접근

노무현 정부 시절에 통일부 장관 보좌관으로 중국을 방문한 적이 있다. 중국이 한반도 통일을 원하지 않는다는 기사가 언론에 자주 등장하던 무렵이다. 가벼운 저녁 식사 자리에서 우리 측 인사가 중국의 고위 인사에게 이렇게 물었다. "중국은 한반도의 통일을 지지합니까?" 그러자 상대는 "중국의 이익에 맞으면 지지하고, 충돌하면 반대할 것"이라고 웃으며 대답했다. 우문현답이다.

주변국은 자신들의 이해관계에 따라 한반도 정책을 추진한다. 주변국이 한반도 통일을 지지하느냐 혹은 반대하느냐, 또 남북관계 개선을 바라느냐 혹은 긴장을 원하느냐는 모두 자신들의 이해관계에 달려 있다. 국익 추구는 외교의 기본이자 국제정치의 출발이다. 우리도 마찬가지다. 대북정책이나 주변국 정책은 우리의 이익을 기본으로 하고, 우리 운명의 결정권을 우리가 스스로 행사하려는 것이다. 한반도는 해양과 대륙의 완충공간에 존재한다. 해양세력과 대륙세력이 충돌할 때마다 한반도는 전쟁터로 변했다. 현대에 들어와서도 마찬가지다. 한국전쟁 이후 한반도 역사는 동북아 지역질서의 변화에 따라 춤을 췄다.

이것이 바로 남북관계를 넓게 봐야 하는 이유다. 한국전쟁이 끝나고 한해 지나 열린 1954년 제네바 회담은 한반도의 통일문제를 다룬 처음이자 마지막 국제회의였는데, 한편으로 미국·중국·소련의 동북아 지역전략이 충돌한 공간이기도 했다. 1971년 미국의 닉슨 대통령이 갑자기 중국을 방문하겠다고 발표했다. 한국전쟁에서 서로 싸웠던 미국과 중국이 악수를 나누며 동북아 지역질서가 요동치자, 한국정부는 가만히 앉아 있을 수 없었다. 결국 박정희 정부는 북한에 대화를 제안했다. 노태우 정부가 북방정책을 추진할 수 있었던 것도 베를린 장벽이 무너지고 사회주의권이 급변하는 지각변동이 요인이었다. 이 책은 동북아 지역질서와 남북관계의 연관성에 주목한다. 넓게 보면 언제나 다른 해석을 할 수 있다. 운동장을 넓게 사용하면 다양한 전술을 사용할 수 있듯이, 동북아 지역질서의 변화에서 남북관계 개선의 기회를 찾아야 한다. 남·북·미 삼각관계만 존재하는 것이 아니라 남·북·중, 남·북·러, 한·미·중처럼 다양한 삼각관계 속에서 한국이 움직일 공간을 만들고 활용할 수단을 찾아야 한다.

동북아와 한반도의 만남에서 가장 중요한 부분은 남한·북한·미국의 삼각관계다. 삼각관계는 남북, 한미, 북미, 이상 세개의 양자관계로 이루어진다. 냉전시대에는 북미관계가 존재하지 않았기 때문에 한미관계와 남북관계가 자주 충돌했다. 남한의 대북 강경정책은 때때로 미국의 전략과 달랐다. 미국은 휴전을 반대하던 이승만 정권을 교체하려고도 했고, 군사보복을 주장하는 박정희 정권과 충돌하기도 했다. 북미관계가 시작된 1990년대부터 한미 양국은 자주 대북정책을 둘러싸고 갈등했다. 한미 양국의 엇박자는 역사가 길고, 반복적으로 발생했다.

남북, 한미, 북미 각각의 양자관계가 서로 긍정적 영향을 미치는 선순환은 과거 두차례 일어났다. 2000년과 2007년, 바로 남북 정상회담이 이뤄진 무렵이다. 북미관계가 풀리고 한미 양국의 대북정책이 일치할 때였다. 다만 2000년 여름과 2007년 가을은 너무 짧았다. 세개의 양자관계 가운데 하나라도 중단되면 다른 양자관계에 악영향을 미친다. 2000년 남북 정상회담 시점의 선순환은 미국 대선에서 조지 W. 부시가 집권하며 지속되지 못했다. 2007년 남북 정상회담이 만든 한반도의 훈풍도 이명박 정부가 정상회담의 성과를 부정하면서 곧바로 멈췄다.

남·북·미 삼각관계의 선순환은 한여름 밤의 꿈처럼 한순간이었고, 악순환이 잦았다. 한미 양국은 대북정책을 둘러싸고 충돌하곤 했다. 클린턴 행정부가 북미관계에서 북핵문제를 해결하려 할 때 김영삼 정부는 발목을 잡았다. 부시 행정부는 김대중 정부의 남북관계에 불만이 많았다. 그러나 당시 한미 양국은 꾸준히 소통하며 차이를 줄여나갔다. 중요한 것은 삼각관계의 악순환에서 선순환으로의 전환을 누가 주도하느냐다. 한국이 주도해 선순환을 만들어낸 경험에서 지혜를 얻을 필요가 있다.

남북관계의 역사는 안보 개념을 놓고, 전통적 군사안보만을 강조하던 시대와 정치·경제·환경·인권 등 다양한 분야를 포함하는 포괄안보의 시대로도 구분할 수 있다. 전통적 안보를 주장하던 시대에는 정치·군사와 경제협력을 연계했고, 포괄안보의 시대에는 그 둘을 병행했다. 연계론은 대체로 실패했다. 경제협력을 중단함으로써 북한에 압력을 행사하려고 할 때 결과는 늘 예측을 빗나갔다. 관계는 더 나빠지고, 긴장은 더 높아지고, 문제는 더 꼬였다. 연계론은 언제나 북한의 태도 변화라는 목적을 달성하지 못한 채 경제협력이라는 수단만 낭비했다.

남북관계가 오랫동안 악화되면 경제에도 부정적 영향을 미친다. 흔히 안보는 '죽고 사는 문제', 경제는 '먹고사는 문제'라 한다. 먹지 못하면 죽는 것처럼 안보와 경제는 서로 연결되어 있다. 강원도나 경기도 북부의 접경지역에 가보면, 남북관계가 좋을 때와 나쁠 때 지역 경기가 다름을 피부로 느낄 수 있다. 남북관계가 악화되면 관광객이 줄고 장사가 안되며 땅값도 떨어진다. 다른 지역 또한 체감하지 못하더라도 간접적인 영향을 받는다. 그러므로 한반도에서는 평화가 밥이고, 평화가 민생이다.

물론 경제협력을 한다고 해서 평화가 오지 않는다. 경제협력이 확산돼 상호 의존성이 높아지면 평화가 온다는 '기능주의'의 가정은 남북관계에 해당하지 않는다. 북한은 경제협력보다 정치·군사를 더 중시하며, 남북 경제협력의 수준은 초보적이다. 그러나 남북관계를 넓게 본다면 정부가 할 일이 있고 민간이 할 일이 있다. 정부는 정치·군사적 현안을 풀어야 하지만 그밖에 경제와 사회·문화의 역할도 중요하다. 특히 사회·문화적 교류는 남북접촉 과정에서 중요하고 상호 이해를 위해 필요하다. 한국전쟁 이후 남북이 최초로 만난 계기는 적십자회담이었고, 이산가족 상봉 문제는 언제나 남북관계에서 가장 중요한 현안이다. 1991년 세계탁구선수권대회에서 남북 단일팀을 이룬 사례처럼 체육 교류는 민족정체성을 확인하는 기회가 될 것이다.

길게 보자: 역사적 접근

영국 총리 처칠은 "미래는 알 수 없지만, 과거는 희망을 준다"라고 말했다. 남북관계의 역사를 보면 가야 할 길과 피해야 할 길, 성공으로 가는 길과 실패로 가는 길을 만날 수 있다. 과거는 성찰의 대상이며, 성공의 사례에서 지혜를 찾고 실패의 사례에서 교훈을 찾아야 한다. 그래야 현재의 문제를 해결하고 미래의 문을 열 수 있다.

한국전쟁 이후 한반도를 둘러싼 국제환경이 변했다. 남과 북의 역량 격차가 달라지고, 문제의 수준도 달라졌다. 그러나 변하지 않은 것이 있다. 바로 관계의 성질이다. 상대를 인정하면 대화와 접촉이 생겨나고, 상대를 부정하면 대립하고 갈등한다.

북핵문제가 심각해지자 '게임 체인지'를 주장하는 목소리가 있다. 문제의 구조가 달라졌기 때문에 처방이 달라져야 한다는 것, 즉 북핵문제가 질적으로 새로운 단계로 진입했기 때문에 새로운 접근이 필요하다는 주장이다. 물론 정도가 심해지고 강도가 높아진 것은 사실이나, 구조는 달라지지 않았다. 북핵은 오래된 문제다. 새로 제시하는 처방도 사실상 새롭지 않고 이미 써본 것이며, 대부분 실패한 낡은 정책이다. 북핵문제의 역사를 이해하지 않으면 답을 찾기 어렵고 또다시 실패할 가능성이 높다.

북한이 핵무기를 가지려는 이유는 과거 한국의 박정희 정부나 대만의 장 징궈 정부가 핵무기를 개발하려던 동기와 다르지 않다. 침략당할 수도 있다는 불안감 혹은 두려움 때문이다. 그래서 북한의 핵무기는 한반도 냉전체제의 산물이지, 그 반대가 아니다. 여기서 핵심은 핵무기가 아니라 관계의 성격이다. 적대관계를 청산하지 않으면 북한은 핵무기를 포기하지 않는다. 인도와 파키스탄처럼 핵무기를 가져도 재래식 제한전쟁이 일어날 수 있고, 반대로 양국 관계가 나아지면 핵무기는 더이상 위협이 되지 않는다. 아르헨티나와 브라질처럼 친구가 되면 서로 핵무기를 가질 이유가 없다.

힘으로 북한의 핵무기를 없앨 수 있다는 생각은 일방적이고 근거 없으며 비현실적이다. 2003년 리비아, 혹은 2015년 이란이 어떻게 핵무기를 포기했는지 돌이켜보자. 일부에서는 강력한 제재의 효과를 말하지만 분명 다른 측면이 있다. 핵을 포기하고도 살아갈 가능성 말이다. 협상은 누가 먼저 굽힐지 선후를 따지는 일도 아니고 돈으로 해결되지도 않는다. 신뢰를 쌓아 두려움을 해소하는 과정이 본질이다. 라틴아메리카나 아프리카의 비핵지대화도 그런 인내와 설득의 과정을 거쳤다.

지난 25년여간 북핵위기의 역사에서 협상은 짧고, 제재는 길었다. 협상은 자주 깜박거렸지만 제재의 불빛은 한번도 꺼지지 않았다. 협상이 진행되는 동안 북한의 핵개발은 멈추거나 후퇴했고, 협상이 중단되거나 표류하면 북한은 핵개발의 길을 질주했다. 그 역사를 돌아보는 길이 우리를 북핵문제 해결의 문으로 인도할 것이다.

거울
앞에서

남한과 북한이 거울 앞에 서 있다. 분단이 변화를 가로막고 국내정치적으로 활용되어온 아주 오래된 과거와 대면하는 일은 참담하다. 남과 북의 경제 격차는 비교하기 어려울 정도로 벌어졌고 인권과 민주화의 수준 역시 마찬가지다. 그러나 여전히 북한은 '남풍'을 체제유지의 명분으로 활용하고, 남한에서도 선거철이 되면 '북풍'이 몰아친다. 서로 주먹을 들고 거울 앞에 서서, 거울을 향해 왜 도발하느냐며 화를 내는 오래된 과거는 희극이면서, 씁쓸한 비극이다.

북한은 변해야 한다. 분단을 극복하는 일은 주변환경이 변했다고 해서 저절로 이루어지는 것이 아니다. 스스로의 노력이 반드시 필요하다. 정책 결정 구조도 달라져야 하고 지속가능한 경제를 위한 정책 변화도 불가피하며, 인권문제에 대해서도 국제사회 다수의 지지를 얻을 수 있도록 능동적으로 대응해야 한다.

남한도 변해야 한다. 북한을 바라보는 시각도 달라져야 하고, 분단 극복이 우리 시대의 과제라는 인식을 공유해야 한다. 남북관계의 악화가 장기화되면서 북한에 대한 혐오, 남북관계를 둘러싼 편견도 늘어났다. 분단 1세대와 3세대 간의 차이도 커졌다. 남북관계의 미래를 위해서는 먼저 우리 내부의 평화와 합의가 중요하다. 우리 안의 냉전을 극복해야 남북관계의 미래도 열 수 있다.

두개의 코리아는 더 많이 접촉하고 더 많이 소통해야 한다. 상대를 이해하고 차이를 인정해야 해법을 찾을 수 있다. 거울 앞에서 내가 웃으면 거울 속의 상대도 웃고, 내가 주먹을 들면 상대도 주먹을 든다. 그러나 주체와 객체는 분명하다. 거울 속 상대가 나를 움직이는 것이 아니라 내가 거울 속 상대를 움직인다.

1948년 한반도에 두개의 정부가 들어섰다. 지난 70년 동안, 두개의 코리아는 대립하고 전쟁을 치르고 아주 긴 냉전을 겪었다. 대화는 늘 있었다. 전쟁 중에는 전쟁 같은 휴전 회담을 했고, 냉전 중에는 마주 앉아서도 독백을 했다. 대화는 자주 끊기고 대결을 부르기도 했지만, 대화가 평화로 이어진 시절도 있었다. 2018년 평창 동계올림픽을 앞두고 남북한은 다시 대화를 시작했다. 처음이 아니다. 남북한은 '70년의 대화' 위에 올라타 있다.

대화의 길에는 언제나 장애물이 많다. 고개를 넘으면 또다른 산이 나올 것이다. '70년의 대화'는 말한다. 북한의 변화를 원한다면 우리가 먼저 변해야 하고, 남북관계가 움직이길 바란다면 우리가 먼저 움직여야 한다. 이 책은 거울 앞에 선 경험을 시간의 흐름에 따라 정리한 것이다. 수동이 아니라 능동의 지혜로, 좁은 눈이 아니라 넓은 눈으로, 단절이 아니라 역사의 지속으로 남북관계를 보면 우리가 어디에 서 있는지 그리고 어디로 가야 하는지 알 수 있을 것이다.

1

전후(戰後)

1950년대와 제네바 회담

판문점은 전쟁에서 평화로 가는 다리다. 판문점의 원래 이름인 '널문리'라는 지명도 다리에서 유래했다. 사천강에 널빤지 다리가 있어 널문리라 불렸다는 설도 있고, 옛날 임금이 강을 건너려는데 다리가 없자 마을 주민이 대문을 뜯어 다리를 만들었다는 설도 있다. 조선 초기 중국 사신이 한양으로 가기 전 잠시 쉬는 주막이 이곳에 들어섰고, 이후 주막이 하나씩 늘어 주막 마을로 발전했다.

나그네가 쉬어가는 주막 마을이 전쟁을 쉬는 휴전협상의 장소로 변한 것은 우연이었다. 1951년 7월 휴전 회담이 처음 열린 장소는 이곳이 아니라 개성이다. 유엔군 측은 휴전협상이 금방 끝날 줄 알고, 당시 공산군 측의 점령지역인 개성에서 회담을 열자는 상대편 요구를 수용했다. 그러나 유엔군 입장에서 적진이나 다름없는 개성 회담은 불편했고 이동 과정의 안전이 위협받자 회담 장소를 남쪽으로 이동할 것을 요구했다. 그곳이 바로 널문리 주막 앞 콩밭으로, 1951년 10월 22일 임시 천막이 들어섰다. 이

1951년 11월 1일 판문점
널문리 콩밭에 임시천막을 치고, 휴전협상을 시작했다.
판문점은 '널문리 가게'를 중국식으로 부른 이름이다.

순간부터 이곳은 전세계의 이목을 끌었다. 중국 측이 '널문리 가게'를 한 자로 표기한 판문점板門店으로 고쳐 부르면서 이름도 달라졌다.[1] 평화로운 널문리는 사라지고, 분쟁의 공간인 판문점이 탄생했다.

1953년 7월 27일 오전 10시 판문점의 목조건물 양쪽 입구로 휴전협정에 서명할 대표들이 입장했다. 동쪽 책상에는 유엔군 측 수석대표인 해리슨William K. Harrison 중장이 앉았고, 서쪽 책상에는 공산군 측 대표인 남일南日 대장이 앉았다. 서로 웃지도 않고 악수도 하지 않으며 말 한마디 건네지 않았다. 작은 책상 하나가 그들 사이에 가로놓였다. 먼저 남일이 한국어·영어·중국어로 인쇄된 휴전협정 조문 각 3통씩 총 9통의 문서에 서명했다. 이어 해리슨이 서명했다. 12분 만에 어색한 만남이 끝났다. 그들은 서로 눈길을 피해 아무 말 없이 각자 입장한 곳으로 퇴장했다.[2] 전쟁이 일어난 지 3년 1개월, 휴전 회담을 시작한 지 2년 반, 본회의 159회를 포함한 765번의 회담이 마침내 끝났다.

서명을 했지만 총성은 멈추지 않았다. 휴전협정은 서명 이후 12시간이 지나서야 효력이 발생했다. 1953년 7월 27일 밤 10시, 일제히 총과 대포 소리가 멈추고 시원한 여름 바람이 화약 냄새를 밀어냈다. 전선 양쪽의 병사들은 그동안 들을 수 없던 소리를 들었다. 여름밤의 풀벌레 소리였다. 기계음이 멈춘 허공을 자연의 소리가 채워갈 때 병사들은 비로소 이 지긋지긋한 전쟁에서 살아남았음을 실감했다.

그날 전쟁은 끝난 것이 아니라 잠시 멈추었을 뿐이다. 휴전休戰은 '전쟁을 일시적으로 중단한다'는 의미다. 그날 판문점의 냉랭한 풍경이 협정의 내용을 반영했다. 전쟁이 잠시 중단되는 휴전은 전쟁이 끝났음을 의미하는 종전終戰과 달랐다. 전쟁에 대한 성찰도 없고, 평화 만들기의 의지도 없었다. 휴전은 단지 '뜨거운 전쟁熱戰'에서 '차가운 전쟁冷戰'으로의 전환을 의미했고, 판문점은 전후戰後에 펼쳐진 또다른 전쟁의 전방초소로 변했다.

판문점에서
제네바로

전세계적인 차원의 냉전은 1945년 2월 4일부터 11일까지 크림반도의 흑해 연안 휴양지인 얄따Yalta에서 시작되었다. 미국의 루스벨트Franklin D. Roosevelt, 소련의 스딸린Iosif V. Stalin, 영국의 처칠Winston Churchill은 전후 유럽 질서의 건설을 논의했고 독일에 대한 분할점령, 아시아 태평양에서 소련의 대일전對日戰 참전, 한반도에 대한 신탁통치, 동유럽에 대한 소련의 영향력 인정, 유엔의 구성과 운영에 합의했다.

얄따의 정신은 '미소 협력으로 전후질서를 이끌자'는 것이었다. 얄따에서 루스벨트는 소련과의 협력을 중시했다. 아시아에서의 전쟁 종결을 위해 소련의 개입을 간절히 원했다. 실제로 일본의 입장에서 소련의 개입은 미국의 원자폭탄만큼 충격이 컸다. 냉전은 얄따의 의도하지 않은 결과였다.[3] 얄따에서 미국과 소련은 서로 협력했지만, 협력의 결과로 세계는 갈라졌다. 소련군이 개입하면서 한반도는 분단되었고, 38선은 남북을 가르고 동아시아를 갈랐다. 얄따 회담 이후 영국은 밀려나고, 미국과 소련의 양극체제가 성립했다. 두달 후인 4월 루스벨트 대통령이 사망했고, 그로부터 세달 후인 7월 처칠이 총선 패배로 총리에서 물러났다. 얄따의 의도는 사라지고 결과만 남으면서, 세계는 냉전으로 갈라졌다.

동아시아의 냉전은 유럽과 다르다. 유럽의 냉전이 미소 양극체제였다면, 동아시아의 냉전은 처음부터 미국·중국·소련 삼극 대결체제였다. 미국의 우선적인 목표는 '공산중국'의 봉쇄였다. 미국이 동남아시아에 적극적으로 개입하고, 동북아시아에서 한국·미국·일본 남방 삼각체제를 강화하려는 목적도 마찬가지였다.

동북아 지역의 냉전은 '샌프란시스코 체제'로 모습을 드러냈다. 1차 샌프란시스코 평화회의는 1945년 4월에 열렸지만, 일반적으로 샌프란시스코 체제라고 부르는 것은 2차 평화회의 이후부터다. 1951년 9월 4일부터 8일까지 샌프란시스코에서 열린 2차 회의에서는 연합국 48개국 대표와 일본 대표 요시다 시게루吉田茂가 평화조약Treaty of Peace with Japan을 체결했다.[4]

샌프란시스코 평화조약이 맺어질 때 한국은 전쟁 중이었다. 미국은 한국전쟁을 치르며 일본의 역할을 재평가했고, 태평양전쟁의 법적·정치적 책임을 완화했다.[5] 한국전쟁으로 일본은 태평양전쟁의 패전국에서 동아시아 반공전선의 배후지로 변신했다. 동아시아의 냉전은 1945년에서 1949년 사이 중국의 국공내전을 겪으며 빚어졌고, 한국전쟁을 겪는 동안 가속화되었으며, 샌프란시스코 체제를 통해 구조화되었다.

냉전이 동북아를 덮었지만, 지역을 바라보는 시각은 국가별로 혹은 국가 내부적으로도 달랐다. 미국 내부에서도 동북아 지역전략에 대한 입장 차이가 발생했다. 한국전쟁 기간 동안에 벌어진 트루먼Harry S. Truman 대통령과 맥아더Douglas MacArthur 장군의 갈등은 동북아 지역전략의 차이 때문이었다. 트루먼은 한국전쟁이 한반도를 벗어나 동북아 지역으로 확대되는 것을 반대했다. 3차대전을 걱정한 이 입장을 '제한전쟁론'이라 부른다. 그러나 극동군사령관으로 한국전쟁을 지휘했던 맥아더는 대통령의 제한전쟁론에 반대하며 '확전론'을 주장했다. 중공군의 배후 거점을 전략 폭격하자는 장군의 주장은 장 제스蔣介石의 '본토수복'이라든지 이승만李承晚의 '북진통일'과 어울렸다. 한마디로 반공전선을 동북아 지역 전체로 확대하자는 주장이었다.[6]

공화당의 대통령 후보가 되고 싶었던 장군의 야망은 성공하지 못했다. 대통령은 장군을 경질했다. 장군은 의회의 청문회에서 "노병은 죽지 않는다"라는 군가의 가사를 자신의 어록으로 유행시켰지만, 중공군의 참전을 예상하지 못한 전략적 실수, 전쟁의 현실과 거리가 있는 근거 없는 낙관, 대통령선거에 나서겠다는 정치적 욕심이 드러나면서 대중의 관심에서 사라져갔다. 동북아 지역전략을 바라보는 대통령과 장군의 대결에서 대통령이 이겼다.

그러나 한국전쟁 과정에서 형성된 미국 국민의 중국에 대한 적대적 인식은 오랫동안 지속되었다. 미국과 중국은 한국전쟁의 직접 교전 당사국이었다. 미국이 동북아에서 일본의 정치·경제적 역할을 재평가한 이유도 '공산중국'의 존재가 중요하게 작용했다. 한국전쟁의 전후처리 과정에서 한국·미국·일본 삼각체제가 제도화되었고,[7] 이는 미국의 동북아 동맹전략의 기초였다.

동북아 냉전의 다른 한 축은 북한·중국·소련의 북방 삼각체제다. 북한과 중국의 관계를 이해하기 위해서는 '만주'라는 공간의 역사를 알 필요가 있다. 일본이 중국을 침략하고 1932년 만주국을 세웠을 때, 만주 지역은 국가를 뛰어넘는 초국가적 공간으로 변했다. 1930년대 '동북경제권'은 일본·조선·중국이 결합된 경제공동체였다. 정치·군사적으로 조선과 중국은 일본군에 대항하기 위해 공동투쟁을 펼쳤다. 김일성金日成, 최용건崔庸健

庸健, 김책金策 등이 참여한 '동북항일연군'은 공식적으로 중국공산당의 지휘를 받았지만, 중국과 조선의 연합부대였다. 당시의 경험은 한국전쟁과 이후 전후질서에서 중요하게 작용했다.

그러나 사회주의권 내부적으로 동북아 지역전략의 차이도 존재했다. 동북아를 바라보는 시각의 차이는 1951년부터 시작된 휴전협상 과정에서도 드러났다. 휴전협상 과정에서 공산 측 내부의 삼각관계, 즉 북한·중국·소련의 입장은 달랐다. 소련의 스탈린은 아시아에서 미국의 발목을 잡아야 한다고 생각했기 때문에 휴전을 반대했다. 한반도에서 전쟁을 계속하며 미국의 발목을 잡는 것이 유럽에서 자신의 영향력을 확대하는 데 유리하다고 판단했다. 중국 역시 휴전의 필요성에 공감했지만 다수의 국민당 출신 포로들이 중국으로의 송환을 거부하고 대만으로 가겠다고 하자, 포로 송환 협상에 소극적으로 나왔다. 북한은 전쟁에서 승리할 가능성이 사라지고 폭격 피해가 늘자 즉각적인 휴전을 원했다. 이해관계의 차이는 1950년대 중소 분쟁과 북방 삼각체제의 갈등을 예고했다.

제네바로 가는 길

한국전쟁 이후 형성된 한반도의 아주 긴 '냉전'은 비극적인 '열전'이 남긴 상처였다. 전쟁의 상처가 너무 깊었기에 상대에 대한 증오가 컸다. 전후의 한반도는 냉전의 길을 향해 질주했지만, 한번쯤은 갈림길에 서기도 했다. 휴전협정 4조 60항은 압도적인 적대의 바다에 떠 있는 작은 나룻배였고, 냉전의 길에서 벗어날 수 있는 샛길이었다. 조항의 내용은 '한반도로부터 외국군의 철수와 한반도 문제의 평화적 해결을 위한 고위 정치회담을 휴전조약이 효력을 발생한 뒤 3개월 내에 개최할 것을 권고한다'는 것이다.

4조 60항은 서로 합의할 수 없었기 때문에 뒤로 미룬 숙제였다. 휴전협상에서 외국군 철수에 관한 입장은 서로 차이가 컸다. 공산군 측은 휴전과 동시에 즉각 외국 군대, 즉 미군과 중공군을 철수해야 한다고 주장했다. 유엔군 측은 이 주장을 거부했다. 휴전은 군사문제이고 '철군'은 정치문제이기 때문에 휴전을 먼저 합의하고 외국군 철수는 나중에 논의하자고 주장했다. 서로 차이가 컸고, 합의가 쉽지 않았다. 포로 교환 문제로 진을 뺀 양측은 더이상 협상을 할 여력도 없었다. 양측은 차이를 봉합하고, 훗날의 과제로 미뤘다. 3개월 내에 고위 정치회담을 열기로 했으나, 그야말로 기약 없는 약속이었다. 당연히 정치회담을 바라보는 양측의 시각 차이가 휴전 이후에도 계속되었다.

1953년 10월 26일부터 판문점에서 4조 60항 문제를 논의하기 위한 예비회담이 열렸다. 공산군 측과 유엔군 측이 만났지만 참여국 선정 문제로 말싸움만 하다 헤어졌다. 아무런 성과도 없는 만남이었다. 그러다가 1954년 1월 25일부터 2월 19일까지 베를린에서 열린 미국·영국·프랑스·소련 4개국 외무장관 회담에서 이 문제를 다시 거론했고, 우여곡절 끝에 회담을 열기로 합의했다.

당시 4개국 외무장관 회담의 주요 의제는 독일과 오스트리아 문제였지만, 소련 외상인 몰로또프Vyacheslav M. Molotov가 중국을 포함해 5대 강대국이 아시아의 긴장을 다루는 회담을 열자고 제안했다. 미국은 소극적이었지만 영국과 프랑스가 아시아의 분쟁을 해결하자며 적극적으로 나서는 바람에 회담 개최가 결정되었다. 회담 장소는 제네바였다. 아시아의 핵심 현안은 바로 한반도와 인도차이나였다. 한반도는 동북아시아, 인도차이나는 동남아시아 질서를 결정하는 핵심 분쟁지역이었다.

1954년 제네바 회담이 열릴 때, 세계는 냉전질서로 넘어가고 있었다.

제네바 회담의 두가지 의제, 즉 '코리아 문제'[8]와 '인도차이나 문제'는 동아시아 냉전질서의 핵심 요소였다. 한반도와 베트남은 그때부터 서로 영향을 미쳤다. 한반도는 전후 본격적인 냉전에 진입했고, 베트남은 이미 뜨거운 전쟁을 시작했다. 1960년대 베트남의 열전은 한반도의 냉전에 직접적인 영향을 미쳤다.

제네바 회담에서 참여국들은 한국전쟁 '이후 체제'를 둘러싸고 상이한 전략과 이해관계를 드러냈다. 우선 참가국의 선정을 둘러싸고 대립했다. 미국은 참가국의 범위를 제한하려 했고, 소련은 인도와 중국의 참여를 강력하게 주장했다. 특히 인도의 참여 문제는 미국과 영국 사이에 심각한 외교 갈등을 불러왔다. 영국은 인도를 참가시켜, 그 명분으로 중국의 유엔 가입을 추진할 생각이었다. 미국은 강력하게 반대했고, 결국 인도는 초청받지 못했다. 그렇지만 네루 총리의 측근이며 인도의 유엔 대사였던 메논Krishna Menon은 제네바로 갔고, 무대 밖에서 적극적인 중재외교를 펼쳤다.[9]

참여국 문제를 둘러싼 최종 협상에서 결국 '코리아 정치회담'의 경우 4강대국(미국·소련·영국·프랑스)이 초청하는 형식으로 하되, 미국이 한국전쟁에 참전한 유엔군 측 국가들의 초청자가 되고, 소련이 중국과 북한을 초청하기로 결정했다. 중국의 회담 참여 자격을 인정하지 않으려는 미국 측 입장과 중국을 국제외교 무대에 등장시키려는 소련의 주장이 타협한 결과였다. 미국은 유엔군에 참여했던 16개국 모두를 초청했지만, 남아프리카공화국이 더이상 코리아 문제에 개입하지 않겠다고 하는 바람에 결국 15개국이 참여했다.

한국은 수석대표 변영태卞榮泰 외무장관, 대표 양유찬梁裕燦 주미대사, 임병직林炳稷 주 유엔 대표부 대사, 홍진기洪璡基 법무차관으로 대표단을 구성했다. 북한 측은 수석대표 남일 외상, 대표 백남운南蘭雲 교육상, 기석복奇石福 외무부상 및 장춘산張春山 외무부상으로 대표단을 구성했다. 교육상이었던 백남운이 참여한 것은 남쪽 출신이라는 특성을 고려한 것으로 보였다.

제네바 회담에 대한 각국의 회담전략은 동북아 지역전략을 반영했다. 동북아에서 대중봉쇄정책을 추진하던 아이젠하워Dwight D. Eisenhower 행정부는 제네바 회담을 기대하지 않았다. 미국은 제네바 회담에 중국이 참여하는 것을 부정적으로 생각했고, 회담 기간 중에도 가능하면 중국과의 직접대화를 거부했다. 제네바에서 덜레스John F. Dulles 국무장관은 악수를 청하는 저우 언라이周恩來를 외면했다. 저우 언라이는 덜레스 장관의 악수 거부를 '적대감의 상징'으로 오랫동안 기억했다.

소련은 스탈린 사망과 흐루쇼프Nikita S. Khrushchyov 체제의 등장으로 대외정책의 변화가 불가피했다. 소련은 다시 한국전쟁 같은 대규모 전쟁이 일어날 경우 국내정치적으로 스탈린 체제의 유산을 정리하기 어렵고, 국내경제 발전에 집중하기 어렵다고 판단했다. 제네바 회담을 준비하면서 소련은 인도차이나의 평화정착을 희망했고, 중국과 미국 간 긴장완화의 계기를 마련하고자 했다. 소련은 제네바 회담 개최를 결정한 베를린 외상 회담에서 미국에 중국을 승인하라고 요구하기도 했다.[10]

우여곡절 끝에 열렸지만, 1954년 제네바 회담은 여러 측면에서 흥미롭다. 휴전협정 이후 한반도의 통일문제를 논의한 처음이자 마지막 다자회담이었으며, 대한민국이 주권국가로 참여한 첫번째 국제회의였다. 또한 국제정치사에서도 의미있는 회담이었다. 제네바 회담은 세계적 강대국이었던 영국의 은퇴무대였다. 이후 영국은 제국의 지위를 미국에 물려주었고, 세계는 미소 양극체제로 넘어갔다. 동시에 신생국가이면서 국가로 인정받지 못하고 있던 중국이 국제외교 무대에 처음으로 데뷔한 회담이기도 했다.

물론 제네바 회담의 성과를 기대하기는 어려웠다. 특히 '코리아 문제'는 한발자국도 나아가기 어려웠다. 전쟁이 남긴 증오가 너무 컸고, 서로가 상대를 인정하지 않는데 과연 어떤 합의가 가능하겠는가? 한마디로 회담을 시작하기도 전에 누구나 그 결과를 알고 있는 '실패가 예정된 회담'이었다. 1954년 4월 26일 시작되어 6월 15일까지 50여일간 논쟁이 계속되었지만, 예상대로 아무런 합의도 이루지 못한 채 막을 내렸다.

참여국 누구도 처음부터 기대하지 않은 회담이었고 성과를 내기가 어려웠지만, 의도하지 않은 결과도 적지 않았다. 거의 두달 동안 한국의 통일과 관련해 상상의 세계가 펼쳐졌다. '전쟁을 겪은 분단국'의 통일을 위해 생각할 수 있는 거의 모든 방안을 제안하고 서로 토론했다. 평화체제의 실마리도 담겨 있고, 경제협력의 필요성도 거론되었으며, 중립화 방안을 포함한 거의 모든 종류의 통일방안을 논의했다.

제네바 회담은 동아시아의 냉전질서를 드러내기도 했다. 특히 '코리아 문제'와 '인도차이나 문제'의 관계에 주목할 필요가 있다. 제네바 회담은 '코리아 문제'만을 다룬 회담이 아니었다. 중국이나 미국, 혹은 영국이나 프랑스는 '코리아 문제' 이후 다룰 '인도차이나 문제'를 더욱 중요하게 고려했다. '코리아 문제'를 논의하고 있던 1954년 5월 7일, 디엔비엔푸 Dien Bien Phu에서 프랑스군이 하노이 정부군에 패배했다. 프랑스는 체면을 유지하면서 물러나려 했고, 중국은 상황이 악화되기를 원치 않았으며, 미국과 소련은 인도차이나에서의 영향력을 둘러싸고 경쟁했다.

코리아는 미뤄도 되는 미래였고, 인도차이나는 당장 해결해야 할 현실이었다. 강대국들은 '인도차이나 문제'에 어떻게 개입할지를 고려하면서, '코리아 문제'의 토론에 참여했다. 다시 말해 제네바 회담을 둘러싼 '협상의 정치'를 이해하기 위해서는 오히려 '인도차이나 문제'에 대한 각국의 협상전략을 분석할 필요가 있다. 강대국의 동북아 지역전략은 동남아를 포함하는 세계 전략의 맥락을 통해 더욱 정확하게 이해할 수 있다.

평화공존론:
중국의 전후구상

"우리는 한국전쟁에서 너무 많은 것을 잃었고, 지금 다른 전쟁에 끼어들 여지가 없다."[11] 베트남의 호찌민Ho Chi Minh이 중국의 지원을 요청했을 때, 저우 언라이는 '그럴 형편이 못 된다'고 단호하게 대답했다. 한국전쟁이 중국에 미친 손실은 너무 컸고, 중국은 대외환경의 안정을 원했다.

중국의 평화공존론

중국이 제네바 회담에 사활을 걸고 참여한 이유는 국제사회에서 위상을 올릴 필요도 있었지만, 국내적인 이유가 더 중요했다. 중국은 우선 한국전쟁 기간 동안 연기되거나 축소된 국내경제 복구에 집중할 필요가 있었다. 중국의 당면 정책과제는 첫번째 장기 경제계획인 1차 5개년계획(1953~57)을 안정적으로 준비하는 것이었다. 그러기 위해서는 대외환경의 안정이 필요했다.

중국이 '평화공존론'을 들고 나온 배경도 여기에 있다. 중국은 한국전쟁 직후 평화공존의 필요를 인식했으며, 저우 언라이가 1953년 12월 인도 대표단을 면담하면서 ①영토와 주권 존중 ②불가침 ③내정간섭 금지 ④

평등과 호혜 ⑤평화공존이라는 5개 원칙을 발표했다.[12] 중국의 평화공존 5원칙은 이후 중국 대외정책의 핵심이 되었다.

중국의 평화공존 전략에서 가장 중요한 것은 미국과 유럽을 분리하는 일이었다. 미국은 중국을 인정하지 않았으며, 중국에 대한 강한 압력이 중국과 소련의 관계를 분열시킬 수 있다고 판단했다. 이에 중국은 우선적으로 유럽 국가들과의 관계를 개선해 미국의 봉쇄망을 피하고자 했다. 유럽 국가들은 2차대전 이후 전후복구와 국내경제 발전을 위해 중국과의 무역이 필요했다. 1950년 1월 공산중국을 승인한 바 있는 영국이 제네바 회담에 중국의 참여를 주장한 이유도 경제적 필요 때문이었다. 당시 영국과 중국은 대리공사를 교환했고, 아편전쟁 이후 적대적이었던 양국의 정치적 관계가 개선되면서 무역도 늘어나고 있었다.

중국은 미국과 영국의 입장 차이로 생긴 틈새를 비집고 들어가려 했다. 확실히 미국과 영국의 동아시아 냉전전략은 달랐다. 미국은 당시 인도차이나에서 군사적 개입을 검토했다. 그러나 영국은 인도차이나의 긴장을 걱정하며 아시아의 평화정착이 전후 세계질서 형성에서 중요하다고 평가했다.[13] 그래서 영국은 제네바 회담에 인도를 참여시킬 것을 주장하고, 중국의 유엔 가입을 지원했다. 중국의 제네바 회담 전략은 한마디로 '아시아인들이 서로 싸우게 하는' 미국의 전략을 '평화공존론'으로 반격하는 것이었다.

제네바 회담은 중국의 대외전략을 처음으로 국제사회에 보여줄 수 있는 무대였다. 중국은 200명 이상의 대규모 대표단을 구성했고, 값비싼 가구를 중국에서 직접 갖고 갔다. 중국 입장에서 첫번째 국제외교 무대를 빛내기 위한 위신과 체면은 회담의 결과만큼 중요했다. 제네바 회담이 열리던 4월 저우 언라이는 소련을 세번이나 방문해, 중국의 첫번째 국제외교 무대의 데뷔를 실무적으로 준비했다.

중국의 협상전략과 북중 협력

중국의 제네바 회담 전략은 "인도차이나 문제에서 미국·영국·프랑스의 차이를 이용하고, 잠정적으로라도 최종 합의를 이끌어내는 것"이었다.[14] 즉 '성과 없는 무익한 회담을 피하는 것'이 중국의 목표였다. 중국은 미국의 대중국 고립정책을 무력화할 필요성이 있었고, 동시에 강대국 간 회담을 통해 국제문제 해결의 성공사례를 만들고 싶어했다. 그래서 빈손으로 헤어질 것이 아니라, 가능하면 합의에 도달하고자 했다.

회담전략과 관련해 중국과 북한의 입장은 공통점도 있지만 차이도 분명했다. 한국전쟁 직후의 시점에서 북한에 대한 중국의 영향력은 존재했다. 휴전에 합의했을 때 중국인민지원군 120만명이 북한에 주둔하고 있었다. 1958년 완전히 철수할 때까지 단계적인 철군이 이루어졌다. 정전 직후 비공개로 대략 16개 사단이 철수했지만, 공개적으로는 1954년 9월에서 10월 사이에 7개 사단 총 8만 7894명, 1955년 3월과 4월 사이에 6개 사단 총 5만 2192명, 1955년 10월에는 6개 사단 총 6만 3257명이 철수했다. 1958년 최종 철수 당시 북한에 주둔했던 중국인민지원군의 규모는 25만명 수준이었다.[15]

제네바 회담 전략을 둘러싸고도 북한과 중국은 서로 협력했다. 북한은 제네바 회담에 대해 대중을 동원하여 기대를 표명했고, 중국과 긴밀히 협의해 중국의 제안을 기초로 자신들의 방안을 다듬었다.[16] 다만 북중 양국의 제네바 회담에 대한 전략적 우선순위는 달랐다. 중국의 제네바 회담 전략은 성과를 기대하기 어려운 '코리아 문제'가 아니라 사활적 이해관계를 가진 '인도차이나 문제'에 집중한다는 것이었다. 중국의 회담전략은 1954년 4월 28일 저우 언라이가 마오 쩌둥(毛澤東)에게 보낸 편지에 잘 드러난다. 이 편지에서 저우 언라이는 "조선문제와 관련해 미국은 해결을 원하지 않고, 프랑스는 상관없다는 입장이며, 영국은 언급하지 않으려 한다"고 상황을 진단하는 한편, "프랑스가 인도차이나 문제를 빨리 논의하고 싶어한다"고 썼다.[17] 중국은 최소한 코리아 문제의 논의 과정에서 서방과의 근본적 입장 차이가 부각되는 것을 원하지 않았다. 논쟁이 심각해져 계속 회담을 할 수 없는 상황이 되면, 행여 인도차이나 문제 자체를 논의할 기회를 잃을 수 있다고 판단했다.

북한은 중국과 다르게 제네바를 '전쟁의 연장'으로 생각했다. '인물이 고운' 다섯명의 '여자 수행원'을 포함해 대규모 대표단을 보냈고, 제네바 교외의 '호화로운 별장'을 본부로 사용했다. 북한 측 대표인 남일은 회담을 시작하면서 '미 제국주의'를 시종일관 비판했다. 6월 15일 폐막일에 남일은 외국군 동시 철수, 10만명 수준으로의 군축, 남북 평화협정 체결, 한미상호방위조약 파기, 남북 교류를 위한 전조선위원회 구성 등의 주장을 발표했다. 제네바 회담 기간 동안 북한의 주장을 요약한 내용이었다. 북한의 제네바 회담 전략은 한반도 문제로 제한되었지만, 중국은 인도차이나를 포함하는 포괄적 회담전략을 세울 수밖에 없었다. 중국은 '코리아 문제' 토론 과정에서 합의를 중시했지만 북한은 '정치선전의 장'으로 활용했다.

제네바 회담에서 북한과 중국은 긴밀하게 협력했지만, 이해관계의 차이도 존재했다. 휴전부터 1956년 8월까지의 기간 동안 중국은 북한에 대해 군사와 경제 분야에서 영향력이 적지 않았지만 영향력의 행사 방식은 일방적이라기보다는 협의를 중시했다. 중국에게 북한은 전략적 가치가 높았다. '입술이 없으면 이가 시리다'는 순망치한(脣亡齒寒)이라는 말처럼 양국은 서로에게 필요한 존재였다. 그래서 전후 중국의 대북 영향력은 '존재하나 사용할 수 없는' 또는 '사용할 수 없어 지속하는' 것이었다.

북한과 중국의 관계가 멀어지는 계기는 1956년 8월 조선로동당 전원회의였다. 당 일부에서 김일성의 유일지도체계를 집단지도체계로 전환하려는 시도가 있었다. 스딸린 비판을 주도한 흐루쇼프 노선의 영향을 받았고, 동시에 친중파가 적극 나서서 지도체계를 변경하려 했다. 북한 역사에서 이 사건을 '8월 종파사건'이라고 부른다. 그러나 이 일로 징계를 받은 이들 대부분이 9월 전원회의에서 소련과 중국의 압력으로 복귀했다. 북한 정치에서 9월 전원회의는 굴욕의 기억으로 이후 모든 공식 역사에서 사라졌다. 이 사건을 계기로 북한은 자주노선을 선택했다. 친중파의 정치적 영향력을 차단하기 위해 중국과 멀어진 것이다.

인도차이나 문제에서 중국의 중재외교

중국의 입장에서 코리아 문제와 인도차이나 문제의 비중은 달랐다. 중국은 미국의 개입으로 인도차이나에서 새로운 전쟁이 일어나는 것을 어떻게든 막으려 했다. 코리아 문제를 논의하는 기간에도 중국은 인도차이나 문제를 해결하기 위해 적극적으로 움직였다.

인도차이나 문제는 제네바 회담이 열리는 기간에 중대한 전환을 맞고 있었다. 1954년 5월 7일 디엔비엔푸의 최후 전투에서 프랑스가 패배했다. 프랑스군 1500명가량이 사망했고, 4000여 명이 부상당했으며, 1만 2000여 명이 포로로 잡혔다.[18] 인도의 독립으로 영국이 제국의 황혼에 접어들었듯, 디엔비엔푸에서 프랑스라는 또다른 제국이 역사의 무대에서 퇴장했다. 이 전투의 패배로 프랑스에서 라니엘 Joseph Laniel 내각이 붕괴하고 망데스프랑스 Pierre Mendès-France 내각이 출범했다. 망데스프랑스 수상은

7월 20일까지 인도차이나 분쟁을 해결하겠다는 공약을 내걸었고, 그렇게 하지 못할 경우 사임하겠다는 배수진을 쳤다.

저우 언라이는 인도차이나 정세가 급변하자 제네바에서 적극적인 중재외교에 나섰다. 프랑스와 협상해 그들이 명예롭게 철수할 수 있는 명분을 마련하는 한편, 호찌민 정부에 평화협정을 받도록 설득했으며, 영국의 지지를 얻어내기 위해 노력했다. 당시 저우 언라이는 영국과 프랑스가 인도차이나 평화협정을 지지하면 미국도 이를 인정할 수밖에 없을 것이라고 판단했다.

코리아 문제에 관한 회의가 끝나자마자 중국은 더욱 적극적으로 움직였다. 6월 23일 저우 언라이와 망데스프랑스 수상은 스위스 베른에서 만났다. 이때 망데스프랑스 수상은 프랑스군의 명예로운 철군을 위한 두가지 조건을 제시했다. 첫째는 베트남의 잠정적 분할이고, 둘째는 라오스·캄보디아의 자결권과 중립화였다. 퇴진을 위한 체면을 세워달라는 프랑스의 요구를 중국은 소련과 협의해 수용하기로 했다. 이제 저우 언라이는 베트남의 호찌민을 설득해야 했다. 7월 3일 저우 언라이는 광시성廣西省 류저우柳州에서 호찌민을 만났다. 저우 언라이는 일단 전쟁을 끝내는 것이 중요하다는 점을 강조하면서, 그러기 위해서는 분단을 일시적으로 받아들여야 한다고 설득했다.

중국은 소련보다 더욱 적극적으로 인도차이나 문제에 개입했다. 저우 언라이는 제네바로 돌아가기 전인 7월 10일 소련을 방문해 프랑스의 망데스프랑스 내각 집권 중에 인도차이나 문제를 해결하는 편이 좋을 것이라고 강조했다. 호찌민 세력이 프랑스가 받을 수 없는 요구를 할 경우 결국 미국이 개입하게 되고, 프랑스 내부에서 호전파가 득세하는 결과를 가져올 것이라고 주장했다.[19]

저우 언라이가 호찌민을 설득한 논리는 미국의 전쟁 개입을 막아야 한다는 것이었다. 저우 언라이는 디엔비엔푸에서 사로잡힌 858명의 프랑스군 포로들을 무조건 석방하라며 하노이에 압력을 행사하기도 했다. 북베트남은 타협보다는 무력으로 재통일을 이루려 했으나, 당시 소련과 중국의 지원이 절실히 필요한 상황이었기 때문에 사회주의 강대국의 요구를 거부할 수 없었다.[20]

결국 7월 21일 제네바 회담에서 인도차이나의 즉각 휴전, 베트남의 북위 17도선을 중심으로 한 분단, 그리고 라오스·캄보디아의 중립화에 합의했다. 중국은 외교적으로 승리했다. 제네바 회담에서 중국은 인도차이나 문제와 관련한 세가치 차원에서 최종 합의를 이끌어내는 성과를 거두었다. 첫째로 북베트남이 라오스와 캄보디아에서 군대를 철수하게 했고, 둘째로 호찌민 측을 설득해 제네바 평화회담에 참여하게 했으며, 셋째로 라오스와 캄보디아의 중립화를 감시하는 국제감독위원회 구성을 제기해 성사시켰다.

미국의 전후구상과 한미 갈등

1954년 제네바 회담은 세계적 수준, 동북아 지역 수준, 한반도 수준의 냉전질서가 복합적으로 작용하는 무대였다. 당시 아이젠하워 정부와 이승만 정부는 한미상호방위조약, 한국군 증강, 동북아 냉전질서를 둘러싸고 입장 차이를 드러냈다. 한국전쟁 이후 한미 갈등의 성격을 이해하기 위해서는 한미 양국의 휴전을 둘러싼 입장 차이뿐만 아니라, 동북아 지역질서를 바라보는 시각의 차이도 주목할 필요가 있다.

아이젠하워 정부의 뉴룩 전략

아이젠하워 정부가 제네바로 갈 때 최우선적 관심사는 중국 봉쇄였다. 미국정부 내부적으로 대중국 정책에 유연성이 필요하다는 의견도 존재했으나, 국내정치적으로 그런 의견을 드러내기가 어려웠다. 의회 보수파와의 관계를 고려해야 했고, 대만의 강력한 로비가 작동했고, 대소련 관계를 개선할 때 대중국 강경정책을 국내적 상쇄수단으로 활용할 수 있다고 판단했다.

당시 미국의 국내정치는 냉전의 그림자에서 벗어나지 못하고 있었다. '왜곡된 반공주의'의 상징인 매카시즘이 막바지이긴 했으나 여전히 진행 중이었다. 소련과 중국을 바라보는 대중의 시선은 적대적이었다. 아이젠하워 행정부는 소련과 중국의 평화공존 주장을 '공산주의자들의 선전'으로 규정했다. 미국에서 소련의 위협을 가장 먼저 제기했던 조지 케넌George F. Kennan은 "평화공존은 소련이 공산주의를 포기할 때 가능한 것"으로 해석했다.[21]

1953년 4월 16일 아이젠하워 대통령은 취임 후 첫번째 외교안보 관련 연설을 했다. '미국 신문편집인협회'에서 행한 연설에서 그는 "스딸린 사후 소련의 새로운 지도부가 평화 추구의 진실성을 입증하려면 말이 아니라 행동으로 보일 것을 촉구"하면서 관계 개선을 위해 소련이 취해야 할 조치를 열거했다. 요구 조건에는 2차대전 포로 석방, 한반도에서의 협상, 오스트리아 상황 해결, 동유럽의 독립, 독일 통일, 인도차이나에서의 직간접적 공격 중단 등 소련이 받아들이기 어려운 내용이 적지 않았다.[22] 제네바 회담 직전인 1954년 3월에 작성된 「특별 국가정보판단」Special

National Intelligence Estimates이라는 문서는 한반도에서 미국의 군사전략으로 "만약 공산군이 침략하면 핵무기를 포함한 공습과 육해공군의 합동작전을 활용하며, 중국 해안을 봉쇄할 것"을 제안했다.[23]

물론 아이젠하워 행정부는 한국전쟁이 끝나자 막대한 재정적자에 직면했다. 재정지출을 줄이기 위해서는 국방비를 줄여야 하고, 그러려면 군사개입을 자제해야 했다. 인도차이나에서 프랑스가 퇴진해 공백이 생겼음에도 미국이 적극적인 개입을 꺼린 이유가 바로 재정위기 때문이었다. 그렇다고 해도 당시 상황에서 아이젠하워 행정부가 고립주의를 선택하기는 어려웠다. 결국 값싸게 공산주의를 봉쇄할 방안을 찾을 수밖에 없었다.

아이젠하워 행정부가 한국전쟁 이후 새로운 냉전전략으로 추진한 뉴룩New Look 정책은 재정적자를 줄여야 하는 상황에서 출발했다.[24] 공산주의의 팽창을 허용해서는 안 된다는 원칙과 함께, 공산주의를 봉쇄하는 과정에서 자본주의 경제가 파산해서는 안 된다는 현실을 결합한 것이다.[25] 구체적으로는 중앙정보국CIA의 해외 활동을 높이고, 재래식 군비를 감축하는 대신 핵탄두를 늘리며,[26] 무기의 현대화를 추진하고, 대외원조 재원에 개인기업의 참여를 활용하기로 했다.[27]

코리아 문제와 인도차이나 문제 모두 중국과 밀접한 관계가 있었다는 점을 고려하면, 미국의 대중국 무시 혹은 적대 정책은 협상의 전망을 어둡게 했다. 결국 제네바 회담에서 미국은 코리아 문제를 둘러싸고 연합국 측의 의견이 충돌하자 협상의 종결을 서둘렀고, 인도차이나 평화협정이 이루어지는 과정에서도 소극적 입장을 유지했다.

제네바 회담에서 미국의 최소전략은 아시아 동맹과 유럽 동맹의 균열을 피하는 것이었다. 이는 성공했다. 그러나 더 중요한 전략적 목표인 인도차이나에서 유럽과의 공동행동을 위한 지지기반 확보에는 실패했다. 제네바 회담의 결과에 대해, 특히 인도차이나 평화협정에 대해 보수적인 공화당 의원들은 공산주의에 굴복한 것이라며 조롱했다. 이들은 전쟁을 막는다는 명분으로 히틀러에게 체코를 양보한 1938년의 뮌헨 협정과 비교하며 제네바 회담이 '극동의 뮌헨'Far Eastern Munich이라고 투덜거렸다.[28]

제네바 회담 참여를 둘러싼 한미 갈등

제네바 회담을 열기로 결정한 주체는 강대국들이었다. 당사자였던 한국은 참여할 생각조차 없었고, 강대국들도 한국의 의사를 중요하게 여기지 않았다. 베를린 외상회담에서 제네바 회담 개최가 결정된 시점은 한국 시각으로 2월 19일 새벽 3시였다. 미국이 회담 결과를 이승만 정부에 통보한 것은 그로부터 10시간이 흐른 오후쯤이었다.

이승만 정부는 제네바 회담을 받아들이기 어려웠다. 변영태 외무장관은 2월 20일, "무력으로 해결 안 된 것을 정치회의로 해결하겠다는 것은 언어도단"이라며 제네바 회담을 거부했다. 이승만 대통령은 여전히 북진통일을 주장하고 있었다. 그런 상황에서 협상을 받아들일 수 없었다.[29]

회담의 참여를 둘러싸고 한미 간의 갈등이 증폭되었다. 미국은 제네바 회담 준비 과정을 일절 한국에 알려주지 않았다. 사전에 한국이 알게 되면 회담이 깨질 수도 있다고 걱정했기 때문이다. 이승만 대통령의 1954년 3·1절 기념사는 소모적인 정치회담을 재개하는 이른바 '강대국'들에 대한 비판으로 가득 찼다. 이승만 대통령은 당시 제네바 회담보다는 한미상호방위조약 체결 과정에서 한국군의 군사력 강화를 미국으로부터 다짐받으려 했다. 이승만 대통령은 3월 중순 아이젠하워 대통령에게 제네바 회담 참여 조건을 요구했다. 미국이 한국의 북진통일을 군사적으로 지원

1953년 한미상호방위조약 가조인식을 참관하는 이승만 대통령

한미상호방위조약은 한미동맹의 제도적 근거다. 이승만 정부는 한국전쟁 기간 동안 한국에 대한 미국의 안보공약을 확보하려 했다. 그러나 미국정부는 필리핀, 호주·뉴질랜드와 방위조약을 체결하면서도 한국과의 조약 체결에는 소극적이었다. 1953년 초부터 휴전협상이 급진전하자 이승만 정부는 다양한 방식으로 미국을 압박했다. 이승만 대통령은 북진통일을 주장하며 휴전 자체를 반대했고, 1953년 6월 반공포로를 일방적으로 석방해 휴전협상의 난관을 조성했다. 미국정부는 이승만 정부를 교체할 계획까지 세웠으나, 결국 타협을 선택해 1953년 10월 1일 한미상호방위조약이 조인되었다. 그러나 1954년 11월 합의의사록이 조인될 때까지 한미 양국은 심각한 갈등을 겪었다. 한미상호방위조약의 핵심 내용은 외부 무력위협에 대한 공동대응(3조)과 미군의 한국 내 주둔(4조)이다.

하거나, 아니면 한국에서 요구하는 한국군의 증강 수준을 받아들여야 제네바 회담에 참여하겠다는 입장이었다.[30]

회담 개최 8일 전까지도 회담을 거부하던 한국은 결국 미국과의 협의 과정에서 미국의 군사원조 약속과 회담 운영에 관한 몇가지 언질을 받고 참여하기로 했다. 이승만 대통령은 제네바 회담을 받아들이는 발표문에서도 "만약 회담이 실패할 경우 미국은 공산주의자들과의 협상은 무익하며 위험한 것이라는 점을 깨닫고 남한과 함께 공산주의자들을 한반도에서 내몰 것을 희망한다"라고 말했다.

미국의 입장에서 한국의 참여는 반드시 필요했다. 한국이 회담 참가를 거부한다면 결국 아이젠하워 정부는 '실패할 운명의 회담이 실패한 책임'을 혼자 질 수밖에 없었다. 그래서 미국은 이승만 대통령의 군사원조 요구를 들어줄 수밖에 없었다. 그렇게 해야 제네바에서 한국의 협조를 구하고, 장기적으로 한반도에서 반공전선을 튼튼히 할 수 있다고 판단했다.[31] 변영태 외무장관은 제네바를 향해 출발하면서 "캄캄한 칠야에 선머슴들에게 끌려 나서는 사람의 심경"이라고 착잡함을 드러내며 "가보긴 하지만 수틀리면 다 뿌리치고 오겠다"는 각오를 밝혔다.[32]

미국의 이승만 제거 계획

한미 양국의 갈등은 이미 휴전 직전 최악이었다. 한국전쟁의 휴전은 아이젠하워 대통령의 핵심 선거공약이었고, 그것은 미국 내 다수 여론이 바라던 바였다. 그러나 이승만 대통령은 휴전에 반대하며 북진통일을 주장했고, 일방적으로 '반공포로'를 석방해 마지막 쟁점이던 '포로 협상'을 어렵게 함으로써 협정 체결을 지연시켰다.

한미 갈등은 한미상호방위조약이 맺어지는 과정에서도 여전했다. 1953년

10월 1일 한미상호방위조약을 정식으로 조인할 때, 미국은 이승만 대통령의 단독 군사행동을 어떻게 막을 수 있을지를 심각하게 고려했다. 10월 22일 미국 국가안전보장회의NSC 결정 167호는 한반도의 휴전이 이승만에 의해 깨어질 경우 유엔군 철수, 이승만 제거 등 대응책을 고려해야 한다고 제시했다.

미국의 이승만 제거 계획은 1952년 '부산 정치파동' 직후인 같은 해 6월 초 콜린스Joseph L. Collins 육군참모총장이 처음으로 검토했다. 당시 미국은 이승만 정부를 대신할 과도정부 수립 방안을 작성하기도 했다. 이후 휴전협정 직전인 1953년 5월 초 다시 한번 '이승만 제거'를 검토했다. 5월 4일 미 8군 사령관 테일러Maxwell D. Taylor는 이승만을 포함한 정치인들을 구금하고 잠정적으로 유엔 아래의 군정을 선포하는 이른바 '에버레디 계획'Plan Everready을 작성했다. 물론 계획은 구체적 실행 지침이 없는 막연한 수준이었고, 반대 의견도 적지 않았다. 당시 미국의 고위 관료들은 이승만을 대체할 만한 정치세력이 없는데, 무리하게 실행할 경우 오히려 역효과를 가져올 것이라고 판단했다.[33]

1954년 9월 중순 이후부터 11월 17일 한미상호방위조약 합의의사록에 한국이 최종 합의할 때까지 양국의 갈등은 계속되었다. 이때에도 미국은 더 강화된 이승만 제거 작전을 고려했다. 그 내용에는 이승만 제거뿐 아니라, 한국군의 북진을 제압하기 위해 한국군 탄약보급로를 폭격하고 해상을 봉쇄하는 방안도 들어 있었다.[34] 물론 계획 수준에서 벗어나지 못했다.

한국과 미국은 상호방위조약에 공통의 이해利害가 있었다. 아이젠하워 정부 입장에서는 한국전쟁의 정치적 해결을 위해 이승만의 협력이 필요했고, 이승만 정부 입장에서도 한국의 안보를 보장받기 위해 미국의 개입을 법적으로 공식화할 필요가 있었다. 미국은 한미상호방위조약을 공산

주의 세력의 침략 위협을 봉쇄하면서 이승만의 북진통일 의지도 단념시킬 수단이라고 판단했다.[35]

이승만의 인도차이나 파병 제안

이승만 정부가 제네바 회담에 부정적인 이유는 여러가지였다. 한반도 통일문제에 대한 인식의 차이도 있었지만, 인도차이나 문제를 바라보는 시각의 차이도 작용했다. 이승만 정부는 인도차이나 사태를 동아시아에서 반공전선을 확대할 기회로 인식했다. 그래서 1954년 2월 12일 공보처장은 특별성명을 통해, 한국정부가 프랑스군을 원조하기 위해 인도차이나에 한국군을 파병할 것을 미국정부에 요청했다는 외신보도를 공식 확인했다.

이미 이승만 대통령은 1953년 11월 대만을 방문해 장 제스와 함께 '아세아 자유국가'의 반공통일전선을 조직할 것을 호소했다. 한국전쟁 당시 이승만의 북진통일론과 장 제스의 본토수복론은 의도와 배경이 같았다. '공산중국'이라는 공동의 적이 존재했고, 서로가 서로를 미국에 대한 협상수단으로 활용했다. 장 제스는 한국의 북진통일론을 근거로 하여 대만이 다시 중국 본토를 수복할 수 있도록 미국의 지원을 요구했다.

1953년 12월 이승만 정부는 백낙준을 단장으로 세워 동남아 친선 사절단을 파견했다.[36] 그리고 이러한 외교활동을 통해 제네바 회담 개최 직전인 1954년 3월 18일 아시아 각국의 민족대표들로 구성된 '아세아민족 반공대회' 예비회담을 개최했다. 이어 6월 15일 진해에서 본대회를 열었는데, 그날은 바로 제네바 회담이 폐막하는 날이었다. 이승만 정부는 제네바에서 '코리아 문제' 협상은 말할 것도 없고 '인도차이나 문제' 해결에 대해서도 강한 반감을 표시했다.

이승만 정부가 인도차이나 파병을 제안한 우선적인 이유는 인도차이나 개입을 검토하던 미국의 아시아 전략에 동참하고자 했기 때문이다. 이승만 정부는 이 과정에서 한국의 전략적 지위를 격상할 수 있다고 판단했다. 동시에 한반도와 인도차이나를 반공전선으로 연결하고자 했다. 동아시아 반공전선에서 주도권을 확보하고, 한국군의 군사력 증강을 도모하며, 이 과정에서 자신의 북진통일론의 근거를 확보하려 한 것이다.

인도차이나 파병 제안은 일본과의 차별화를 위한 명분이기도 했다.[37] 이승만 정부는 일본에 대해 강한 반감을 드러냈다. 당시 식민지배에서 벗어난 지 얼마 되지 않았고, 일본과의 식민지배 청산도 이루어지지 않았으며 외교관계도 정상화되지 않은 상태였다. 이런 사정으로 동북아 전략에서 일본이 차지하는 비중과 역할에 대해 한미 양국이 서로 다르게 생각할 수밖에 없었다. 이승만은 기회가 있을 때마다 미국의 편향적인 친일정책의 오류를 비판했고, 나아가 수정을 요구했다.[38] 미국과 한미상호방위조약을 협의하면서, 이승만 정부는 공산주의 침략 방지를 주장하는 한편, 일본이 한국에 대한 야욕을 포기하지 않고 있음을 강조했다. 일본을 바라보는 한미 양국의 전략적 차이는 1950년대 한미관계에서 또다른 갈등의 변수였다.

일본은 미일안전보장조약을 체결해 일본의 안보를 미국에 의존했지만, 동시에 미국의 재무장 요구가 가져올 수 있는 '냉전의 국내화'를 차단하고자 했다. 그러면서 경제성장으로 일본의 독립과 자존을 추구하려는 외교전략, 이른바 '요시다 노선'을 선택했다. 이에 아이젠하워 행정부도 일본 내 반미의식이 높아짐에 따라 일본이 중립주의를 표방할지 모른다고 우려해, 재무장 요구를 거두고 일본의 정치·경제적 안정을 우선시하는 정책으로 전환했다.[39]

이승만은 군사적으로 미국을 도우면 미국의 친일노선을 조금이라도 수정할 수 있으리라 생각했다. 군사적 재무장을 거부하는 일본과의 차별화 전략이었다. 그러나 아이젠하워 정부는 이승만의 인도차이나 파병 제안을 검토하기는 했으나 거부했다. 한국의 파병 제안이 미국의 군사지원을 더 많이 얻어내려는 명분이라고 판단했고, 당시 시점은 아직 인도차이나 군사개입을 결정하기 전이었다. 그래서 미국은 한국에 '미군이 파병되어 있는 한국의 군대가 외국에 나간다면, 미군의 한국 주둔 필요성을 어떻게 설득하겠는가'라는 논리로 거부의사를 전달했다.

미국은 한·미·일 삼각동맹 구조에서 한국의 위상과 역할을 평가했다. 미국은 이미 1951년 샌프란시스코 체제를 통해 동북아에서 반공전선의 축으로 일본의 역할을 한국보다 더 중요하게 생각했다. 그러나 이승만 정부는 '일본경계론'을 유지했기 때문에 한·미·일 삼각동맹에 묶이기를 원치 않았다. 1950년대 한일관계의 불신과 긴장은 미국이 구상하는 동북아 전략인 한·미·일 삼각동맹을 불완전하게 만든 변수였다.

제네바의 남북관계: 통일방안 제안경쟁

전쟁 직후의 남북관계는 '전쟁의 연장'이었다. 이승만 정부는 휴전에 반대했고, 휴전 이후에도 북진통일을 주장했다. 북한의 대남정책 역시 마찬가지였다. 남북한은 상대의 존재를 부정하며 흡수의 대상으로 여겼다. 한국전쟁이 내전이면서 국제전이었듯이, 전후의 한반도는 강대국 정치가 부딪치는 공간이었다. 1954년의 제네바는 한반도의 냉전을 그대로 국제무대로 옮긴 것이었고, 남북한은 옮겨진 무대에서 다시 충돌했다.

통일방안, 소모적인 명분경쟁

'코리아 문제'를 논의한 50여일은 결코 짧은 시간이 아니다. 1954년 4월 26일 첫번째 전체 회의에서는 태국의 프린스 완 Prince Wan Waithayakon 외무장관이 사회를 맡았다. 그는 회의 목적을 '평화적 방법으로 통일코 리아를 수립하는 것'이라고 말했다. 그러나 제네바의 남북관계는 평화적 이지 않았다. 한국전쟁이 무력으로 통일을 이루고자 한 것이라면, 제네 바에서 남북한은 말로 전쟁을 했다. 양측이 주장한 통일방안은 전쟁의 연 장이자, 실현가능성을 고려하지 않은 명분경쟁이었다. 제네바는 이후 아 주 오랫동안 지속될, 접촉이 없던 시대의 '메아리 없는 제안경쟁'을 예고 했다.

4월 27일 남북 양측이 각자의 통일방안을 발표했다. 크게 보면 세가지 차원에서 분명한 차이가 있었다. 첫째, 통일을 위한 선거의 범위 및 방법 의 차이다. 남한의 변영태 장관은 '이북 지역에서 유엔 감시로 선거'를 하 자고 주장했다. 이미 남쪽은 유엔 감시 아래 합법적인 선거를 치렀기 때 문에 북한 지역으로 확대하자는 것이다. 인구비례로 국회의원을 선출하 고, 북한 지역에서 뽑힌 의원들을 대한민국 국회로 통합하자는 '흡수통 일' 주장이었다.

그렇지만 북한의 입장은 달랐다. 남일 외무상은 '남북 양측 국회와 사 회단체 대표들이 전조선위원회를 결성해 선거법을 제정하고, 자유선거 로 통일정부를 수립'할 것을 주장했다. 북한은 '민주기지론'에 입각해 자 신들에게 유리한 대표 선출 방식을 주장했다. 남북 모두 선거로 통일정부 를 수립하자고 주장했으나, 선거의 방법은 각자 자신들에게 유리한 쪽을 강조했다.

둘째, 선거 감시 기관의 차이다. 한미 양국은 유엔의 권위를 앞세우고, 유엔의 감시로 선거를 치러야 한다는 입장이었다. 변영태 장관은 북한도 '유엔 감시 아래 선거'를 받아들일 것을 주장했다. 그러나 북한은 유엔의 권위를 부정하고 그 역할을 인정하지 않았다. 한반도의 평화보장 과정에는 기본적으로 '주변관심국가'들이 참여해야 한다고 주장했다. 선거 감시와 관련해서도 중국의 저우 언라이가 "'전쟁에 참여하지 않은 중립국가'들의 기구에 선거 책임을 맡기자"는 제안을 하자 북한은 즉각 동의했다.[40]

셋째, 외국군 철수에 관한 입장의 차이다. 북한과 중국은 처음부터 '외국군 동시 철수'를 주장했다. 그러나 한미 양국은 '중공군은 선거 전에 철수해야 하고, 유엔군 일부는 통일될 때까지 한반도에 남아 있어야 한다'고 주장했다. 변영태 장관은 '대한민국에 주둔하는 유엔군과 공산침략군은 성격이 다르다'고 하면서, "유엔군과 중공군의 동시 철수를 주장하는 것은 마치 강도가 경찰더러 그쪽이 무장 해제하면 나도 무기를 던지겠다고 말하는 것과 같다"는 비유를 들었다.[41]

4월 28일 미국의 덜레스 장관 역시 같은 입장이었다. 덜레스 장관은 "유엔군은 먼 거리를 돌아가야 하지만 중공군은 불과 몇 마일만 가면 되고 또 빨리 되돌아올 수 있기 때문"이라는 이유를 들어 철수의 시간차를 인정해야 한다고 설명했다. 나아가 덜레스 장관은 1950년 10월 7일 유엔 총회 결의안을 근거로 "중공군은 북한에서 철수하고, 유엔군이 북한에 진주해 자유 총선거를 실시하고 한반도를 통일하자"고 주장했다. 10월 7일의 유엔 결의안은 바로 9월 18일 인천상륙작전 이후 유엔군이 38선을 넘어 한반도 통일을 시도한 법적 근거였다.

회담이 진행되는 동안 한국은 유엔 감시 아래 북한만의 자유선거를 실시하자는 주장을 반복했고, 게다가 선거 전에 중공군 철수가 완료되어야 한다는 조건을 강조했다. 이에 북한은 '외국군 동시 철수 및 남북한 동시 선거'를 주장했다. 차이가 컸다. 양측의 주장은 38선처럼 건널 수 없는 장벽을 사이에 두고 있었고, 상대방이 받을 수 없는 일방적 제안이었다.

열린 토론의 무대, 제네바

한미 양국과 북중 양국의 입장 차이는 매우 컸기 때문에 대화를 한다고 해서 차이가 좁혀지기 어려웠다. 그러나 양측은 다른 참여국가를 의식해야 했다. 다자회담의 가장 중요한 특징은 참여국가 다수의 지지를 얻어야 하고, 그러기 위해서는 설득이 가능한 합리적인 방안을 제시해야 한다는 점이다. 그것이 냉전시대의 수많은 하나마나한 양자회담과 달랐던 제네바 회담의 중요한 특징이다.

회의가 진행되면서 연합국 내부의 입장 차이가 서서히 드러나기 시작했다. 영국은 당시 상황에서 한반도 통일 논의는 '현실을 넘어서는 이상'이라고 판단했다. 영국은 현실에 맞는 차선책이 필요하다고 주장했다. 즉 한반도의 계속된 분단을 기반으로 평화를 정착시킬 수 있는 방안을 도출하는 것이 중요하다는 입장이었다. 호주와 뉴질랜드 등 영국연방에 소속된 국가들은 영국의 입장에 동조했다. 호주 외상은 한반도 문제의 최종 해결을 위해 필요하다면 대한민국 정부가 남북한 전체 선거에 찬성할 것을 희망한다고 언급했고, 뉴질랜드 대표 역시 남한의 입장을 이해하지만, 북한과의 차이를 해결하기 위해 남한정부가 양보해야 한다고 발언했다. 영국연방 국가들은 한술 더 떠 총선거 이전에 중공군이 철수해야 한다는 남한의 입장과는 다르게 양 군대 동시 철수 원칙으로 기울고 있었다.

필리핀 대표의 주장도 눈길을 끌었다. 필리핀 대표 가르시아Carlos P. Garcia
는 남한 대표단에 집중적인 질문공세를 펴 괴롭혔다. 미국은 이를 두고
"자국의 이해와 입장을 대변하기보다 자기에게 16개국의 입장을 조정할
기회가 주어지지 않은 것에 속이 뒤틀린 것"으로 보인다고 평가했다.[42]
필리핀 대표는 "남북 대표로 '헌법 제정회의'를 만들어 통일방안을 연구
하도록 하자"고 제의했다. 남북한의 통일방안이 워낙 큰 차이가 있어 조
정이 어렵기 때문에, 최소한 지속적인 논의의 틀을 마련하자는 것이다.[43]

미국은 연합국 측 내부에서 서로 다른 의견이 나오자 회담을 서둘러 끝
내려 했다. 미국정부는 한반도 통일을 위한 세가지 방안을 갖고 제네바 회
담에 참여했다. 흡수통일, 보통선거를 통한 새로운 입법부와 행정부 구성,
마지막으로 남북 총선거로 정부를 구성할 제헌의회 대표를 선출하는 방
법이었다. 미국이 현실 가능한 것으로 판단한 것은 두번째 방안이었다.[44]

결국 미국과 협의해서 변영태 장관은 유엔 감시 아래 남북한이 토착인
구 비례에 따라 자유 총선거를 실시한다는 내용이 포함된 14개 항목의 통
일방안을 발표했다. 당시 이승만 대통령의 고문으로 제네바 회담에 참여
했던 올리버Robert Oliver에 따르면 대통령은 이 방안을 승인하지 않았다.
이승만 대통령은 총선거 전에 '중공군의 철수' '북괴군의 철수나 항복'이
선행되어야 한다고 계속 주장했다.

올리버와 변영태 장관이 대통령의 승인을 받지 않고 이 같은 제안을 발
표한 이유는 한국이 국제적으로 고립될 수 있었기 때문이다. 그래서 최소
한 연합국 내부를 설득할 만한 방안을 발표하고, 차후에 이승만 대통령을
설득하기로 한 것이다. 기존의 제안과 크게 달라진 것도 아니었다. 어차
피 북중 양국이 받지 않을 것이기 때문이다. 그러나 변영태 장관은 제네
바 회담이 끝난 후 바로 해임되었다.[45]

1954년 7월 28일 이승만 대통령은 미 의회 연설에서 제네바 회담이 실패했기 때문에 휴전의 종결을 선언해야 한다고 하며, 한국군과 대만군, 그리고 미국의 해군과 공군을 동원한 합동공격으로 중국을 물리칠 것을 제안했다. 그러나 미국은 다시 한반도에 군사적 개입을 할 생각이 없었다. 한국과 미국의 입장 차이는 빈번한 외교적 갈등으로 나타났다.

제네바 회담이 끝난 후 아이젠하워 행정부는 결국 한미상호방위조약의 체결과 이승만이 요구했던 한국군의 군사력 증강 요구를 받아들였다. 베트남 공산세력을 축출하기 위해 군사적으로 개입해야 하는 상황에서 한반도 방어에 대한 미국의 의무를 경시하지 않았다는 명분이 필요했다. 1954년 제네바에서 '코리아 문제'와 '인도차이나 문제'를 동시에 다룬 영향도 있었다. 동남아의 위기가 악화될수록 아이젠하워 정부에서 이승만 정부의 위상과 가치가 올라갔다. 즉 동남아에서 새로운 갈등이 전개되자 한국은 반공의 상징적 거점으로 떠올랐다.[46]

제네바 회담 이후
동북아 냉전질서

1954년 제네바 회담은 동아시아 냉전의 무대였다. 국제사회에서 '코리아 문제'를 논의한 것은 제네바 회담이 처음이자 마지막이었다. 이후 한반도 통일문제는 다자회담의 토론 주제가 된 적이 없다. 제네바 회담을 거치며 각 국가의 동북아 전략은 더욱 구체화되었다. 중국은 첫번째 다자외교 무대에서 인도차이나 분쟁을 조정하는 역할을 하며 국제적 위상을 강화했다. 이러한 자신감으로 제네바 회담 이후 중국은 제3세계 외교에 중요한 행위자로 등장했다. 중국은 1955년 4월 아시아·아프리카 지역 신생독립국 29개국이 참여한 반둥Bandung 회의에 참여했고, 평화 5원칙을 발표하는 과정에서 주도적 역할을 했다.

미국은 제네바 회담 이후 동남아와 동북아에서 냉전질서를 구체화했다. 동남아는 동남아시아조약기구SEATO, South East Asia Treaty Organization[47]를 통해 집단안보체제를 구축했다. 동북아는 한국과 일본의 관계를 정치·경제·군사·문화를 포함하는 포괄동맹관계로 발전시키고, 특히 군사 분야에서 한·미·일 삼각관계를 더욱 진전시켰다.

제네바 회담 이후 동북아의 냉전질서는 더욱 복잡하게 전개되었다. 가장 중요한 변수는 중소 분쟁이었다. 유럽에서는 미소 양극체제가 구조화되는 경향이 있었으나, 동북아는 사회주의 진영 내의 균열이 본격화되었다. 중국의 마오 쩌둥은 1957년부터 소련의 평화공존 노선을 비판하며, 대외정책에서 '제국주의와의 투쟁'을 강조하기 시작했다. 1956년 흐루쇼프가 소련공산당 20차 대회를 계기로 탈스탈린화 노선을 택하고, 대외적으로 평화공존론을 들고 나온 데 대한 반발이었다.

중국의 외교노선 전환과 동북아에서 미중 대립의 심화는 특히 양안兩岸의 군사적 충돌로 나타나기도 했다. 1954~55년 중국의 진먼다오金門島 포격으로 시작된 1차 양안 간의 군사적 충돌이 확대되어, 1958년 중국의 2차 대규모 폭격이 이루어졌다.[48] 대만해협을 둘러싸고 미중 양국의 군사적 긴장이 높아졌지만, 이 과정에서 북·중·소 삼각동맹은 분열했다. 북한은 중소 분쟁이 심각해지자 어느 한쪽을 지지하지 않고 자주노선을 채택했다.

제네바 회담은 한반도의 냉전적 대립을 완화하지 못했다. 적대감이 최고조에 달했던 전쟁 직후 상황에서 성과를 기대하기 어려웠고 실패가 예정된 만남이었다. 한반도 통일방안을 합의할 가능성은 전혀 없었다.

북한 대표 남일의 '6월 15일 제안', 즉 '남북 병력 10만 이하 감축과 남북 정부 간 평화협정 체결을 위한 위원회 구성 제안'은 한반도 최초의 평화정착 방안으로 평가할 수 있다. 그러나 당시 외국군 철수에 대한 양측의 입장 차이를 고려할 때 북한의 주장은 실현가능성이 거의 없었다. 북한은 이후 남일의 주장을 '평화공세'의 중요한 근거로 삼았다.

제네바 회담에서 합의가 어려운 통일방안이 아니라 현실적으로 필요한 평화정착 방안을 논의했다면 결과는 어땠을까? 미래에 대한 희망은 과거의 상처를 아물게 한다. 1950년대에 평화정착 방안에 대한 논의를 시작했다면, 전쟁이 남긴 적대의식이 완화되어 이후 남북대화가 달라졌을지 모른다. 어쩌면 베트남 전쟁을 포함한 동아시아 30년 전쟁의 역사에서 한반도는 일촉즉발의 전방초소에서 비켜날 수도 있었을 것이다.

남북관계의 역사에서 1950년대는 전쟁의 연장이었다. 남북 모두 서로에 대한 적대감을 전후체제의 근거로 삼았다. 제네바 회담은 냉전의 입구에서 우연히 만들어진 기회였으나, 누구도 기회라고 생각하지 않고 단지 선전의 공간으로 활용했다. 한반도의 1950년대는 '적대의 관계'로 요약되는 '상호 부정의 시대'였다.

2

대결의 시대

1960년대 제한전쟁과 푸에블로호 사건

1968년 1월 23일 원산 앞바다의 미국 정보함 푸에블로Pueblo호에 북한 어뢰정(어뢰를 탑재한 작은 군함)이 접근했다. 두대의 북한 전투기도 상공을 맴돌았다. 푸에블로호는 2차대전 이후 남태평양의 섬으로 식량과 보급품을 나르던 화물선을 개조한 정보함이었다. 승무원의 절반 정도는 바다에 나가본 적이 없는 초보자였고, 함장으로 막 승진한 부커Lloyd M. Bucher의 첫번째 항해였다. 1월 5일 토오꾜오 인근의 요꼬스까橫須賀 해군기지를 출발할 때, 부커 함장은 "어떤 도발적 상황에서도 절대 무기를 사용해서는 안 된다"는 지시를 받았다.[1] 한반도는 너무 위험하기에 불씨를 제공하지 말라는 상부의 방침이었다.

　　푸에블로호는 스스로 방어할 능력이 없었고, 통신도청으로 얻은 비밀문서를 없앨 장비도 부족했으며, 공중이나 근처 군함의 보호를 받지 못한 채 원산항으로 끌려갔다. 한국시각으로 1월 23일 오후 2시 10분경이었다. 김신조金新朝를 포함한 '무장 게릴라'들이 청와대 습격사건을 벌인 지 이틀이 지난 시점이었다. 미국의 군함이 나포된 사건은 이례적이었다. 전쟁시기가 아닌 평화시기로 치면 1807년 미국의 체사피크Chesapeake호가 영국에 항복한 이후 161년 만이었고, 전쟁시기로 치면 남북전쟁 당시인 1863년 1월 매닝라이트Manning Light호가 북부 연방군에 의해 나포된 이후 105년 만에 벌어진 사건이었다.[2]

1968년은 전세계적 차원에서 격변의 해였다. 베트남에서 1월 30일 시작된 베트남민족해방전선과 북베트남의 구정대공세舊正大攻勢는 베트남전쟁의 전환점이었다. 미국은 구정대공세를 압도적인 화력을 동원해 반격했다. 미군은 한번도 전투에서 패배하지 않았지만, 전쟁에서 패배할 수 있다는 징조가 나타나기 시작했다. 베트남 전쟁을 반대하는 거대한 물결이 미국과 유럽을 휩쓸고 지나갔다. 사회주의 진영도 몸살을 앓았다. 소련은 그해 '프라하의 봄'으로 상징되는 동유럽의 민주화를 탱크로 진압했다. '현실 사회주의의 타락'을 비판하는 목소리가 높아졌고, 유럽에서 '신좌파'가 등장했다.

한반도의 1968년은 한국전쟁 이후 전쟁에 가장 가까이 다가간 해였다. 1966년부터 군사분계선MDL에서 군사충돌이 빈번하게 일어나고, 1·21사태로 상징되는 북한의 게릴라 전술이 지속되는 이른바 '제한전쟁' 국면에서 푸에블로호 사건이 발생했다. 미국의 존슨Lyndon B. Johnson 행정부는 군사적 대응방안을 검토했고, 남한의 박정희朴正熙 정부도 즉각적인 군사보복을 주장했으며, 북한도 전쟁준비에 돌입했다. 하지만 두번째 전쟁은 일어나지 않았다. 어떻게 '제한전쟁'이 '전면전쟁'으로 나아가지 않고 억제되었을까?

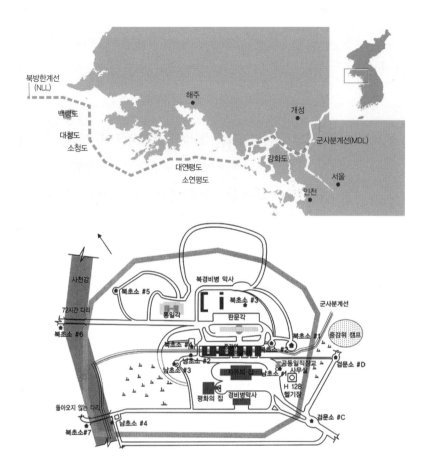

군사분계선과 북방한계선(위)

정전협정을 체결할 때, 육상에서는 임진강에서 동해안에 이르는 군사분계선(MDL)을 따라 위아래 각 2킬로미터씩 총 4킬로미터 구간을 비무장지대(DMZ)로 설정했다. 그러나 서해 5도를 유엔군이 확보하고 있어 해상경계선을 합의하지 못했다. 남측은 유엔군사령관이었던 클라크 장군이 우발적 충돌을 방지하기 위해 설정한 북방한계선(NLL)을 사실상의 경계선으로 주장했고, 북한은 이를 인정하지 않았다. 그런 까닭에 NLL은 이후 남북한 군사충돌의 빌미가 되었다.

공동경비구역(아래)

판문점은 유엔군과 북한의 공동경비구역(JSA)으로, 정전체제를 관리하는 군사정전위원회가 있는 곳이다. 1991년 군사정전위원회의 유엔군 측 수석대표를 한국군 장성으로 임명하자 북한은 강하게 반발했고, 이후 남북 군사회담 및 북한과 유엔군 측의 군사회담으로 대체되었다. 중립국감독위원회는 정전을 감시할 목적으로 스위스와 스웨덴(유엔군 측 추천), 폴란드와 체코슬로바키아(중국·북한 추천) 등 4개국으로 이루어졌으나, 1990년대 초 이후 유명무실해졌다.

남한 대 북한:
'제한전쟁' 시대

관계가 좋아지거나 나빠지는 것은 한순간이 아니다. 좋아지는 과정이 있듯이, 나빠지는 과정도 분명히 존재한다. 이때 어느 한 행위자가 상대적으로 더 중요한 역할을 할 수 있지만 손바닥도 마주치지 않으면 소리가 나지 않는 것처럼, 언제나 관계의 상태는 상호 작용으로 만들어진다. 서로 주고받다가 관계가 나빠지면, 일정한 수준이 되어 서로 충돌한다. 1·21사태, 푸에블로호 사건, 울진·삼척 무장간첩 사건은 갑자기 발생한 것이 아니라 1960년대 '대결의 시대'가 낳은 결과였다.

군사충돌에서 제한전쟁으로

1962년 북한은 4대 군사노선을 채택했다. 전 인민의 무장화, 전 국토의 요새화, 전 군의 간부화, 전 군의 현대화라는 노선은 한마디로 '군사국가'의 선포였다. 중국과 소련의 분쟁이 심각해지고, 이들 국가로부터 원조가 줄자 북한은 '자주국방'을 선언한 것이다. 군사국가를 위해서는 대중동원이 필요하고, 대중은 군중이 되어 '전쟁불사'의 열기를 쏟아냈다. 그런 국내정치적 환경에서 '군사모험주의'가 등장했다.

북한은 당시 경제와 국방을 동시에 발전시키는 '병진노선'을 강조했다. 그러나 재정과 자원이 한정되어 있는데, 병진은 구호로 가능할 수 있어도 현실적으로 어려웠다. 국방에 더 많이 투자하면 당연히 경제에 돌아갈 몫이 줄어든다. 북한은 부족한 자원을 극복하기 위해 경제발전에서 물질 대신 정신의 힘을 강조했다. 천리마운동 같은 대중동원 운동은 1950년대 후반에 시작됐지만, 1960년대 들어 하나의 제도로 자리 잡았다.

국방의 강화는 경제에 부정적 영향을 미쳤다. 국방산업에 필요한 금속·기계·화학 등 중공업에 집중 투자하면, '인민생활'과 연결된 경공업에 대한 투자는 줄어들 수밖에 없다. 국방력 강화 방침에 따라 1967년에 끝날 예정이던 1차 7개년경제계획은 3년 연장되었다.

베트남의 열전이 달아오르면서 한반도의 냉전도 요동쳤다. 군사적 긴장이 높아지고 다시 전쟁담론이 등장했다. 북한 지도부는 '남조선 혁명의 필요성'을 공개적으로 강조하기 시작했다. 1966년 10월 5일 열린 '당 대표자회'에서 당시 김일성은 "월남 인민을 방조하기 위하여 국제적인 지원병 부대를 파견"하자고 제안했고, "인민경제의 발전속도를 좀 조절하더라도 국방력을 강화"하자고 주장했다.[3] 당 대표자회가 끝난 직후 북한은 비무장지대DMZ 전역에서 다수의 군사적 공격을 감행했다.

1966년 비무장지대에서 42번의 무력충돌이 벌어졌다. 그해 겨울 추운 날씨 때문에 소강상태에 접어들었지만, 이듬해 봄이 되면서 군사적 충돌이 재개되었다. 1967년 1월 19일 동해에서 남한의 해군 PCE-56함이 북한군의 해안포 포격을 받고 침몰했다.[4] 여름이 오자 군사공격의 규모가 커지고 빈도도 더 늘었다. 1967년 북한의 정전협정 위반행위는 543건으로 늘어났다. 1966년의 50건과 비교하면 10배 이상 증가한 것이다. 1967년 한해 동안 남한의 어선 40여척이 북한에 의해 나포되었다.[5]

박정희 정부도 북한의 군사적 도발에 적극적으로 보복했다. 폭력의 악순환은 언제나 상승하는 경향이 있다. 남북한의 군사적 충돌은 상호 대응 과정을 거치면서 점점 규모가 커지고 과감해졌다. 미국은 박정희 정부의 군사적 보복이 전쟁으로 이어질까 걱정했다. 작전통제권이 미국이 주도하는 유엔사령부에 있었지만, 박정희 정부는 미국과 사전에 협의하지 않고 군사분계선을 넘어가 보복작전을 펼쳤다. 1966년 10월 20일 본스틸 Charles H. Bonesteel Ⅲ 유엔군사령관은 김성은金聖恩 국방장관을 만나 "한국군의 군사공격이 존슨 대통령의 방한과 유엔에서의 한국문제 논의를 앞두고 매우 심각하고 의도하지 않은 정치·외교적 영향을 미칠 수 있다"고 경고했다.[6] 이틀 뒤인 22일 본스틸 사령관은 김계원金桂元 참모총장에게도 똑같이 경고했다. 26일 한국군은 북한군을 기습 공격해서 30여명의 북한군을 사살했다고 미국 측에 알렸다. 본스틸 사령관은 "한국군이 비무장지대의 북쪽 경계를 넘어섰는지를 조사"하라고 지시했다. 10월 31일 존슨 대통령이 남한을 방문한 직후인 11월 2일 새벽, 북한군은 남한군의 기습에 대한 보복공격을 벌였다. 미군 7명과 남한군 1명이 사망했다.

1967년에도 끊임없는 상호 보복이 반복되었다. 북한의 공격 횟수가 늘어난 만큼, 남한군도 적극적으로 보복했다. 남한군은 1967년 10월 26일부터 12월 사이에 11번의 보복공격에 나섰다. 11월에는 인민군 사단본부를 공격해서 파괴했다. 당시 남한의 공격부대는 아무런 피해를 입지 않고 돌아왔다. 본스틸 사령관은 지속적으로 남한의 독자행동이 위험하다고 경고했다.[7] 미국은 1968년 1월 21일 북한의 무장 게릴라에 의한 청와대 습격사건이 벌어지자, "남한군의 침투에 대한 북한의 보복"[8]이라고 단정했다.

1966년부터 본격화된 남북한의 군사적 충돌은 '제한전쟁'으로 부를 수 있다. 남북한의 제한전쟁은 푸에블로호 사건을 해결하기 위해 북한과 미국이 판문점에서 비공개협상을 하는 동안에도 계속되었다. 1968년 4월 14일부터 28일 사이에 군사분계선에서 충돌이 벌어져 유엔군 9명이 사망했다. 5월 들어 군사분계선에서 충돌은 진정되었지만, 후방지역을 교란하기 위한 북한의 게릴라전은 지속되었다. 11월 2일 북한의 무장간첩선이 울진에 상륙해 선전물을 배포하고 다량의 위조지폐를 유통시키는 등 게릴라전이 후방지역으로 확대되었다.

남북한의 '제한전쟁'은 남북 모두에게 국내적인 대결체제를 강화하는 계기를 제공했다. 북한은 전쟁분위기를 조성해서 군사국가를 더욱 강화했다. 북한의 도발에 대응하는 과정에서 남한의 반공체제 역시 제도화되었다. 1968년 1월 22일 대간첩 대책본부가 발족했고, 2월 중순 국방부는 육군의 경우 30개월에서 36개월로, 해군은 36개월에서 42개월로 복무기간을 연장했고, 4월 1일 향토예비군이 창설되었다.[9]

5월 10일에는 주민등록법 개정안을 개정해서 18세 이상 주민에게 주민등록증을 발급했다. 남한에 스며든 간첩을 식별해서 안보를 강화해야 한다는 명분이었지만, 주민등록증은 1968년의 산물이었다. 정부가 여론을 만들면 여론 또한 정부의 정책결정에 영향을 미친다. 푸에블로호 사건을 바라보는 감정적인 시선은 단지 박정희 정부에 한정되지 않았다. 한국의 강경한 여론은 푸에블로호 협상 기간 동안 미국에 일관되게 군사적 대응을 촉구했다.

북한의 전쟁준비와 푸에블로호 나포

청와대 습격사건인 1·21사태는 1966년 가을부터 시작된 남북 제한전쟁의 연장선상에서 발생했다. 미국의 헬름스Richard Helms CIA 국장은 북한이 최소 두달 이상 1·21사태를 준비했다고 평가했다.[10] 그러면 푸에블로호 나포는 북한의 의도적인 계획일까?

푸에블로호가 운항을 시작하기도 전에 북한이 나포를 계획할 수는 없기 때문에, 나포를 오랫동안 준비한 것으로 보기 어렵다. 미국은 북한이 베트남 전쟁을 지원하기 위해 한반도에서 미국의 발목을 잡을 '제2전선'

을 만들려 했다고 의심했다. 실제로 당시 북한이 북베트남에 전투기 조종사를 파견하고 전쟁물자를 지원했지만, 사전에 계획해서 그것도 소련이나 북베트남과 연계해서 미국 군함을 나포했다고 보기는 어렵다.[11]

푸에블로호 나포는 한반도 긴장상황의 산물이었다. 북한은 1968년 초부터 본격적인 전쟁준비에 돌입했다. 당시 평양 주재 폴란드대사관의 외교관이 루마니아대사관에 알려준 정보에 따르면, "1월 10일부터 12일까지 북한군과 로농적위대가 북한의 남부지역에서 군사훈련을 했고, 22일에서 23일 사이에 다수의 부대와 로농적위대가 평양역에서 남부지역으로 출발했다"고 한다.[12]

푸에블로호 사건을 계기로 한반도 정세는 더욱 악화되었고, 북한 내부적으로 전쟁분위기가 달아올랐다. 북한의 국내 선전 차원에서 1·21사태와 푸에블로호의 용도는 달랐다. 북한은 1·21사태를 남한 내부 무장유격대의 소행이라고 보도했다.[13] 이후에도 북한은 무장간첩 파견을 부정했기 때문에 자신들과 무관한 남한 내부의 상황으로 소개했다. 그러나 푸에블로호는 북한군이 직접 나포했다고 선전했기 때문에, 주민들에게 미치는 파장은 달랐다. 북한은 푸에블로호 나포 이후 미국의 군사보복 가능성을 강조하기 시작했다.

북한정부는 평양 주민들을 인근 농촌지역으로 이주시키고 모든 학교의 문을 닫았다. 2월 하순 동독대사관을 찾아온 한 북한 여성은 자신의 남편이 평양에 없는데, 만약 전쟁이 일어나면 자신과 아이들을 동독으로 보내줄 수 있을지 문의했다.[14] 2월 하순 대사관 밀집지역인 외교단지에 외무성의 국장급 인사가 찾아와 "현 정세는 전쟁이 언제든지 일어날 수 있는 상황이고, 전쟁 발발 시점은 미국이 결정할 것"이라고 설명하면서 대사관도 지하 피난처를 만들어야 한다고 권고했다.[15] 중앙기관의 각종 문

서, 국립도서관과 대학의 중요 문서, 주요 공장의 기계설비도 평양 외곽으로 옮기기 시작했다.[16]

북한의 전쟁분위기 조성에도 당시 미국의 정보 판단은 냉정했다. 북한이 전면전을 일으킬 능력이 없다고 본 것이다. 비록 비무장지대에서 북한의 군사도발이 늘어나고 게릴라 활동이 증가했지만, 전면전이 일어나면 당연히 주한미군도 참여한다는 점을 북한도 잘 알 것으로 예측했다. 미국의 CIA는 "식량이나 의약품의 수입도 없고, 무역 규모도 그대로"라는 점에서 "북한이 전쟁을 준비한다는 증거가 없다"고 평가했다. 미국은 북한의 전쟁분위기 조성을 국내 선전에 불과한 것으로 보았다.

남북한의 군사력 비교에서도 북한은 6개월 이상 공격을 지속할 능력이 없고, 외부의 지원이 없으면 분명한 열세였다. 미국의 정보 판단에 따르면 "북한군은 약 34만 5000명으로 전투준비가 되어 있으나 저격용 총이나 로켓을 제외하고 대부분 2차대전 당시의 소련제 무기를 보유하고 있으며, 이 수준이면 약 한달가량 공격을 할 수 있는 규모다. 이에 비해 남한군은 53만 2000명, 해군이 3만 1500명으로 이 중 5만명이 베트남에 참전한 경험이 있으며, 다만 대부분 장비가 노후화되고 그것도 부족하다"라고 평가했다.[17]

전쟁 발발 가능성과는 별개로, 군사적 긴장은 육상뿐만 아니라 해상에서도 높아졌다. 1월 6일 평양 라디오는 '동해에서 다수의 미국 선박이 도발'했다고 비난했고, 11일에는 '어선으로 위장한 미국의 정찰함이 동해에서 도발'했다고 주장했다. 그리고 20일 군사정전위원회 260차 회의에서 북한은 미국 정찰함의 정전협정 위반을 비난하는 한편, 앞으로 위반하면 '발포를 포함한 대응조치를 취할 것'이라고 경고했다.[18] 해상에서 나포를 포함한 북한의 군사행위가 이미 예고되었음에 주목할 필요가 있다.

그러면 푸에블로호 나포 결정은 언제 이루어졌을까? 푸에블로호는 일본의 사세보佐世保항에 이틀간 머물고 1월 11일 새벽 6시에 출항해 13일경 원산 먼 바다에 도착했다. 배는 계속 북상해서 소련의 연해주까지 올라갔다가 왔던 길로 남하했다. 15일에는 청진항 근처에 머물렀고 낮에는 북한 해변으로부터 13마일에서 16마일, 밤에는 25마일에서 30마일 떨어져 항해했다. 대체로 원산 앞 먼 바다에 푸에블로호가 도착해서 북상을 시작한 13일 이후부터 나포 시점인 23일까지 북한은 배의 궤적을 추적하며 감시했을 가능성이 높다. 23일의 나포 결정을 우발적으로 현장에서 할 수는 없고, 반드시 상부의 지시가 있었을 것이다.

북한 대 중국: 전략적 이해의 복원

1960년대 들어 북한은 중소 분쟁과 거리를 두기 위해 '자주노선'을 강조하기 시작했다. 북중관계는 1950년대 후반부터 벌어지기 시작했고, 1960년대 초반 다소 회복했으나 1960년대 중반 베트남 전쟁에 대한 양국의 인식 차이가 벌어지면서 다시 악화되었다. 1966년 북한은 베트남 전쟁에 대한 중국의 소극적 태도를 비판하면서, 중국을 교조주의로 규정했다.[19] 중국의 문화대혁명은 북중관계를 더욱 악화시켰다. 홍위병들은 이미 1965년부터 북한 지도부를 '수정주의자'로 비판하기 시작했고, 1967년경에는 대자보에 김일성을 직접 비판했다. 1967년 북한은 평양주재 중국대사를 추방하고 주중 대사를 소환하기도 했다.[20]

1968년 홍위병들은 여전히 북한 지도부를 비판했으며, 양국의 국경지역에 긴장이 고조되었다. 그해 여름 북한-중국 국경지역을 방문했던 쿠바 외교관은 "압록강 양쪽에서 하루에 10시간에서 12시간까지 상대를 비난하는 구호와 방송이 계속"되었다고 전한다. 흥미로운 것은 그런 상호 비방에도 "북한과 중국의 노동자들이 공동으로 수력발전소를 수리했다"는 점이다.[21]

쿠바 외교관이 목격한 풍경은 북중관계의 이중성을 상징한다. 중앙정부 차원에서 관계가 악화되어도 양측의 공동 국경인 압록강에서 생산한 전력을 양측이 나누어 사용하는 접경협력을 지속했음을 알 수 있다. 홍위병들이 연변 조선족 자치주 지도자를 탄압하고 숙청해 일부 중국인과 조선족이 북한으로 피난을 온 경우도 있었지만, 두만강과 압록강을 사이에 둔 친척 교류는 이어졌다. 북한과 중국의 정부 간 관계는 전략적 이해에 따라 좋아졌다가 나빠지기도 했으나, 두만강과 압록강의 접경지역에서는 혈족공동체이자 경제공동체의 형태가 오랫동안 유지되었다.

푸에블로호 사건이 발생했을 때 북한과 중국의 정부 간 관계는 악화상태였다. 그러나 푸에블로호 사건 이후 한반도의 군사적 긴장이 고조되자, 양국 관계는 다시 움직이기 시작했다. 한 헝가리 외교관에 따르면 2월 한반도에서 군사적 긴장이 높아지자 중국의 저우 언라이가 김일성에게 서한을 보내, "과거의 불신을 씻고 양국 관계를 정상화해서 전통적인 우호관계를 복원하자"면서 "중국 인민은 조선 인민을 충분히 지원할 준비가 되어 있다"라고 언급했다.[22]

헝가리 외교관이 만난 왕 펑 평양주재 중국 대리대사도 중국의 입장을 분명하게 말했다. 왕 펑은 "1968년 북중 무역이 전년에 비해 늘어났으며, 중국은 한반도에서 전쟁이 일어나면 북한을 전폭적으로 지원할 것"이라고 말했다.[23] 북중 양국의 공식 관계는 1968년 10월 북한의 건국 20주년 행사에 중국이 대표단을 파견하지 않을 정도로 여전히 냉랭했으나, 푸에블로호 사건 이후 양국은 물밑에서 분주하게 움직였다. 양국은 서로 불편해하면서도 서로가 전략적으로 필요하다는 점을 다시 한번 확인했다.

소련 대 북한:
정세완화 외교

소련의 역할은 중국과 달랐다. 소련은 한반도의 정세악화를 우려하며 북한이 전쟁분위기를 의도적으로 과장하는 것을 비판했다. 소련은 미국이 기대하는 수준의 역할을 하지 못했지만 자신의 영향력을 적절히 활용해 한반도의 정세완화를 위해 노력했다.

북소관계에 대한 미국의 오해

북한이 푸에블로호를 나포했을 때, 미국정부가 가장 먼저 취한 조치는 소련의 문을 두드리는 것이었다. 미국은 소련에 "북한과 접촉해서 부상당한 선원들을 치료하고 배를 돌려주기를 바란다"는 메시지를 보냈다.[24] 그러나 1월 23일 톰슨Llewellyn Thomson 모스끄바 주재 미국대사가 소련 외무성을 방문해 북한에 압력을 행사해달라고 요청했을 때, 소련은 '북한 역시 하나의 독립국가'이므로 미국의 메시지를 대신 전달할 수는 없다고 답했다. 소련은 자신들이 이 사건과 아무런 관련이 없다면서, "미국정부가 직접 북한과 대화를 해야 한다"고 충고했다.[25]

1월 25일 존슨 대통령은 소련의 꼬시긴Aleksei N. Kosygin 총리에게 다시 한번 한반도 지역에서 군사적 긴장이 높아지는 것을 원하지 않는다는 메시지를 전했다. 꼬시긴은 "모든 책임은 미국의 영해침범과 군사활동"에 있지만 "소련은 조속한 해결을 원하고, 그러기 위해서는 미국이 북한의 주권과 독립을 존중해야 한다"라고 답했다.[26]

미국이 소련에 도움을 요청했던 것은 소련의 영향력을 과대평가한 측면도 있지만, 다른 한편으로 푸에블로호 사건을 북한과 소련의 공모로 의심했기 때문이다. 푸에블로호 나포 직후 열린 회의에서 맥나마라Robert S. McNamara 국방장관은 "사전에 계획된 일이며 소련은 이미 알고 있었다"라고 평가했다. 그는 톰슨 대사가 소련 측에 나포 사실을 알렸을 때, 그 자리에서 소련이 입장을 표명한 것이 그 증거라고 주장했다.[27] 사전에 알았기 때문에 즉각 '정리된 입장'을 밝혔다는 의심이다.

러스크David D. Rusk 국무장관도 소련이 베트남 문제에서 미국에 압력을 행사하고 제2전선을 만들려는 의도가 있기 때문에 사전에 나포 계획을 알았을 것으로 판단했다.[28] CIA의 헬름스도 "한국의 베트남 참전을 막고, 베트남에서 미국의 발목을 잡으려는 것"으로서 "북한과 소련이 공모했을 가능성이 있다"고 분석했다.[29]

백악관 국가안전보장회의의 로스토우Walt Rostow는 더 적극적으로 소련을 의심했다. 그는 "북한에 대한 소련의 영향력이 크고, 소련이 푸에블로호의 장비에 관심이 있을 것"이라고 넘겨짚었다. 그래서 로스토우는 당시 엔터프라이즈 항공모함 근처를 항해하던 소련의 수문관측선을 남한이 나포하게끔 하자고 제안했다. '이에는 이, 눈에는 눈' 방식으로 똑같이 소련에 보복하자는 주장이었다.[30] 1월 25일 회의에서 로스토우는 모스끄바로 향하는 북한 비행기가 아마도 푸에블로호에서 입수한 장비를 싣고 가는 것이라 추정했다. 그는 이를 소련의 개입 증거로서 다시금 강조했다.[31]

그러나 미국의 정보 판단은 사실과 달랐고, 편견에 따른 착각이나 다름 없었다. 소련은 1·21사태와 푸에블로로 나포 사건을 전혀 몰랐다. 1월 24일 북한 외무부상인 김태봉이 평양주재 소련대사에게 "미국 배가 북한의 영해를 침범해서 나포했다"고 알렸다. 당시 꼬시긴 총리는 모스끄바 주재 북한대사에게 "북한이 처한 상황을 이해하지만, 북한이 어떤 계획을 갖고 있는지, 앞으로 어떻게 할지 알 수 없어 국제사회에서 도와주기 어렵다"고 말했다. 꼬시긴은 1·21사태나 푸에블로호 사건을 "언론을 통해서 알았다"며 불만을 터뜨렸다.[32]

북한과 소련의 관계는 미국의 분석과 아주 달랐다. 소련 입장에서 북한의 전략적 가치는 분명 중요했다. 중소관계가 악화되자 소련은 중국 주변국과의 관계를 적극적으로 강화하려 했다. 그리하여 북한과 북베트남, 몽골에 군사·경제 지원을 확대했다. 소련의 대북 원조는 1965년에서 1968년 사이에 확실히 증가했다. 문화대혁명으로 북중관계가 악화됨에 따라 소련은 갈라진 틈을 비집고 북한과의 관계를 더욱 진전시키려 했다.

그러나 동북아 지역질서를 바라보는 소련과 북한의 시각은 확연히 달랐다. 북한은 소련의 평화공존론에 동의하지 않았고 '미 제국주의'와의 투쟁을 강조했다. 소련이 북한에 대해 푸에블로호를 석방하라고 압력을 행사할 수 있는 관계도 아니었다. 1월 25일 평양주재 아랍연합공화국 대사가 허담許錟 외무부상에게 "미국이 소련에게 푸에블로호와 승무원을 석방하도록 북한에 압력을 행사해달라는 부탁을 했다는 소문이 사실이냐"고 물었을 때, 허담은 "이 문제와 관련해 제3자의 개입을 허용하지 않을 것"이라고 하면서 만약 그런 요청을 한다면 그것은 "조선민주주의인민공화국에 대한 내정간섭으로 여겨질 것"이라고 단호하게 말했다.[33]

소련은 처음부터 북한의 푸에블로호 나포를 비판했다. 소련주재 헝가리 대사에 따르면, 북한이 "푸에블로호가 영해를 침범했고, 국적을 물었을 때 대답하지 않았고, 국기와 깃발도 게양하지 않아서 나포했다"고 설명하자, 소련 측은 "해양 항해와 관련한 1958년 제네바 협정의 23조에 따르면 군함은 민간 선박과 달리, 영해를 침범했을 때 나포하는 것이 아니라 즉각 영해 밖으로 나가게 하는 것이 원칙"이라고 주장했다. 소련 측은 군함의 나포는 예외적이고 국제법적으로 과도한 조치라는 입장을 북한에 전달했다.[34]

긴장완화를 위한 소련의 역할

1960년대 소련과 북한의 관계는 스탈린 시대와 달랐다. 흐루쇼프의 등장 이후 양국은 갈등을 겪었고, 북한은 중소 분쟁이 심각해지자 상대적인 자율성을 추구했다. 소련은 정치적으로 북한에 압력을 행사할 수 없었다. 그러나 북한은 소련의 입장을 무시할 수 없었다. 소련은 유엔에서 북한의 입장을 지원했고, 군사·경제 분야에서 가장 많은 원조를 제공했다.

소련은 북한의 군사모험주의에 대해 분명하게 반대했다. 북한의 김일성 수상은 1월 31일 소련의 꼬시긴 총리에게 편지를 보냈다. 편지 내용은 "조선에서 전쟁이 일어날 경우, 소련은 지체 없이 군사원조를 비롯한 모든 수단을 동원해야 한다"는 요청이었다.[35] 1961년 7월 '조소 우호협조 및 호상원조에 관한 조약'의 2조, 즉 "체약 쌍방은 어느 일방에 대한 어떠한 국가로부터의 침략이라도 이를 방지하기 위하여 모든 조치를 공동으로 취할 의무를 지닌다"라는 이른바 '자동개입 조항'을 상기시켰다.[36]

소련공산당 정치국은 이 편지를 심각하게 받아들였다. 1961년 조약 체결 당시 흐루쇼프 공산당 서기장은 이 조약이 공격이 아닌 방어를 위한 것이라고 강조한 바 있다. 소련은 김일성의 편지에 대해 분명하고 구체적인 방식으로 소련의 우려를 전달하기로 결정했다. 브레즈네프[Leonid I. Brezhnev] 공산당 서기장은 직접 김일성 수상에게 소련을 방문해줄 것을 요청했다. 북한은 "현 정세에서 나라를 비우기 어렵기 때문에 김창봉[金昌奉] 민족보위상을 소련군 창설 50주년 기념식에 보내겠다"고 응답했다.[37]

소련은 먼저 북한의 전쟁분위기를 가라앉히려고 했다. 2월 25일 김창봉[38]이 모스끄바를 방문했을 때, 브레즈네프는 현 정세에서 북한의 국방력 강화정책을 존중하지만, "조소 우호조약은 방어적 성격이고 소련은 남북한의 평화통일을 바라며 어떤 상황에서도 전쟁을 촉발시키는 행위를 반대한다"라고 분명히 말했다. 그리고 "최근 벌어지는 평양 주민의 농촌 이주를 비롯한 전쟁준비를 이해할 수 없다"라는 말도 덧붙였다.

브레즈네프와 김창봉의 만남 이후 북한 외무성에서 "조선은 평화통일정책을 바꾼 적이 없다"는 성명을 발표했다. '왜 전쟁을 하려고 하느냐'라는 소련의 의혹에 대해 북한이 '그럴 의도가 없다'고 대답한 것이다. 3월 1일 김일성은 평양주재 소련대사 수다리꼬프[Nikolai G. Sudarikov]를 불러 브레즈네프 서기장과 김창봉의 만남에 감사를 표시하고, "우리는 전쟁분위기를 조성할 이유가 없다"라고 강조했다. 이후 북한의 공식 매체는 전쟁분위기 조성을 자제했고, 북한정부는 과도한 동원 조치를 중단했다.[39] 4월 1일 김일성은 수다리꼬프 대사에게 자신은 "전쟁에 집착하지 않는다"고 말했다.[40] 소련이 분명하게 전쟁반대 입장을 표명한 것은 확실히 북한의 결정에 영향을 미쳤다.

북한 대 미국:
판문점 협상

푸에블로호 승무원들의 석방을 위해 판문점에서 열린 북한과 미국의 협상은, 냉전시기 남·북·미 삼각관계의 악순환을 보여주는 상징적 사례다. 남·북·미 삼각관계는 세개의 양자관계로 구성되어 있다. 남북, 한미, 북미 관계다. 흔히 남북관계가 악화된 상황에서 북미대화를 할 경우, 한미관계는 대북정책을 둘러싼 차이로 갈등을 빚곤 한다.[41]

남북관계가 '제한전쟁'을 치르는 상황에서 북한과 미국의 판문점 협상은 결국 한미관계의 악화로 이어졌다. 박정희 정부는 미국의 협상 결정에 강력히 반대했고, 비공개회담을 공개회담으로 전환할 것을 요구했으며, 독자적인 보복공격의 가능성을 줄기차게 주장했다. 한국의 강한 반발은 미국의 전략에 영향을 미쳤고, 존슨 행정부는 판문점 회담에서 박정희 정부를 의식하지 않을 수 없었다.

한편 판문점 협상은 인질협상의 대표적 사례이기도 하다. 미국 외교사에서 개별 인질의 석방을 위한 협상은 사례가 많고 다양하다. 냉전시기에 발생한 인질사건은 해당 정권의 정치적 판단과 상대 국가와의 '관계의 성격'에 따라 해결방식이 다르다. 한반도의 경우 푸에블로호 나포 이전에도 미국의 정찰기나 수송기가 군사분계선 북쪽에 추락한 적이 있고, 협상 과정을 통해 조종사를 돌려받은 바 있었다. 특히 1963년 미국 헬리콥터가 군사분계선 북쪽에 추락하여 1년여의 협상을 통해 조종사를 송환한 사례는 1968년 푸에블로호 승무원 석방에 직접적 영향을 미쳤다.

경험에서 교훈을 찾은 존슨 대통령

푸에블로호 사건이 일어났을 때, 존슨 대통령은 우선 과거의 사례에서 교훈을 찾으려고 노력했다. 1962년 쿠바 미사일 위기와 1964년 통킹Tonkin 만 사건의 처리 과정이 '유사한 경험을 비교해 결론을 도출하는' 유비추론analogical reasoning의 사례로서 영향을 미쳤다. 존슨은 쿠바 미사일 위기 때 부통령으로서 '위기관리 리더십'을 경험했고, 존슨 행정부의 외교안보 관료들도 당시 정책결정에 참여한 경험이 있었다.

성급하게 추진했던 '통킹만 결의안'의 경험도 중요하게 작용했다. 1964년 8월 2일 미국 구축함驅逐艦 매덕스Maddox호가 북베트남 해역에서 정보 수집활동을 할 때, 북베트남 어뢰정이 공격했다. 이틀 뒤 두번째 공격을 했다는 보고에 따라 존슨 행정부는 군사 대응인 '통킹만 결의안'을 채택하고 북베트남에 대한 폭격을 개시했다. 베트남 전쟁이 시작된 것이다. 당시 매덕스호는 푸에블로호와 똑같은 신호정보SIGINT를 수집했고, 똑같이 어뢰정의 공격을 받았다. 그러나 매덕스호에 대한 북베트남의 두번째 공격은 실제로 일어나지 않았다. 경험이 미숙한 레이더병의 착각이었음이 나중에 밝혀졌다. 당시 백악관으로 쏟아져 들어오는 현지 정보는 상반되고 모순적인 내용이 적지 않았다.[42]

존슨 대통령은 성급한 판단으로 베트남 전쟁에 너무 깊숙이 개입한 것을 후회했다. 푸에블로호 사건이 일어났을 때, 존슨 대통령이 정확한 정보를 요구하고 신중한 대응을 주문한 것은 확실히 1964년의 판단 오류를 되풀이하지 않겠다는 의지 때문이었다. 존슨은 푸에블로호가 북한의 영해를 침범했는지 몇번이나 되물었다.

푸에블로호가 나포되었을 때, 미국 내에서 군사적으로 대응해야 한다는 여론이 높았다. 아이젠하워 전 대통령을 포함해 닉슨Richard M. Nixon 등 다수의 상원의원들이 군사적 해결을 촉구했다. 당시 캘리포니아 주지사였던 로널드 레이건Ronald W. Reagan은 사건 직후 "24시간 내에 북한이 배를 석방하지 않으면 군함을 보내 구출해야 한다"고 주장했다.[43]

존슨 대통령이 주재한 회의에서도 국가안전보장회의의 로스토우나 군은 기뢰설치, 해상봉쇄, 북한 선박의 나포 등 다양한 군사적 해결방안을 지속적으로 검토했다. 그러나 존슨 대통령은 사건 직후부터 군사적 대응을 고려하지 않았다. 1월 25일 아침 회의에서 존슨은 "공산주의자들은 상대가 힘을 과시하면 언제나 반격하는 경향이 있다"라는 톰슨 소련주재 대사의 말을 전했다.[44] 존슨은 베트남 전쟁에 점점 깊이 들어가는 와중에, 아시아에서 또다른 전선을 확대할 수 없다고 판단했다.[45]

점심 회의에서도 존슨 대통령은 다양한 대응방안을 듣다가 "내가 알고 싶은 것은 어떻게 배와 승무원을 돌려받을 수 있는지"라며 물었다. 국무부의 카첸바흐Nicholas D. Katzenbach 차관이 "유일한 방법은 외교채널로 대화를 하는 것"이라고 말했고, 러스크 장관은 "보복조치를 취할 북한 배도 찾을 수 없다"고 호응했다. CIA 국장도 "북한이 이 사건을 충분히 활용하고 나서 인도적 이유로 배를 풀어줄 것"이라는, 북한 언론기관에 종사했던 고위 탈북자(북한이탈주민)의 예측을 전했다. 존슨 대통령 역시 "포터William J. Porter 대사도 그렇게 말했다"며 동조했다.[46] 맥나마라 장관의 뒤를 이어 새로운 국방장관으로 취임할 클리포드Clark Clifford는 "배와 83명의 승무원에게 미안한 일이지만, 한국전쟁을 다시 할 만큼의 가치가 있다고 생각하지 않는다"고 솔직하게 말했다.[47]

그날 저녁 다시 대통령이 참석한 회의가 열렸다. 이번에는 좀더 정리해서 군사 대응방식을 점검했다. 먼저 합동참모본부의 휠러Earle Wheeler 장군이 ①북한 공군을 무력화한 다음 원산항에 기뢰 설치 ②다른 항구에도 기뢰 설치 ③해운 운송 차단 ④북한의 특정 목표에 대한 폭격 ⑤북한 선박을 나포해 상호 교환 등, 군사적 수단에 해당하는 다양한 방안을 나열했다. 국방부 차관인 니츠Paul Nitze는 나포 지점에 구축함을 보내 수색하고 북한이 대응하면 보복하는 방안을 추가했다. 그러나 클리포드는 다시 한번 "유일한 목적이 배와 승무원을 안전하게 구출하는 것임"을 명심할 필요가 있다고 강조했다.[48]

푸에블로호 나포 직후에 열린 1월 24일과 25일의 회의에서 존슨 대통령은 정확한 정보를 원했다. 회의 참여자들은 선택할 수 있는 방안을 군사와 외교 분야로 구분하고 각 방안의 실현가능성과 효과를 구체적으로 검토했다. 2월 2일 북한과의 판문점 회담 때까지 대통령이 참석하는 회의를 수시로 열었던 것은 1962년 쿠바 미사일 위기의 경험에서 영향을 받았다. 당시의 경험을 공유했던 국가안전보장회의 참여자들은 부처별로 다양한 의견을 제시하고 자유롭게 토론했으며, 구체적인 부분에서 실현가능성을 점검하면서 선택의 범위를 좁혔다. 존슨 대통령은 1962년의 케네디 대통령처럼 자연스러운 논의를 유도하고 최종 결정을 주도했다.

몇달 뒤, 판문점 협상이 교착에 빠졌을 때도 마찬가지였다. 인질사건이 장기화되면 당연히 외교가 아니라 군사 대응에 대한 여론이 높아진다. 1968년 9월 미국 국민의 78.6퍼센트가 승무원을 석방하기 위해 군사력을 사용해야 한다고 응답했다. 그러나 존슨은 더이상 재선을 신경 쓸 필요가 없었기 때문에, 여론을 고려할 필요도 없었다.[49] 재선을 포기한 존슨 대통령의 입장에서 강경한 대응으로 정치적 결집Rally round the Flag 효과를 노려볼 동기가 약했다는 점은 푸에블로호 사건 대응에서 중요한 변수로 작용했다.

북한과 미국의 양자협상 성사 과정

존슨 대통령은 1월 26일 제네바의 미국대사에게 국제적십자사를 활용해보라고 지시했다. 국제적십자사가 북한과 접촉해 승무원들의 상태를 살피고 즉각 석방을 요구하라는 것이었다. 국제적십자사는 그날 오후 북한에 관련 정보를 요청했고, 그 다음 날을 비롯해 몇번 더 타진했다. 그러나 북한은 제국주의를 공격하는 북한 신문의 사설을 한부 복사해서 보낸 것을 제외하고는 일절 대응하지 않았다.[50]

미국은 사건 직후 북한에 미국 측의 입장을 전달했다. 푸에블로호가 나포된 지 하루 지난 1월 24일 판문점에서 열린 군사정전위원회 261차 본회의에서 유엔사령부 수석대표인 스미스John V. Smith 해군 소장은 "북한은 푸에블로호 선박과 모든 승무원을 석방하고, 불법적 나포행위에 대해 미국정부에 사과할 것"을 주장했다. 스미스 소장은 또한 "북한이 정전협정과 국제법을 무시하고 도발을 계속한다면 평화는 위태로워지며, 거기서 초래되는 모든 결과에 대해 책임을 져야 한다"는 점도 분명히 밝혔다.

여기서 주목할 점이 있다. 스미스 소장이 자신의 발언을 담은 문서를 북한 대표인 박중국朴中國 소장에게 전달할 때, 미국정부가 북한정부에 보내는 경고의 형식을 띠었다는 점이다. 당시 판문점의 통역장교로 근무했던 이문항李文恒은 이를 "미국과 북한, 정부 대 정부의 협상으로 이끌고 가겠다는 의사를 명확히 북한에 표시한 것"으로 해석했다.[51]

북한은 과거 유엔사령부 소속의 헬리콥터나 비행기가 북한 영공을 침범해 격추되었을 때 처리하던 방식을 푸에블로호 사건에도 적용할 생각이었다. 그것은 군사정전위원회의 형식으로 협상을 하는 것이었다. 그러나 미국이 북미 양자협상을 먼저 제안한 이상 거부할 이유가 없었다. 1월 27일 저녁 박중국 군사정전위원회 북한 측 대표는 중립국감독위원회 공산 측 대표인 폴란드와 체코 대표를 만나 북한의 입장을 서방의 스위스와 스웨덴 측에 전달해달라고 요청했다. 간접경로로 미국에 자신의 입장을 전달한 것이다. 이는 "미국이 무력으로 대응하면 북한도 무력으로 대응할 것이며, 그러면 승무원들은 석방되지 않고 죽을 것"이므로, "이 문제를 해결하려면 승무원이 전쟁포로라는 점을 인정하고 포로를 돌려받기 위한 정상적인 방법인 협상과 대화에 응해야 할 것"이라는 내용이었다.[52]

1월 29일부터 31일까지 미국과 북한은 직접대화의 환경을 조성했다. 군사정전위원회의 미국 대표가 중립국감독위원회의 스위스와 스웨덴 대표 측으로부터 받은 북한의 메시지에 답변을 했다. 북한과의 비공개대화에 동의한 것이다. 회담은 판문점의 중립국감독위원회 사무실에서 열기로 했고 각 측은 통역과 연락장교를 포함해 4명으로 대표단을 구성하기로 합의했다.[53] 미국 국무부는 2월 1일 북한의 비공개회담 제안을 받아들였다고 공식 발표했다.

2월 4일 2차 회담에서 박중국 소장은, 1차 회담 때 스미스 소장이 푸에블로호의 소속을 유엔사령부가 아니라 미국이라고 발언한 데 대해 '이 사건을 조선인민군과 유엔사령부가 아닌, 조선민주주의인민공화국과 미국 사이에서 협상하고 해결하자는 것인지' 물었다. 5일 3차 회담에서 스미스는 자신이 "푸에블로호 사건 협상의 전권을 행사하는 미국 대표"라는 점을 재확인했다.[54] 북한의 박중국은 "이 문제를 실질적으로 해결하기 위해서는 미국과 조선민주주의인민공화국 사이의 대표회담이 이루어져야 한다"는 점을 재확인했다.[55]

원칙적으로 유엔사령부가 주관하는 군사정전위원회는 유엔사령부 총사령관의 지시에 따르고, 정전협정에 관한 사안은 미국 합참의장의 지시를 받게 되어 있다. 그런데 푸에블로호 협상은 주한 미국대사를 통해 미

국무장관의 직접 통제 아래 이루어졌다. 미국은 푸에블로호 사건 이후 국무부 내부에 '한국 TF'Korean Task Force를 만들고 이전 주한 대사였던 새뮤얼 버거Samuel Berger를 팀장으로 임명했다. 2월에는 또다른 전직 주한 대사이며 국무부 동아시아·태평양 담당 부차관보인 브라운Winthrop G. Brown이 팀장이 되었다. 한국 TF는 카첸바흐 국무차관－러스크 국무장관－존슨 대통령과 연결되었고, 푸에블로호 사건에 대한 정보 판단, 북한의 의도 분석, 미국 측 회담전략 수립과 미국 대표의 발언문 작성을 맡았다.[56]

판문점 협상에 대한 북한과 미국의 전략적 목표는 달랐다. 미국은 '승무원의 석방'을 협상 목표로 삼았지만, 북한은 미국으로부터의 체제 인정, 한미 균열, 그리고 국내 선전 효과[57]를 중시했다. 미국도 북한이 충분한 선전 효과를 거둬야 승무원을 석방할 것으로 예상했기 때문에 협상의 장기화를 염두에 두고 협상을 시작했다.

1단계(1~7차 회담): 영해침범을 둘러싼 논란

회담 초기의 핵심 쟁점은 나포 당시 푸에블로호의 위치였다. 북한은 푸에블로호가 영해를 침범했기 때문에 나포했다고 주장했다. 미국은 그럴 리 없다고 대응했다. 1월 24일 긴급회의에서 존슨 대통령은 푸에블로호의 위치와 관련해 "실수할 가능성이 있는가?"라고 물었다. 맥나마라 국방장관은 "나포 시점이 한낮이고, 그 시각에 위치를 착각할 가능성은 1퍼센트 이하"라고 답했다. 또한 푸에블로호가 마지막으로 SOS를 보낸 지점과 감청을 통해 확인한 북한 배의 위치도 일치하고, 그 지점은 15.5마일과 17.5마일 사이임을 강조했다. 나포 당시 객관적으로 얻을 수 있는 대부분의 증거는 푸에블로호가 북한 영해인 12해리를 벗어나 있었다는 점을 강조했다.[58]

그런데 1월 26일 오전 회의에서 휠러 장군은 감청정보를 바탕으로 영해침범의 가능성이 없다고 대답했지만, 맥나마라 장관은 '가능성이 50대 50'이라며 말을 바꿨다.[59] 나포 전날 푸에블로호가 통신을 하지 않았고, 나포될 때 통신장비를 파괴했으며 항적기록은 배와 함께 북한의 수중에 있었다는 점을 들어, 러스크 국무장관은 "확실한 것은 모른다"[60]는 입장으로 후퇴했다.

2월 2일 오전 11시에 열린 1차 회담에서 스미스 대표는 "푸에블로호가 영해를 침범하지 않았기 때문에 즉각 배와 승무원을 돌려줄 것"을 요구했다. 그러나 북한의 박중국 대표는 "이미 푸에블로호 승무원들이 영해침범을 자백"했다고 하며 "무장 정보함이 북한 영해를 침범한 것은 정전협정 위반"이라고 주장했다.[61]

미국은 1차 회담이 끝나고 나서 북한의 '비즈니스 협상 스타일'에 안도했지만, 북한의 태도와 무관하게 협상 전망은 밝지 않았다. 국무부는 "북한이 회담을 질질 끌면 한미관계를 균열시킬 수 있기 때문에 현상유지 자체가 북한 입장에서 승리"라고 분석했다. 당연히 북한이 "회담을 장기화할 것"으로 예상했고, 그래서 회담 전망을 '매우 비관'했다.[62]

2차 회담도 마찬가지였다. 양측은 영해침범 여부를 둘러싸고 공방을 벌였다. 미국 측은 정보함이 최소한 영해의 기준인 12해리에서 벗어나 항해해야 한다는 지시를 강조하면서 "북한의 군함이 푸에블로호에 접근했을 때의 무선통신 위치, 북한 군인들이 푸에블로호에 올라왔을 때 무선통신 위치, 그리고 북한 잠수정이 자신의 위치를 보고한 통신의 감청기록"을 근거로 푸에블로호가 적어도 북한 해안에서 15해리 이상 떨어져 있었다고 주장했다. 물론 미국은 확실한 증거를 갖고 있지 않았다. 그래서 미국은 나포행위 자체가 불법이라는 점을 동시에 강조했다. 소련의 정보함

이 미국 영해를 침범했을 때, 미국은 단지 영해에서 벗어날 것을 요구했을 뿐이라는 사례도 제시했다.[63]

북한은 5차 회담까지 승무원의 자백, 배의 항적기록, 푸에블로호 내부에서 입수한 각종 자료를 바탕으로 영해침범이 확실하다고 대응했다. 북한은 2월 4일부터 『로동신문』을 통해 푸에블로호 승무원의 자백을 보도하기 시작했다. 다양한 직무의 장교들이 차례로 등장해 정탐행위의 내용, 영해침범의 증거, 적대행위의 내용을 밝혔다.[64] 『로동신문』 2월 17일자는 '조선민주주의인민공화국 정부에 드리는 미국 함선 푸에블로호 전체 선원들의 공동사죄문'을 실었다.[65] 북한은 6차 회담에서 "미국이 영해침범을 사과하고 적대행위를 중단하면 승무원을 돌려보낼 수 있다"고 언급했다.[66] 그리고 북한은 7차 회담에서 "간첩행위에 사용된 장비의 반환에 관한 전례가 없어 배는 논의 대상이 아니다"라고 주장했다.[67] 이 회담을 계기로 푸에블로호를 돌려받을 가능성은 사라졌고, 이후 승무원 송환을 중심으로 협상이 전개되었다.

2월에 집중적으로 전개된 회담이 교착을 거듭하자 미국은 협상에 영향을 미칠 수 있는 군사적 압력 방안을 검토했다. 6차 회담이 끝난 후 국무부의 한국 TF는 협상교착 시 검토할 수 있는 압력수단으로 ①북한에 대한 공중정찰 확대 ②북한 영해를 따라 또다른 정보함인 배너Banner호를 호위함과 함께 항해하면서 무력시위 ③북한 선박 나포 ④북한 군함의 제한적 봉쇄 ⑤북한 영공에 대한 침범 등을 검토했다.[68] 대부분 처음부터 검토했던 군사적 대응방안의 연장선상에 있었고, 효과는 불투명하면서도 부정적 영향이 크다는 점에서 실현가능성은 별로 없었다. 무엇보다 군사적 압력이 승무원의 운명에 영향을 미칠 수 있다는 점이 가장 중요하게 고려되었다.

2단계(8~15차 회담): 사과의 형식과 조건

2월 20일 8차 회담부터 쟁점은 좁혀졌다. 북한은 미국이 사과의 의미로 '유감'regret 표현을 사용할 수 있다고 언급했다. 다만 북한은 승무원의 석방에 앞서 미국이 사과해야 한다고 주장했다.[69] 그러나 미국은 승무원 석방 이후 충분하고 공정한 조사가 이루어진 다음 "(영해침범이 밝혀지면) 유감을 표명할 수 있다"고 대응했다. 미국 측은 "조사가 이루어지기 전에 유감을 표명하는 것을 미국 국민이 받아들이기 어렵다"고 설명하고 '제3자에 의한 조사'가 선행되어야 한다고 주장했다. 9차 회담에서 미국 측은 "국제사법재판소장이 지명하는 사람이 조사 책임을 맡아야 한다"고 주장했다.[70] 그러나 북한은 제3자에 의한 조사를 북한에 대한 주권침해라고 주장하면서 거부했다.[71]

북한은 또한 노골적으로 한국과 미국의 균열을 노렸다. 북한과 미국의 비공개회담 자체가 한미 양국의 갈등을 불러일으켰지만, 북한은 회담 과정에서 한미 양국의 틈을 벌리기 위해 꾸준히 노력했다. 북한은 8차 회담 이후 미국에 새로운 제안을 했다. 그것은 바로 푸에블로호 승무원과 남한에 투옥되어 있는 '애국자'를 바꾸자는 제안이었다. 북한의 협상 대표인 박중국 소장은 미국이 이 거래에 동의하면, 그동안 북한이 주장했던 영해침범에 대한 사과 요구를 철회하겠다고 중립국감독위원회 체코 대표에게 말했다. 박중국은 체코 대표에게, 이 제안을 미국에 직접 하지 않고 스웨덴이나 스위스 대표를 통해 간접적으로 의사를 타진해보겠다고 언급했다.[72]

평양의 동독대사관은 쿠바대사관으로부터 좀더 구체적인 정보를 얻었다. 북한이 교환하고자 하는 인사는 두명인데, 한명은 1967년 봄에 판문점에서 탈북한 조선중앙통신 부국장이고, 다른 한명은 1·21사태의 유일한 생존자 김신조 소위였다.[73] 남한이 결코 받아들일 수 없는 제안이었다.

미국 역시 북한의 제안과 관계없이 협상 초기 승무원 석방을 위한 다양한 방안 중 하나로 남한 감옥에 갇혀 있는 정치범의 맞교환을 검토한 적이 있다. 그러나 한국정부가 결코 받아들일 수 없는 방안이라 여겨 처음부터 분명히 배제했다.[74] 그렇기 때문에 북한이 이 제안을 간접적으로 미국에 전달했을 때 미국이 비중있게 검토한 것으로 보이지 않는다. 한국정부가 판문점 회담 자체에 부정적이고, 독자적인 군사보복에 나설 것이라는 점을 강조하고 있는 상황에서 한국정부를 설득할 가능성이 없다고 판단했을 것이다.

3월 4일 10차 회담에서 북한은 "양측이 받을 수 있는 조건으로 과거에 비슷한 사건을 해결한 적이 있다"고 언급했다. 바로 '1964년 미국 헬리콥터 사례'를 해결방안으로 제시한 것이다. 1963년 5월 17일 미국 헬리콥터가 군사분계선 근처에서 북한군에 의해 격추되었고, 2명의 조종사는 분계선 북쪽에 착륙해 억류되었다. 그들은 1964년 5월 16일 거의 1년여의 협상을 거쳐 석방되었다. 당시 북한은 승무원 석방 조건으로 미국에 영공 침범과 아울러 '범죄적 간첩행위'를 인정할 것을 요구했다.[75]

당시 미국의 협상 대표였던 콤스Cecil Combs 소장은 간첩행위와 불법침범을 인정했고 "장래에 이와 같은 범죄행위를 저지르지 않겠다"는 재발방지 약속을 했다. 다만 당시 미국은 북한에서 제시한 미국의 사과문에 "나는 여기서 승무원의 인수를 확인한다"I hereby acknowledge receipt of the crews라는 말을 덧붙였다.[76] 이와 같은 '덧쓰기'overwrite는 서로의 체면을 세우는 방식이었다. 북한은 미국이 사과했다는 점을 국내정치적으로 활용하고, 미국은 승무원 석방을 위해 어쩔 수 없이 북한의 요구를 수용했다는 형식을 취했다. 미국은 조종사들이 귀환한 이후 간첩행위를 부정했다. 국무부의 한국 TF는 당시의 결정이 승무원의 귀환을 위한 불가피한 조치로 미국 내에서도 문제 삼지 않았음을 지적했다.[77]

그러나 1964년의 헬리콥터 사건과 1968년의 푸에블로호 사건의 차이점도 분명했다. 1964년 협상에서 미국의 헬리콥터는 분명히 군사분계선을 넘어갔기 때문에 영공침범을 사과할 수밖에 없었다. 그러나 미국정부는 1968년의 푸에블로호는 영해침범을 하지 않았다고 판단했기 때문에 1964년과 동일한 방식으로 '사과'할 수 없다고 생각했다. 미국은 1964년의 사례를 따를 경우 국내정치적으로 체면을 잃고 남한의 반발을 살 것으로 예상했다.

남한은 1·21사태에 대한 북한의 사과를 받을 수 없는 상황에서 미국이 북한에 사과하는 것에 상당한 반감을 드러냈다. 국무부의 한국 TF가 대안으로 제시한 것은 조건부 유감 표명이었다. 북한이 증거를 제시하고 있지만, 미국이 그런 증거를 검증할 수 없는 상황에서 "푸에블로호가 북한 영해에서 최소한 12해리 떨어져 운행하라는 지시를 위반했다면, 이에 대해 유감을 표명"하자는 것이었다.[78] 물론 북한은 조건부를 거부하면서, ① 적대행위와 영해침범 인정 ② 적절한 사과 ③ 재발방지가 반드시 이루어져야 한다고 주장했다.[79]

3단계(16~29차 회담): 부인을 전제로 한 사과

이후 미국은 다양한 형태로 '조건부 사과' 안을 제시했지만, 북한이 그때마다 거부했다. 5월 8일 미국 측 대표가 우드워드Gilbert H. Woodward 소장으로 교체되었지만 회담 양상은 크게 달라지지 않았다. 다만 북한은 5월 8일 16차 회담에서 과거 헬리콥터 사례와 같은 방식으로 북한이 작성한 사과문의 초안을 제시했다. 존슨 대통령은 북한이 작성한 문서에 미

국 대표가 서명하는 방식을 내부적으로 승인했다.[80]

물론 덧쓰기의 방법과 관련해 북한과 미국의 차이는 분명했다. 북한은 자신들이 작성한 사과문에 미국 대표가 바로 서명하기를 원했다. 그러나 미국은 덧쓰기라 하더라도 몇가지 방식을 두고 대안을 검토했다. ⓐ북한이 제시한 사과문의 내용을 수정하거나 ⓑ서명할 때 설명을 추가하거나 ⓒ발표문을 기술적으로 조정하거나 ⓓ그냥 1964년의 경우처럼 덧쓰기를 하는 등의 방안이었다.[81]

북한은 미국이 주장한 '덧쓰기의 수정' 방안에 강하게 반발했다. 미국이 어쩔 수 없이 다른 대안을 포기하고 애초에 북한이 주장한 방안으로 후퇴하자, 이번에는 북한이 오히려 요구 수준을 높였다. 10월 23일 24차 회담에서 우드워드 소장은 북한이 작성한 '사과문' 밑에 '승무원들을 인수한다'라는 구절을 덧쓰고 서명하면 되겠느냐고 질문했다. 박중국 소장은 사과문에 바로 서명할 것을 요구했다. 북한은 '사과문에 서명하고 승무원들을 돌려받든지, 승무원들이 죄에 대한 댓가를 치르게 하든지' 선택하라고 주장했다.[82] 북한은 자신들이 먼저 1964년의 선례를 언급했지만, 미국이 덧쓰기의 수정을 요구한 이후에는 오히려 덧쓰기 방식 자체를 거부했다.

몇달 동안 미국은 가능하면 체면 손상을 최소화할 수 있는 방안을 모색했다. 그러나 북한은 "문서에 불필요한 것을 덧붙일 생각을 말고, 그냥 서명하면 즉시 승무원들이 풀려날 것"이라고 주장하며, "미국이 수정안을 제시해서 논의를 흐뜨렸다"고 비난했다.[83] 미국은 사과문 밑에 미국 대표가 승무원들을 북한으로부터 인수했다는 내용의 덧쓰기를 하고 서명을 하는 1964년 헬리콥터 사례를 최후의 양보선으로 결정했다. 더이상 물러설 수 없었다. 결국 10월 31일 25차 회담에서 협상은 교착상태에 빠졌다.

미국의 대통령선거라는 변수가 협상에 미친 영향도 주목할 필요가 있다. 회담이 교착상태에 이르자 북한은 새로운 행정부와 협상하기를 원했다. 북한은 서두르지 않고 느긋해졌다. 선거가 끝난 직후에도 북한은 회담 재개를 요청하지 않았다. 그러나 존슨 행정부는 시간이 별로 없었다. 12월 3일 존슨 행정부는 '사과'를 우회할 수 있는 대안을 찾았다. 덧쓰기를 하지 않고 '단지 승무원을 석방하기 위해 서명'한다는 의사를 별도로 표명하는 '부인을 전제로 한 사과'repudiated apology라는 새로운 방식이었다. 국무부의 한국과장 레너드James Leonard의 제안이었다. 구체적으로 북한이 작성한 사과 문서에 서명하기 전에 사과를 거부하는 성명을 발표하는 방안이었다.[84]

12월 11일 국무부는 미국 측 대표단에 최종 방침을 전달했다. 북한이 미국의 제안을 받아들여 크리스마스 때까지 승무원을 돌려보내든가, 아니면 1월에 출범하는 닉슨 행정부와 협상을 하든가, 둘 중 하나를 선택할 것을 요구했다. 그리고 더이상 추가 제안은 없다는 점을 분명히 했다.[85] 북한은 17일 26차 회담에서 마침내 미국의 제안을 받아들였다. 북한은 자신들이 작성한 사과문에 미국의 서명을 받아내는 것 자체를 중시했다. 미국은 서명 이전 미국이 낭독할 성명서를 북한에 전달하면서, 이 성명은 "북한이 수정을 요구해도 받아들이지 않을 것"이며 성명 내용은 협상 대상이 아니라는 점을 분명히 했다.[86]

12월 19일 27차 회담에서 최종적으로 '미국 측 부인 성명─서명─석방'이라는 절차에 대해 양측이 합의했고, 22일 28차 회담에서 구체적인 부분까지 최종적으로 조율했다. 23일 29차 회담에서 미국은 북한이 작성한 사과문에 서명하기 직전에 "이 문건에 서명하는 유일한 이유는 인도적인 견지에서 승무원들을 돌려받기 위해서이지 북한이 일방적으로 작성한 사과문의 내용에 서명하는 것은 아니다"라는 성명을 발표했다. 그리고 우드워드 소장은 북한이 작성한 사과문에 "본 문건에 서명하는 동시에 하기인은 푸에블로호의 이전 승무원 82명과 시체 1구를 인수함을 인정한다"라고 덧붙여 썼다.[87] 물론 북한은 이후 미국이 덧붙여 쓴 두줄을 삭제한 사과문을 평양의 전쟁기념관에 전시하고 있다.

한국 대 미국:
갈등 조정의 외교

남북관계 악화상황에서 북미대화가 이루어지면 대체로 한미 양국은 대북정책을 둘러싸고 갈등을 겪는다. 미국은 푸에블로호 사건을 외교적 방식으로 해결하려 했지만, 한국은 군사적 보복을 강조했다. 한미 양국의 전략적 우선순위가 다르고 대북정책의 차이도 발생했다. 존슨 행정부는 한국의 자제를 촉구하고 군사적 지원으로 한국을 달래며 갈등을 조정했다.

대북정책을 둘러싼 한미 갈등

존슨 행정부가 외교적 해결로 방향을 정했지만, 한국의 입장은 달랐다. 푸에블로호 사건이 1·21사태 이틀 뒤에 일어났기 때문에 박정희 정부는 격앙되어 있었고, 즉각적인 보복을 주장했다. 한미 양국의 입장 차이는 1월 24일 포터 주한 미국대사가 박정희 대통령을 만났을 때 분명해졌다. 포터는 국무부에서 지시받은 미국정부의 입장을 박정희 대통령에게 전달했다. 핵심 내용은 "1·21사태에 대한 한국군의 어떤 대응도 반대하고,

미국은 유엔사령부와 군사정전위원회를 통해 푸에블로호 문제를 해결할 것이며, 소련의 도움을 얻어 북한에 배와 승무원을 돌려줄 것을 촉구할 계획"이라는 것이었다. 박정희는 "북한의 추가도발이 있으면 즉각 보복할 것"이라고 주장했다. 또한 "푸에블로호 문제가 해결되지 않으면 북한의 공군력을 무력화한 다음 동해안을 따라 북한의 해군기지를 공습해야 한다"고 미국에 촉구했다. 포터는 신중해야 하고, 행동이 아니라 생각을 해야 한다고 응수했다.[88]

1월 25일 미국 국무부는 주한 미국대사에게 보낸 전문에서 "한국정부의 자제를 높이 평가하고, 존슨 대통령이 즉시 전투기 250대에서 300대를 한국과 인근지역으로 파견하라고 지시"했음을 알렸다.[89] 미국은 군사력 강화로 한국의 불안감을 달래려 했다. 그러나 2월 3일 박정희는 포터 대사에게 "한국군의 일방적 행동은 없을 것이나, 북한이 추가도발을 하면 반드시 보복조치를 취할 것"이라고 다시 한번 강조했다. 이튿날 존슨은 다시 한번 자제를 부탁하는 메시지를 박정희에게 전달했다.[90]

그러나 판문점에서 북한과 미국의 비공개회담이 시작되자 한국은 강하게 반발했다. 박정희는 포터 대사를 불러 푸에블로호 문제만 논의하고 1·21사태나 DMZ에서 북한의 도발을 의제로 삼지 않은 데 대한 '한국 국회와 언론'의 우려를 전달했다. 그리고 군사정전위원회에 한국정부의 참여를 요청했다. 포터는 "한국이 참여하지 않는 것이 북한과 진전을 이루는 데 도움이 될 것이라고 미국정부가 판단했다"고 답했다.[91] 북한은 북미 양자회담 자체를 선전수단으로 활용할 생각이었기 때문에 당연히 한국의 참여를 원하지 않았다.

북한의 의도가 분명하다는 점에서 한국 역시 물러서지 않으려 했다. 2월 5일 박정희는 존슨에게 보내는 편지에서 "푸에블로호 문제와 북한의 대남 도발 문제 중 하나만 해결된다면 한미 양국의 공동목표가 완수된 것이 아니며, 미국의 신중한 대응에 동의하지만 추가도발에 대해서는 반드시 보복조치를 취해야 한다"고 강조했다.[92]

2월 6일 미국 측 포터 대사와 본스틸 유엔군사령관, 한국 측 정일권ㅣ丁一權 총리, 최규하崔圭夏 외무장관, 최영희崔榮喜 국방장관, 김형욱金炯旭 중앙정보부장 등이 참석한 회의에서 한국 측은 좀더 구체적으로 불만을 제기했다. 정일권 총리는 "미국이 푸에블로호 문제 해결에 매달려 한국 안보에 신경을 쓰지 않는다"며 미국을 비판했다.[93]

한국의 보복의지와 미국의 설득

미국은 계속해서 한국을 설득했다. 2월 7일 존슨은 5일 박정희의 편지에 대한 답장을 전달했다. 박정희 정부는 판문점 회담과 관련해 두가지를 요구했다. 하나는 회담을 비공개에서 공개로 전환하는 것, 다른 하나는 한국의 참여였다. 존슨 대통령은 편지에서 "북한이 선전의 장으로 활용하기 때문에 공개회담은 어렵고", "한국의 회담 참여를 북한이 동의할지 알 수 없으며 이 문제로 회담이 결렬되는 것을 원치 않는다"고 분명히 말했다. 대신 존슨은 1억 달러의 추가 군사지원을 비롯한 군사원조를 제시했다.[94]

그러나 존슨의 편지를 전달하러 포터 대사가 청와대를 방문했을 때, 박정희는 "북한이 추가도발을 하면 전쟁이 일어날 것"이라고 말했다. 포터가 청와대를 떠난 지 1시간 후 박정희가 전화를 해서 "판문점의 비공개회담을 반대한다는 점을 분명하게 전하고 싶다"고 언급했다. 포터는 한미 양국의 입장 차이를 심각하게 평가하면서 "북진을 주장했던 이승만에 대한 경고를 되풀이할 때가 되었다"고 워싱턴에 보고했다.[95]

판문점 회담이 시작되고 나서도 박정희 정부는 끈질기게 한국의 참여를 요청했다. 2월 8일 정일권 총리는 최규하 외무장관과 함께 포터 대사에게 '한국의 체면을 세워달라'며 호소했고, 여론을 진정시키기 위해 존슨 대통령의 고위급 특사를 파견해줄 것을 요청했다.[96] 9일에는 최규하 장관이 포터 대사를 직접 자기 방으로 데려가 '판문점 회담을 공개회담으로 진행해야 한다'는 대통령의 지시문서를 보여주었다. 최규하 장관은 그것이 어렵다면 한국군 장교를 참여시켜달라고 부탁하면서, "60만 군대를 갖고 있는 군이 아무것도 안 할 수 없다"며 위협했다.[97]

존슨 행정부는 난처했다. 푸에블로호 사건의 외교적 해결을 원했기 때문에 한국의 요구를 들어줄 수 없었다. 그러나 박정희는 자제를 당부하는 존슨의 편지에 정면으로 반발했다. 자신의 생각을 정확하게 전달하지 않는다고 포터 대사에게 화를 내면서 "푸에블로호와 별개로 북한의 도발을 다루기 위한 회담을 열고, 회담에서 북한의 공격행위에 대해 시인·사과·재발방지를 받아내고, 거부하면 유엔군이 즉각 보복조치를 취해야 한다"는 내용의 답장을 전달했다.[98]

할 수 없이 미국은 특사를 보내 한국을 설득하기로 결정했다. 국무부는 대통령 특사인 밴스Cyrus R. Vance에게 "한국의 요구를 들어줄 수 없다"는 점을 분명히 하고 "한국의 자제를 촉구"하는 것이 핵심 임무라는 지침을 전달했다. 2월 10일 외교부 국제국장이 주한 미국대사 보좌관에게 박정희·밴스 공동선언에 대한 한국정부의 입장을 전달했다. "한국군이 북한의 침략에 즉각 대응할 수 있도록 작전통제 규정을 개정하고, 북한의 도발 시 북한의 공격원점을 타격해야 하며, 미국이 적극적으로 개입해야 한다"라는 내용이 들어가 있었다.[99]

2월 12일 밴스 특사가 박정희를 방문했다. 박정희는 "김일성이 전쟁을 결심했고, 청와대 습격과 푸에블로호 나포는 전쟁행위이며 반드시 보복해야 한다"고 주장했다. 밴스 특사는 "대화는 우호적이었고 박정희는 판문점 회담의 비공개 필요성을 이해했으며, 작전통제권 변경을 제기하지 않았다"는 점을 긍정적으로 평가했다.[100]

그러나 박정희의 보복의지는 분명하고 강했다. 2월 13일 정일권 총리와 이후락李厚洛 비서실장이 밴스를 찾아와 박정희 대통령을 설득해줄 것을 부탁했다. 그들은 밴스가 박정희를 만나서 "한국의 단독행동은 안 된다. 그렇게 하면 경제도 파탄 나고 한국의 희망도 사라진다. 나아가 한국의 일방행동은 미국의 지지를 잃을 것이다"라고 분명하게 말해줄 것을 부탁했다.

미국 특사에게 대통령을 자제시켜달라고 부탁했지만, 정일권은 판문점 회담에 한국의 참여를 주장하고, 북한에 대한 한미 양국의 공동대응을 강조했다. 정일권은 판문점 회담에 대한 국민의 비판여론이 높아져 국회가 정부를 압박하면, 한국이 베트남에서 군대를 철수할 수 있다고 위협하기도 했다. 밴스는 국무부가 정한 방침에 따라 "그러면 주한미군을 철수하겠다"고 대꾸했다. 정일권은 당황해서 씩씩거리며 밖으로 나갔다.[101] 포터 대사는 "박정희의 북진의지는 북한의 남침의지보다 덜한 것 같지 않다. 미국은 1950년대 이승만과 겪었던 어려움에 직면했다"[102]라고 국무부 차관보에게 다시 보고했다.

한미 갈등을 해소하기 위해 양국은 정상회담을 추진했다. 존슨은 박정희를 자제시킬 필요가 있었고, 박정희는 체면이 필요했다. 본래는 1968년 4월 7일 하와이의 호놀룰루에서 정상회담을 추진하기로 했는데, 4월 4일 마틴 루터 킹 목사가 암살당하고 워싱턴과 주요 도시로 폭동이 확산되자 존슨은 하와이 방문을 연기했다. 일정을 재조정하는 과정에서 또다른 문제가 생겼다. 존슨이 하와이에서 남베트남의 티에우^{Nguyễn Văn Thiệu} 대통령을 먼저 만나겠다고 하자, 박정희는 티에우와 동일시되는 것을 원하지 않았다. 존슨의 북베트남 폭격 중단과 북베트남과의 협상 개시에 대해서도 강하게 반발했다. 물론 존슨의 재선 불출마 선언도 영향을 미쳤다. 우여곡절 끝에 16일 호눌룰루 공항에서 존슨과 박정희의 정상회담이 열렸다. 미국은 티에우와의 회담을 취소해 박정희의 체면을 살려주었다.

박정희는 존슨에게 미국·필리핀 조약처럼 한국이 공격을 받았을 때, 미국의 자동개입이 가능하도록 한미상호방위조약을 개정할 것을 요구했고, 푸에블로호 문제를 해결하는 과정에서 미국이 북한을 인정할 것을 우려했다.[103] 정상회담이 끝난 뒤인 4월 19일 박정희는 이후락 비서실장과 최영희 국방장관에게 "존슨이 한국에 대한 군사원조에 소극적이고 한미상호방위조약의 개정도 회피했다"며 비판하고, "존슨은 불출마 선언으로 권력과 영향력을 잃어 의회에 권한을 행사하지 못한다"라고 실망감을 드러냈다.[104]

대결체제의 교훈

1968년 12월 23일 오전 11시 30분, 시체를 든 두명의 푸에블로호 승무원이 앞장서고 뒤이어 한 사람씩 판문점의 '돌아오지 않는 다리'를 건너 남측으로 왔다. 10개월 넘게 걸린 장기적인 협상이었다. 군사적 강경대응 요구가 끊이지 않았고, 존슨 행정부 내부에서도 지속적으로 군사적 대응 방안이 제기되었으며, 회담이 교착될 때마다 압력 행사를 검토했다. 그러나 협상은 분명한 입장 차이에도 중단되지 않고 계속됐으며 마침내 결실을 맺었다.

북한이 과거의 관례에 따라 군사정전위원회에서 해결하자고 했을 때, 미국이 이를 수용해 1964년 헬리콥터 사례처럼 사과문에 서명했다면 조기에 해결되었을 것이라고 보는 시각이 있다. 처음부터 푸에블로호가 유엔사령부가 아닌 미 태평양사령부 소속이라고 솔직하게 시인한 것이 잘못이고, 미 국무부가 협상을 지휘해 결과적으로 미국정부가 사과한 것은 '시작을 잘못한 것'이라는 평가다.[105]

그러나 그렇게 볼 수 없는 측면도 있다. 북한은 정치적 선전 효과를 고려해 협상의 장기화를 노렸을 가능성이 크다. 북한이 1964년 헬리콥터 사례를 해결방안으로 제시하기는 했으나, 협상 과정에서 자신이 제안했던 '덧쓰기' 방식을 거절하는 등 조기 해결에 부정적이었다. 미국이 처음부터 1964년의 사례를 따랐다 하더라도 북한이 신속하게 승무원을 석방했을지는 의문이다. 물론 미국이 푸에블로호의 영해침범을 인정하지 않았기 때문에 1964년의 사례를 그대로 따를 수 없었다는 점도 교착의 원인으로 작용했다.

협상의 기술이라는 측면에서 보면 미국이 주장했던 '조건부 사과'나 '덧쓰기의 수정' 방식은 성공하지 못했다. 최종적으로 제시한 '부인을 전제로 한 사과'가 교착을 타개하고 협상을 마무리한 것은 분명하나, 그것이 협상을 성공시킨 결정적 변수라고 보기도 어렵다. 북한의 판문점 협상 목표는 분명했다. 북한은 체제 인정, 한미 균열, 국내정치적 선전 효과를 충분히 달성했다고 판단한 시점에 승무원들을 석방했다.

세계적 차원과 동아시아 차원에서 보면, 미국과 소련은 베트남 전쟁에도 불구하고 대결의 확산을 바라지 않았다. 1967년 미소 양국은 글래스보

'돌아오지 않는 다리'를 건너오는 푸에블로호 승무원들

1968년 1월 23일 북한이 미국 정보함 푸에블로호를 납치했을 때 한반도 정세는 전쟁 직전까지 가는 위기 상황을 맞았다. 북한은 미국과 28차에 걸친 비밀협상 끝에 12월 23일, 만 11개월 만에 승무원 82명을 판문점을 통해 돌려보냈다.

북한은 미국과의 협상에서 체제를 인정받고 한미 양국을 균열시키려 했다. 미국은 초기에 군사적 해결을 검토했으나, 결국 승무원을 돌려받기 위해 외교적 해결을 선택했다. 11개월간의 푸에블로호 협상은 북한의 협상전술을 파악할 수 있는 기회였으며, 거의 모든 협상기술이 동원된 '협상학의 대표 사례'다. 미국은 '조건부 덮어쓰기' '부인을 전제로 한 사과' 등 다양한 협상기술을 활용했으나, 북한은 충분한 선전 효과를 거둔 이후에야 승무원을 석방했다.

로 Glassboro에서 정상회담을 열었고, 1968년에는 양국이 핵확산금지조약 (핵무기의 비확산에 관한 조약) NPT, Nuclear Non-proliferation Treaty에 합의했다. 미소 양국 사이에 한반도 문제를 둘러싼 공감대가 존재하지는 않았지만 양국 모두 정세악화를 원하지 않았다. 그래서 미국은 남한을, 소련은 북한을 적극적으로 자제시켰다. 현상유지를 추구하는 지역질서가 한반도 정세의 악화를 막았다.

1969년 닉슨 독트린이 발표되면서, 동북아시아는 데탕트 국면으로 조심스럽게 전환했다. 물론 과거 '대결의 시대'의 관성은 지속적으로 영향을 미쳤다. 그해 4월 일본 '아쯔기厚木' 미 공군기지에서 이륙한 미 해군 EC-121 정찰기가 90해리 떨어진 공해상에서 북한 측 미그MIG기 2대의 공격을 받고 격추되었다. 정찰기에 탑승한 승무원 31명 모두 사망했다. 2구의 시체만이 소련 함대에 의해 발견되어 미국으로 돌아갔다. 당시 중국과의 관계 개선을 추진하던 닉슨 대통령은 대결을 원하지 않았고, 290차 군사정전위원회에서 유엔사령부 측의 발표문을 '조용히 자제하는' 내용으로 작성하도록 지시했다.[106]

1969년 이후 북한 내부적으로도 경제사정이 악화되면서 김창봉 인민무력상 등 군부 강경파들이 숙청되었다. 북한 지도부는 군부 강경파의 군사모험주의에 책임을 떠넘겼다. 박정희 정부 또한 닉슨 독트린에 따른 동북아 지역질서의 변화에 대응하기 위해 점차 대결정책에서 대화정책으로 전환을 모색했다.

3

대화가 있는 대결의 시대

1970년대와 7·4남북공동성명

"안녕하십니까?" 한국전쟁 이후 남북한이 처음 만났을 때의 첫마디였다. 1971년 8월 20일 오후 12시, 남북 적십자 대표들은 자기소개를 하고 신임장을 교환했다. 남쪽의 이창렬李昌烈 대표가 물었다. "얼마 전에 비가 많이 내렸는데 북에는 피해가 없었나요?" 북쪽의 서성철徐成哲 대표는 물음에 답하는 대신 말했다. "우리의 공식 명칭은 조선민주주의인민공화국 적십자회 중앙위원회입니다. 앞으로 그렇게 불러주시오." 이창렬 대표가 대꾸했다. "우리의 공식 명칭은 대한적십자사입니다. 간단해서 외기 좋지요." 호칭을 둘러싼 신경전이었다. 그들은 인사를 나누며 헤어졌다. 분단 이후 26년 만의 만남은 그렇게 4분 만에 끝났다.

다행히 대화의 물꼬는 터졌다. 8월 22일에는 분단 이후 처음으로 직통전화를 개통했다. 남측 '자유의 집'과 북측 '판문각' 사이 70미터 거리를 두고 서로 전화기를 들었다. 18분간 통화가 이루어졌다. 그리고 앞서 첫 만남의 결과로 남북 적십자회담을 위한 1차 예비회담이 9월 20일 열렸다.

이 역사적인 회담에서 누가 먼저 발언할지를 두고 다툼이 발생했다. 북측 김태희(金泰熙) 대표가 소개를 마치자마자 "대표 여러분, 나라가 갈라지고 민족이 분열된 지 26년이라는 긴 세월이 흘러" 하면서 본론을 말하기 시작했을 때, 남측의 김연주(金鍊珠) 대표는 큰일 났다고 생각했다. 반드시 역사적인 첫 회담의 첫번째 발언은 남측이 해야 한다는 방침이 정해져 있었기 때문이다. 김연주 대표도 기본 발언문을 읽어 내려가기 시작했다. 1분 이상 두 대표가 동시에 발언하게 되자, 북측 단장이 "김 선생, 김 선생" 하며 큰 소리로 불렀다. 그러나 김연주 대표는 아랑곳하지 않고 계속해서 발언문을 읽어 내려갔다.[1]

그렇게 대화가 시작되었지만, 대결체제는 그대로였다. 서로 불신이 깊고 증오의 기억이 지배하던 시절이었다. 대화를 시작하자 국내외의 기대도 높아지고 실제로 접촉이 만든 변화도 적지 않았다. 그렇지만 대결에서 대화로 전환하는 문턱을 넘어서지 못했다. 시대의 한계였을까, 아니면 의지의 부족이었을까?

7·4남북공동성명으로 가는 길

남북관계가 변화한 계기는 박정희 정권의 1970년 8·15 경축사였다. 주요 내용은 "북괴가 무력에 의한 적화통일을 포기한다면, 인도적 견지와 통일기반 조성에 기여할 수 있는 현실적 방안을 제시할 용의가 있고, 남과 북의 체제 중 어느 쪽이 더 국민의 복리를 증진시킬 수 있는지 선의의 경쟁을 하자"는 것이었다.[2] 1969년 닉슨 대통령의 '아시아 국가들은 스스로 안보를 책임져야 한다'는 괌 선언과 이후 미국의 주한미군 감축 결정에 따른 대응이었다. 북한의 태도 변화를 조건부로 내세웠지만, 분명한 대북정책의 변화였다.

관료체제 내부의 갈등

8·15 경축사는 과거 대결정책의 관성과 새로운 정책 변화의 의지를 함께 담았다. 경축사를 작성한 과정 자체가 우여곡절의 연속이었다. 당시 참여했던 관계자들이 밝힌 바에 따르면, 박정희 대통령이 선언의 필요성을 결정했으나, 내용을 둘러싸고 관료체제 내부에 갈등이 있었다고 한다. 특히 법무부는 선언의 내용이 반공법의 테두리를 벗어나면 곤란하다고 주장했다. 결국 법무부의 강력한 반대에 따라, 연설문 초안에 있던 이산가족 상봉 및 고향 방문, 비정치분야의 교류와 남북 경제협력 등 구체적 내용이 삭제되었다.[3]

관료체제 내부의 반대를 박정희 대통령은 수용했다. 선언의 내용이 모호한 이유는 남북관계의 변화에 대해 박정희 대통령 스스로 자신감이 부족했기 때문이다. 당시 미국은 8·15 경축사를 "가까운 장래에 통일이 어렵다는 기존 입장을 변화시킨 것"으로 평가했지만, "북한이 받아들일 수 없는 제안이고, 아마도 '코리아 문제'에 관한 유엔 표결과 임박한 선거에서의 여론 조성 차원"일 것이라 분석했다.[4]

1971년 적십자회담 제안 당시에도 관료체제 내부의 갈등이 있었다. 8월 6일 이후락 중앙정보부장은 포터 대사에게 대한적십자사가 북한에 이산가족 상봉을 위한 대화를 제안할 것임을 언급하면서, '남북접촉에 부정적인 국방부에는 알리지 않았다'고 말했다.[5] 제안 이후 이후락은 다시 포터 대사를 만난 자리에서 "적십자회담 제안은 대북접촉을 요구하는

여론의 점증하는 압력에 대응하기 위한 것"이라고 설명했다.[6]

8월 12일 남북 적십자회담을 제의할 당시 박정희 정부는 실현가능성에 대한 확신이 없었다. 북한에 대한 의심이 깊었고, 한국전쟁 이후 남북한의 제안경쟁에 상대가 호응한 경우는 한번도 없었기 때문이다. 그러나 이번에는 달랐다. 북한은 남한의 제안을 이틀 만에 수락했다. 포터 대사의 관찰에 따르면, 박정희와 정부 고위 인사들이 북한의 전격적 회담 수락에 놀라는 기색이었다고 한다.[7]

왜 적십자회담인가? 인도적 사안은 적대관계에서 가장 쉽게 접근할 수 있는 분야다. 이산가족 상봉에 대한 국민적 요구도 높았다. 1971년 9월 함병춘咸秉春 대통령 정무특보가 워싱턴을 방문해 헤이그Alexander M. Haig 국가안전보장회의 부보좌관을 만났을 때, 그는 "1970년 8·15 경축사에서 박정희가 사실상 북한을 승인한 일이 한반도의 분단을 고착화할 수 있다는 점에서 여론의 지지를 받지 못했고, 그래서 인도적 사안인 이산가족 상봉 문제로 접근하는 것"이라고 설명했다.[8]

비밀접촉과 밀사의 교환

적십자회담 제안 이후 남북한은 1972년 8월까지 25차례의 적십자 예비회담을 개최했고, 1972년 8월부터 1973년 7월까지 7차례의 본회담을 개최했다. 이 과정에서 7·4남북공동성명이 채택되고, 정치문제를 다루기 위한 남북조절위원회가 탄생했다.

적십자회담의 형식에서 정치대화로 전환한 것은 적십자회담 대표로 참여했던 남측의 정홍진鄭洪鎭(중앙정보부 협의조정국장)과 북측의 김덕현金德賢(조선로동당 중앙위원회 정치위원회 직속 책임지도원)의 비밀대화를 통해서였다. 정홍진과 김덕현이 서로 신분을 밝힌 1971년 12월 17일의 3차 비밀접촉에서 김덕현은 신임장을 교환할 것을 제안했다. 그러나 남측은 여전히 적십자 차원의 대화에서 정부 당국자 간 대화로 전환하는 것을 주저했고, 북한의 비밀접촉 제안을 처음에는 거부했다.

1972년 2월경에 이르러서야 남측은 북측의 신임장 교환을 수용했다.[9] 그리고 정홍진과 김덕현이 각각 상대측을 비밀리에 서로 방문했다. 정홍진이 먼저 3월 28일부터 31일까지 평양을 방문했고, 이어서 4월 19일부터 21일까지 김덕현이 서울을 방문했다. 정홍진은 김일성의 동생인 김영주金英柱를 만났고, 김덕현은 이후락을 만났다.[10] 당시 미국은 "북한에 대한 박정희의 의심을 고려할 때 주목할 만한 진전이며, 아마도 그것은 닉슨의 중국 이니셔티브에 대한 대응일 것"으로 판단했다.[11] 1971년 12월 초 이후락은 하비브Philip C. Habib 대사를 만나, "한국은 대북 협상을 할 때 미국의 견해와 어긋나는 행동을 하지 않을 것"임을 강조했다. 그러나 하비브는 오히려 "남북관계에서 성과가 있었으면 한다"는 입장을 전달했다.[12]

1972년 5월 2일 이후락 중앙정보부장은 정홍진이 갔던 경로를 거쳐 평양으로 갔다. 박정희 대통령은 4월 26일자로 '특수지역 출장에 관한 훈령'을 친필로 작성해 기본 지침으로 삼게 했다. 이 훈령은 인도주의-경제·문화 교류-정치회담이라는 3단계 접근방식을 강조했고, '상대방의 사고방식과 실정 파악에 주력하라'는 내용도 들어 있었다. 이후락이 평양에 도착했을 때, 처음으로 서울과 평양 간에 직통전화가 가설되었다. 이후락은 평양에 도착하자마자 남북 직통전화를 통해 서울의 아내에게 평양의 경치를 말해주었다.

이후락은 김일성 당시 수상과의 면담 사실을 사전에 통보받지 못했다. 이후락이 김일성의 동생 김영주와 회담을 마치고 모란봉 초대소로 돌아온 것은 밤 10시 10분이었다. 잠이 들려고 했는데, 새벽 1시쯤 북측 관계자가 방문을 두드렸다. 옷을 입고 급히 갈 데가 있다는 전갈이었다. 이후락을 만난 김일성은 1968년 1월의 청와대 습격사건에 대해 사과했다. 당시 북한의 특수부대원 31명은 휴전선을 넘고 북한산을 가로질러 자하문 초소까지 접근했으나, 김신조 한명을 제외하고 모두 사살되었다. 김일성은 "청와대 사건이던가, 그것은 박 대통령께 대단히 미안한 사건이었습니다. 이 사건은 우리 내부의 좌경맹동주의자들이 한 짓입니다. 그때 나는 몰랐습니다. 그래서 보위부 참모장 다 철직시켰습니다"라고 말했다.

이후락이 자신의 파트너로서 김영주를 남한에 초청하자 김일성은 "김영주가 식물신경부조화증(자율신경실조증)에 걸려 있어서 도저히 회의 같은 사업을 못 합니다. 내 동생 못지않게 신임하는 박성철朴成哲 동지를 대신 보내겠습니다"라고 양해를 구했다. 그래서 박성철이 5월 29일부터 6월 1일까지 서울을 방문했다.

박성철은 5월 29일 서울을 방문해 이후락과 만났고, 31일 박정희 대통령과 2시간 동안 면담했다. 박성철은 남북조절위원회를 구성하고, 박정희-김일성 정상회담을 개최하며, 비밀회담을 공개회담으로 전환할 것을 제안했다. 박정희 대통령은 이에 대해 "시험 쳐본 적 있지요. 쉬운 문제부터 풀고 어려운 문제는 나중에 풀지 않습니까? 남북대화도 같은 방식으로 풀어가야 합니다"라고 말하면서 정상회담 제안을 거부했다.

6월 10일 박정희는 하비브 대사를 만나, 북한이 정상회담을 원하고 있으나 자신은 필요하지 않다고 생각하며, 북한을 믿을 수 없기 때문에 그들의 진정성을 확인해야 하고, 적십자회담이 북한을 시험할 수 있는 사례라고 말했다. 하비브는 박정희의 설명을 듣고 "대체로 한국정부는 서울과 평양의 고위급 정치회담에 관심이 없다"라고 평가했다.[13]

대결의 시대에 펼쳐진 남북대화:
7·4남북공동성명

남북관계는 상호 작용이다. 7·4남북공동성명 역시 남북한 모두 관계 진전을 원했기 때문에 채택될 수 있었다. 남한은 변화하는 동북아 정세에 대응하고자 했고, 북한도 적극적인 '평화공세'가 필요한 이유가 있었다. 그러나 남북한의 대화전략은 달랐으며 목표와 우선순위도 달랐다.

7·4남북공동성명 공개를 거부한 박정희

1972년 남북의 공동성명은 합의 뒤에도 곧바로 발표되지 않았다. 박정희 정부는 합의 내용을 공개하지 않으려 했다. 6월 13일 하비브 대사와 이후락의 대화 내용을 살펴보면, 박정희 정부가 남북 공동성명의 발표 자체를 거부하고 있음이 드러난다. 이 만남에서 이후락은 하비브에게 두개의 문서를 전달했는데, 하나는 자신의 4월 방북에 관한 것이고, 다른 하나는 박성철의 서울 방문에 관한 것이었다.

이후락은 '박성철이 공동성명을 제안했지만, 박정희 대통령이 이를 거부'했음을 밝혔다. 박정희 대통령이 '아직은 공개 시점이 아니라고 판단'한 이유는 "미국·일본 등 주변국들이 한반도의 긴장이 해소되었다고 판단할 것을 우려"했고, "한국 국민들이 단결을 준비할 시간이 필요하기 때문"이라고 설명했다. 이에 대해 하비브 대사는 "이미 외교가에 알려져 있고, 한국정부 내에도 아는 사람이 적지 않아 곧 알려질 것"이라는 의견을 말했다. 그리고 미국은 남북관계가 변하면 주한미군을 감축할 것이라는 한국의 걱정을 근거가 없다고 설득했다. 하비브 대사는 공동성명을 발표

1977년 7월 1일 주한미군 클라우드 기지에서 박정희 대통령 친필휘호
'혈맹의 우의'가 새겨진 기념비를 제막하는 모습

한국전쟁에 참여한 미군은 32만명에 달했고, 전쟁이 끝난 뒤에도 1954년 한미상호방위조약에 따라 미군의 잔류가 결정되었다. 1969년 닉슨 대통령이 '아시아인에 의한 아시아 방위'를 내건 괌 선언을 발표한 뒤로, 6만 2000여명이었던 주한미군은 2만명 감축돼 4만 2000여명이 남았다. 이후 카터 행정부는 한국의 인권 악화를 이유로 주한미군의 완전 철수를 주장했으나, 3000여명 감축에 그쳤다. 2003년 미국이 이라크 전쟁을 시작하면서 해외주둔 미군의 순환근무 방식을 도입하고, 2004년 기지를 평택으로 이전하기로 결정했다. 주한미군은 2008년부터 2018년 현재까지 2만 8500명 수준을 유지하고 있다.

하더라도 "미국정부는 현재 시점에서 주한미군을 감축할 의사가 없다"고 말하며 공동성명을 "한국 국민들도 환영할 것"이라는 의견을 전달됐다.[14]

그러면 어떻게 남북 공동성명 발표에 부정적이었던 박정희 정부가 결국 공개에 동의했을까? 미국은 북한의 적극적인 평화공세 때문에 박정희 정부도 공개하지 않을 수 없는 상황이 빚어진 것으로 분석했다. 북한의 평화 관련 제의는 이미 1972년 초부터 있었다. 1월 10일 김일성 수상은 『요미우리신문読売新聞』과의 인터뷰에서 남북 평화협정을 체결하고 이어서 남북 불가침조약 체결, 주한미군 철수, 남북 군사력 감축을 단계적으로 실시하자고 제의했다.[15]

박정희 정부가 7·4남북공동성명을 발표한 직접적 계기는 6월 21일 김일성 수상이 미국의 언론인 해리슨Selig S. Harrison과의 인터뷰에서 밝힌 4단계 군축안이었다. 그 내용은 1단계 DMZ의 비무장화, 2단계 남북 병력을 각각 15만에서 20만으로 감축, 3단계 남북 평화협정, 그리고 최종적으로 미군 철수와 남북 병력 10만으로의 감축이었다. 미국 국무부는 김일성의 이 제안을 매우 적극적인 평화공세로 해석하면서 "남북 비밀회담을 공개하도록 남쪽에 압력을 행사한 것"으로 평가했다. 그리하여 서울에서도 비밀협상의 사실과 공동성명 내용을 7월 4일 공개하기로 결정한 것이라 분석했다.[16]

4월과 5월 이후락과 박성철의 상호 방문을 통해 공동성명의 대략적인 틀이 합의되었다. 이미 이후락이 김일성을 만난 5월 4일 통일의 3대 원칙이 합의되었고, 남북조절위원회의 설치 문제도 의견 일치를 봤다. 특히 5월 27일부터 6월 1일까지 서울을 방문해 박정희 대통령을 만난 박성철은 공동성명의 공개를 주장했지만, 박정희 대통령은 부정적이었다. 이에 북한은 적극적인 평화공세를 통해 박정희 정권이 공개하지 않을 수 없는 상황을 만들었다. 6월 중순부터 정홍진과 김덕현이 판문점에서 접촉해 공동성명 문안 작성을 위한 실무접촉을 가졌다. 그리고 6월 28일 가서명하고, 7월 4일 서울과 평양에서 각각 발표했다.[17]

박정희는 공동성명의 내용을 탐탁지 않게 생각했기 때문에 공개를 주저했다. 7월 6일 서울을 방문한 그린 Marshall Green 차관보와의 대화를 보면 박정희의 생각을 읽을 수 있다. 박정희는 우선 "북한이 대화에 응하는 것을 믿을 만한 행동이라거나 긍정적 의도로 해석하지 않는다"고 하면서 "북한은 곧바로 정치문제를 논의하고 즉각적인 정상회담을 제안했지만, 지금은 어려운 정치문제를 논의할 때가 아니며 정상회담은 비현실적이라 쉬운 문제부터 논의하자"는 입장이라는 점을 밝혔다. 그리고 "평화조치와 관련해, 북한이 적극적이고 남한이 소극적이라고 느낄 수 있지만 상황을 이해하는 사람들은 잘 알 것이다"라고 언급했다.[18]

합의 과정의 소극성은 합의 이행 의지에서도 그대로 드러난다. 7·4남북공동성명 발표 이후, 국회에서 김종필 金鍾泌 총리는 "북한은 공산주의자들이 불법으로 형성하고 있는 하나의 집단이기 때문에 국가라고 인정할 수 없고, 공동성명을 발표했다고 해서 공산주의자들이 변하지 않았으며, 북한의 전쟁도발 위험성은 상존한다"라는 점을 분명히 했다.[19] 박정희 대통령도 7·4남북공동성명이 발표된 지 사흘 만인 7월 7일 국무회의에서 지나친 낙관을 경계하며 "반공 교육은 아무런 변함없이 계속되어야 한다"고 강조했다.[20]

1972년 11월 김종필 총리가 하비브 대사에게 말한 내용은 7·4남북공동성명에 대한 박정희 정부의 인식을 그대로 드러낸다. 이 대화에서 김종필은 "이후락이 자신의 개인적 위신 때문에 협상을 서둘렀다"고 평가절하하면서, "내년 문화와 체육 분야의 교환방문이 있을 수 있으나, 경제 교류는 어렵고, 박정희 대통령에게 조절위원회의 격을 낮추고, 이후락을 교체할 것을 건의했다"라고 전했다. 남북대화의 속도 조절이 필요하다는 입장이었다.

하비브 대사는 이 대화를 근거로 "김종필과 이후락 사이에 갈등이 있으며 두 사람은 대북정책에 대해 상반된 견해를 갖고 있고, 박정희는 이 둘 사이의 중간쯤"이라고 평가하면서, "최근에는 박정희가 이후락의 협상 진전에 대해 제동을 걸고 있다"고 본국에 보고했다.[21]

당시 정책결정 구조를 보면 김종필을 비롯한 관료 대부분이 대북정책에서 보수적이었고 변화를 수용할 뜻이 없었다. 이에 비해 이후락은 협상 당사자로서 북한과의 협상에 상대적으로 적극적이었다. 남북 회담 초기 박정희 대통령의 목표는 모호하고 수세적이었으며, 결국 대화 종반기로 접어들어 보수적 관료들과 뜻을 같이하고 보수적 여론에 편승했다.

남과 북, 상대의 존재를 부정하다

7·4남북공동성명을 발표한 날, 어느 기자가 이후락 중앙정보부장에게 물었다. "공동성명에서 남북 쌍방은 상호 중상 비방하지 않기로 합의했다고 밝히고 있다. 이와 관련 앞으로 북괴라는 용어 및 호칭, 김일성이라는 호칭은 어떻게 사용해야 될 것인가." 이후락 부장은 대답했다. "우리가 북한 괴뢰니 하고, 북한에서는 남조선 괴뢰니 하는 용어도 뭔가 다른 좋은 표현으로 바꾸어야 되지 않을까 생각한다."[22]

대화를 하려니 이름은 불러야 하고, 이름을 부르려니 적대의 현실과 충돌하는 혼돈 상황이 벌어졌다. 공동성명이 채택된 다음 날, 문화공보부가 지침을 내렸다. 7월 5일 각 부처와 지방자치단체 공보관 회의에서 문화공보부는 "종래 북괴로 부르던 것을 북한으로 호칭하고, 김일성에 대한 중상 비방을 삼갈 것"을 지시했다. 이후 모든 언론과 정부의 공식 홍보물에서 '북괴'는 사라지고 그 자리를 '북한'이 차지했다.

7·4남북공동성명은 '금지된 상상력'을 풀어버렸다. 7월 5일부터 국회가 열렸다. 신민당의 김수한金守漢 의원은 방북해서 김일성을 만나면 자신을 잡아갈 것이냐고 물었고, 김영삼金泳三 의원은 침략자로 규정하고 원수로 삼았던 북한을 하나의 정권으로 대등하게 인정한 것인지 아닌지를 물었다. 김상현金相賢 의원은 "북한을 DPRK, 즉 조선민주주의인민공화국이라고 불러야 한다"며 한발 더 나갔다. 겨우 열달 전인 1971년 8월 23일 김철金哲 통일사회당 당수가 '북한을 사실상 정권으로 인정해야 한다'고 기자회견에서 주장하다 반공법으로 구속되었는데도 말이다.

이렇듯 호칭은 달라졌으나 적대의 현실은 변하지 않았다. 박정희 정권은 당시의 혼란을 '대화가 있는 대결의 시대'로 정리했다. 대화는 하지만 대결 상황은 변함이 없다는 뜻이다. 김종필 총리는 국회 답변에서 북한을 '불법으로 형성된 하나의 집단'으로 보고, 국가로 인정할 수 없다고 정리했다.

7·4남북공동성명에서 남북한은 상대의 실체를 인정하지 않았다. 합의문의 서명 주체를 "서로 상부의 뜻을 받들어, 이후락, 김영주"라고 적은 것도 이 때문이다. 상대를 인정하지 않았기 때문에 공식 직함을 쓸 수 없었다. 7·4남북공동성명과 같은 날 함께 공포된 '남북 직통전화 가설 및 운용에 관한 합의서'에는 "서울 중앙정보부장 이후락, 평양 조직지도부장 김영주"로 표기했다. 국가명 대신에 도시명을 사용한 것 역시 당시 상황을 반영했다.[23]

이후락 부장이 7·4남북공동성명 채택 과정을 기자들에게 설명할 때에도 마찬가지 문제가 발생했다. 5월에 박성철 북한 제2부수상이 서울을 다

©경향신문사/민주화운동기념사업회 제공

1972년 10월 12일 판문점 '자유의 집' 앞에서 악수하는
남북조절위원회 이후락 위원장(왼쪽)과 박성철 부수상

1972년 7·4남북공동성명은 한국전쟁 이후 처음 이뤄진 남북 정부 간 합의다. 그 내용은 7개항으로 구성되
었다. 첫째는 자주·평화·민족대단결의 통일 3대 원칙이다. 둘째는 비방 중상 금지다. 이때부터 정부는 '북
괴' 대신 '북한'으로 호칭을 변경했다. 그러나 공식적으로 체제를 인정하지 않아 합의서에 국호를 사용하
지 않았다. 셋째는 '끊어졌던 민족적 연계의 회복'과 '다방면적인 교류의 실시'다. 이 조항은 철도와 도로의
연결을 포함한 경제 및 사회·문화 교류를 의미한다. 넷째는 이산가족 상봉을 위한 적십자회담이다. 그밖
에 직통전화 설치, 남북조절위원회 구성과 운영 등을 합의했다. 7·4남북공동성명은 시대적 한계로 이행되
지는 않았으나, 합의 사항은 이후 1985년 경제회담, 1991~92년 남북기본합의서와 교류·협력 부속합의서,
그리고 2000년 남북 정상회담으로 진화했다.

녀갔다고 발표하자, 이틀 뒤 국회에서 박병배朴炳培 의원은 다음과 같이 따졌다. "두개의 한국이 아니라니, 제2부수상이라고 해놓고 그런 관직이 미인 비어홀에 있나요, 아니면 신세계백화점에 그런 자리가 있나요. 그것은 DPRK의 제2부수상인 거예요."

1972년 11월 4일 채택된 '남북조절위원회 구성 및 운영에 관한 합의서'도 마찬가지다. 남북조절위원회 공동위원장 서울 측 이후락 부장, 평양 측 김영주 부장으로 되어 있다. 국가명 대신 서울과 평양이라는 도시명이 한동안 계속 사용되었다. 곧이어 열린 남북 적십자 본회담에서도 합의서에 어떻게 서명할지를 둘러싸고 신경전이 치열했다. 합의서에는 국가명을 써야 하는데 아직 남북한은 서로를 인정하기를 주저했다. 그해 8월 적십자회담 합의서에 공동서명을 할 때, 원래는 대한적십자사 대표단 수석대표 이범석, 그리고 조선민주주의인민공화국 적십자회 대표단 단장 김태희라고 해야 한다. 그러나 그렇게 서명하면 상대를 인정해버리는 격이기 때문에 당시 회담에 참여한 관계자들은 고민하지 않을 수 없었다. 그래서 '묘안'으로 제시된 것이 서명은 같이 하되 낭독은 따로 하는 방식이었다. 합의서 내용을 읽은 다음 북측은 조선민주주의인민공화국 적십자회 대표단 단장 김태희까지만 읽고, 대한적십자사 대표단 수석대표 이범석은 읽지 않으며, 이어서 남측도 상대편 서명 당사자를 읽지 않고 남측 대표만 읽는 방식이었다.

외교무대에서의 경쟁

1970년대 들어와 외교무대에서도 남북한의 경쟁은 치열했다. 1970년대까지의 한국 외교를 한마디로 요약한다면, 국제무대에 사활을 건 '인정경쟁'으로 부를 수 있을 것이다. 얼마나 많은 국가와 대사관계를 맺었

느지 북한과 경쟁하던 시대였다. 대한민국이 한반도에서 유일한 합법정부임을 인정받고, 대신 북한을 국가로 인정하는 것을 필사적으로 막는 데 모든 외교력을 집중했다.

박정희 정부는 다른 국가들이 북한에 접근하는 일을 강력하게 막았다. 1972년 2월 로저스William P. Rogers 미국 국무장관은 김용식金溶植 외무장관과의 대화에서 "미국은 대북정책에서 변화를 계획하지 않지만, 만약 그럴 경우 한국이 반대하지 말아야 한다"라고 언급했다. 로저스 장관은 "미국정부는 미국 시민들의 북한 여행을 더이상 막지 않을 것이며, 더 많은 교류와 무역이 더 나은 방안이라고 믿는다"는 기본 입장을 전달했다.

이어서 그린 차관보 역시 김용식 장관에게 "한국정부가 북한과 외교관계 개선을 시도하는 국가들을 막는 데 과도한 정치적 노력을 계속할지 재검토할 것"을 제안했다. 그러면서 그는 미국이 북한을 승인하는 것은 현재로서 불필요하지만, 북한과 접촉하는 제3국은 북한의 행동을 수정하는 데 도움을 줄 수 있고, 남한의 대북접촉 확대 의지와 어울리는데 왜 막으려만 하는지 이해할 수 없다는 입장을 전달했다.[24] 당시 호주 수상 휘틀럼Gough Whitlam이 북한과 접촉을 확대할 것이라 말했고, 일본 역시 북한과 비정치적 교류를 느린 속도지만 지속하고 있었다.

로저스 국무장관이 1972년 6월 27일 호주 캔버라에서 열린 동남아시아조약기구 각료회의에서 북한을 DPRK(조선민주주의인민공화국)라고 호칭하자, 김용식 외무장관은 하비브 주한 미국대사에게 반대입장을 전달했다. 우리 측의 항의에 대해 미국정부는 "DPRK라는 단어를 사용했지만 그것이 국가 승인을 뜻하지는 않는다"라는 답변을 했고, 그런 해명을 듣고서야 안도하던 시절이었다.

일본에 대해서도 마찬가지였다. 일본정부는 1970년 7월 27일 자국민

2명에게 북한행 여권을 최초로 발급했다. 여권의 목적지란에는 국명이 아닌 '평양'으로 표기했다. 북한을 인정하지 않은 한국의 입장을 고려한 것이다. 그러나 12월 여권법을 개정하면서 지명표시란에 국명, 즉 '조선민주주의인민공화국'이라고 적었다. 일본은 외교관계를 수립하지 않은 분단국, 즉 동독·남베트남·중국의 경우에도 이미 오래전부터 지명에 정식 국명을 기재해왔다는 점을 설명했고, 이 표기가 북한을 승인한다는 의미는 아니라고 해명했다. 그러나 한국에서는 난리가 났다. 주한 일본대사를 불러 항의하고, 시정을 강력히 요구했다. 1971년 3월 9일 외무부가 청와대에 보고한 대외비 문서에는 '지명에 정식 명칭을 기재하는 규정 때문이지, 북괴 승인 문제와는 관계없다'는 내용이 나온다.[25]

북한은 1971년 닉슨의 중국 방문으로 형성된 국제적 데탕트와 1972년 7·4남북공동성명이라는 평화분위기를 타고 외교무대에서 자신의 정체성을 인정받는 데 사활을 걸었다. 1972년 7월부터 1973년 3월까지 북한은 11개국과 수교를 맺었는데, 이들 나라 모두 남한을 승인하고 외교관계를 맺고 있었다. 반대로 북한과 관계를 맺고 있던 나라 가운데 남한과 새롭게 수교한 나라는 없었다. 1971년 남북한 수교국 수는 80대 34였지만, 1975년에는 90대 88로 격차가 좁혀졌다. 이런 분위기에서 1973년 5월 북한은 유엔 산하의 국제기구인 세계보건기구WHO에 가입할 수 있었다.

데탕트 위기론과 한미 갈등

남북 적십자회담에서 시작해, 남북한은 1972년 7·4남북공동성명을 채택했다. 미국의 닉슨 대통령이 처음으로 중국을 방문한 지 5개월 만이었다. 전쟁 이후 최초의 만남과 최초의 합의는 닉슨의 중국 방문이 일으킨 데탕트, 즉 세계적인 긴장완화가 중요한 배경이었다. 미국은 박정희 정부에 적극적으로 남북대화를 촉구했다.

1970년 2월 미국 상원 외교위원회 한국청문회에서 포터 주한 미국대사가 던진, '남북한이 직접 접촉을 통한 긴장완화를 선택하도록 좀더 강력한 수단도 요구해야 한다'는 발언이나, 1971년 2월 포터 대사가 보낸 외교 전문 중, '한국정부가 긴장완화를 위해 만족스러운 조치를 취하지 않으면, 미국이 북한 측과 대화채널을 찾을 것이라는 점을 통고해야 한다'는 주장 등이 중요한 근거다.[26]

미국은 한반도의 긴장완화를 위해 남북대화를 필요로 했고, 그래서 한국정부에 북한과 대화를 시작하라는 직접적 압력을 행사했다. 그러나 미국이 원하는 긴장완화, 즉 데탕트의 수준은 자신들이 중국과 관계를 개선하는 데 필요한 정도까지였다. 미국은 1970년과 1971년 초기 국면에서 남북대화를 하도록 압력을 넣었지만, 1971년 12월 비상사태 선포와 1972년 10월 유신維新 국면에서 박정희 정권이 대외정세를 국내정치적 목적으로 악용하고 있음을 알면서도 적극적으로 개입하지 않았다. 나아가 1973년 이후 남북대화의 후퇴를 방관했다.

미국의 남북대화 개입을 해석하기 위해서는 한반도 정책에 관한 미국의 개입범위American boundary라는 개념을 적용할 필요가 있다. 7·4남북공동성명 국면에서 미국의 개입범위는 한국 정치와 관련해 분단국가의 최소한의 안정이라는 하한선과 민주주의의 최소한의 유지라는 상한선 사이에 존재했다.[27] 동시에 외교적으로는 동북아 지역전략 차원에서 대중對中 접근을 위한 한반도 정세의 안정이라는 상한선과 한미동맹의 유지라는 하한선 사이에서 움직였다.

북한 위협론을 둘러싼 한미 갈등

닉슨 행정부가 남북관계 개선을 요구하자 박정희 정부는 처음에 이를 거부했다. 명백한 이유는 북한의 남침 위협이었다. 박정희 정부는 북한과 대화를 시작하면서도 북한이 대화하는 한편으로 무력 남침의 기회를 노리고 있다고 의심했다. 이런 인식은 근거가 부족했다. 1970년의 경우 물론 북한의 군사적 도발이 계속되었다. 6월 5일 서해에서 어선단 보호를 맡고 있던 남한의 해군 방송선이 나포되었고, 22일에는 국립묘지인 현충원 폭파사건이 발생했다. 그러나 1969년 이후 북한의 무장 게릴라 침투도발은 확실히 감소했다.

박정희 정권은 북한의 남침 위협을 1971년 4월 대통령선거에서 정치적으로 활용했다. 남북 교류와 대북정책 전환을 촉구하는 김대중 후보에 맞서 박정희 후보는 적극적으로 북한의 남침 위협을 제기했다. 당시 민주공화당의 선거 구호는 "북괴의 야욕 앞에 누가 안정된 생활을 지켜줄 것인가?"였다. 4월 21일 박정희 후보는 "작금의 정세는 마치 6·25사변의 전야"라고 평가하며 북한이 남침을 준비하고 있다고 강조했다.[28] 대통령선거를 사흘 앞둔 24일 국방부는 "북괴가 도발을 획책하고 있는 것으로 판단"해 전군에 특별경계령을 내렸다.[29] 군복무 기간을 2년으로 단축하고 향토예비군을 폐지하겠다는 공약을 내건 김대중 후보에 맞서, 박정희 후보는 북한의 남침 위협이 실재함을 강조했다.

적십자회담이 시작된 이후에도 박정희 정권은 지속적으로 북한의 도발 위협을 과장했다. 1971년 11월 29일 김종필 총리는 AFP통신 회견에서 "북괴의 남침 위협이 증대하고 있다"고 말했다. 그날은 바로 닉슨의 중국

방문 일정이 1972년 2월 21일로 결정되었음을 워싱턴과 베이징에서 동시 발표한 날이다. 다음 날인 11월 30일에는 유재흥劉載興 국방장관이 구체적으로 북한의 남침 위협을 강조하고 나섰다. 유재흥 장관은 기자회견을 통해 "북괴가 20일 전쟁이라는 새로운 전략을 수립하고 전쟁도발을 준비하고 있다는 실증을 잡았고, 이에 따라 경제건설을 희생해서라도 정부 시책을 국방 위주로 전환할 수밖에 없다"고 강조했다.[30]

그러나 미국은 한국의 정보 판단에 동의하지 않았다. 나아가 한국의 의도적인 정보 왜곡을 비판적인 시각으로 보았다. 미국 국무부는 서울의 대사관에 북한의 도발 위협을 과장하는 유재흥 국방장관의 성명에 대한 미국의 우려를 전달할 것을 지시했다. 구체적인 내용을 보면 "북한이 남침을 준비하고 있다는 정보는 근거 없고, 한국의 이 같은 국내정치적 정보 왜곡은 아시아에서의 긴장완화 노력에 어긋나고, 한국 투자 진흥에 해를 끼칠 것이며, 한국군 현대화를 위한 미국의 지원에도 부정적 영향을 미칠 것"이라는 점을 경고했다.[31]

그러나 박정희 정권은 북한의 남침 위협을 근거로 1971년 12월 6일 '국가비상사태'를 선포했다. 하비브 대사를 만난 자리에서 김종필 총리는 "비상사태 선포는 향후 벌어질 국제정세의 불확실성에 대비하기 위한 것"이라고 설명하면서, "유엔은 지금까지 한국을 보호해주었지만 중국의 유엔 가입으로 앞으로 어려울 것이며, 북한의 국력은 최정점이고, 전쟁을 준비하고 있다"는 이유를 들었다.[32]

그러나 북한의 남침 위협을 강조하는 박정희 정권의 정세 인식에 미국은 동의하지 않았다. 구체적으로 남침 위협으로 판단할 정보가 존재하지 않았기 때문에, 미국은 박정희 정권의 정보 왜곡을 국내정치적 목적이라고 평가했다. 1971년 12월 당시 미국은 "박정희 정부가 북한의 남침 위협을 근거로 강력한 통제와 국민 희생을 정당화해왔지만, 대북 협상이 시작되면서 그러한 주장에 의문이 제기되고, 박정희는 북한의 남침 위협에 대한 호소 없이 질서를 유지할 수 있을지 확신하지 못하고 있다"[33]고 평가했다.

결국 박정희 정권은 공개적으로 북한의 남침 위협을 관성적으로 강조했지만, 실질적으로 긴장완화가 가져올 국내정치적 효과를 더 걱정했다. 1972년 4월 25일 이후락 중앙정보부장이 5월 2일부터 5일까지 방북할 것임을 미국 CIA 채널로 알려왔을 때, CIA는 "박정희 정부가 남북관계 진전이 가져올 국내적 효과를 우려하고 있다"며, "남북협상이 깨지거나 정치적으로 부정적 효과가 나타나면 박정희 정부는 즉시 1971년 이전으로 후퇴할 것"으로 전망했다.[34]

대화의 긴장완화 효과

실제로 남북대화의 진전은 긴장완화를 가져왔다. 이후락 중앙정보부장이 방북해 김일성을 만났을 때 김일성이 직접 남침 의도가 없음을 강조했다. 이후락 부장은 하비브 대사에게 1972년 5월 10일 방북 결과를 설명하며 "북한이 진정으로 긴장완화를 원하고 있다는 인상을 받았다"고 말했다. 이후락 부장은 김일성과 5월 4일과 5일에 걸쳐 4시간의 면담을 했는데, 이에 대해 "김일성은 남한이 북한을 공격할 가능성을 우려했고, 반복해서 북한이 전쟁을 일으킬 의도가 없음을 박정희에게 알려줄 것을 요청했다"고 말했다.[35]

남북관계에서 긴장완화의 명백한 사례도 있었다. 1972년 6월 13일 하비브 대사와 만난 자리에서 이후락은 '이후락-김영주 사이의 핫라인'이 북한에 의해 두번 사용되었음을 설명했다. 첫번째로 1971년 12월 15일

DMZ의 한국군이 500회 이상 사격을 하자, 북한은 대응사격을 할 것이라고 알려 왔다. 이후락은 이에 북한 측에 사격을 연기해줄 것을 요청했고, 한국군이 사격한 이유가 "죽은 나무줄기에서 나오는 빛을 오인 사격한 것"이라고 해명했다. 평양은 이러한 해명을 받아들여 보복공격을 취소했다. 두번째로 북한이 "경계선 북쪽에서 서성이는 서너명의 한국군 병사들에게 경고사격을 했다"는 점을 알려주었다.[36]

남북대화가 시작되자 한반도의 군사적 긴장은 완화되었다. 김일성이 직접 남침 의사가 없음을 강조했다. 물론 신뢰하기 어려울 수 있지만, 대화를 시작하자 실제로 북한은 도발하지 않았다. 초보적이지만 군사직통전화를 통해 군사적 신뢰를 구축한 사례도 있었다. 그러나 박정희 정권은 여전히 북한의 남침 위협을 강조했다.

데탕트를 위기로 본 박정희

박정희는 1972년 10월 17일 비상계엄령을 선포하면서, 남북대화와 국제정세의 변화를 중요한 명분으로 강조했다. 그는 체제 정비의 이유로, 첫째는 긴장완화라는 이름 아래 열강들이 약소국을 희생시킬 수 있고, 둘째는 비상조치가 평화통일과 번영의 기틀을 마련하는 데 기여할 것이며, 셋째는 남북대화의 적극적 전개와 급변하는 주변정세에 대응할 필요가 있다는 점을 들었다.[37]

박정희 정권은 한반도 질서 변화를 비상사태의 명분으로 삼았다. 판문점에서 비밀접촉을 시작한 이후인 1971년 12월 비상사태를 선포했고, 7·4남북공동성명 발표에 이어 박성철의 서울 방문 한달 뒤인 1972년 10월 17일 비상계엄령을 선포했다. 미국과 중국이 관계를 개선하면 그 자체가 위기라는 '데탕트 위기론'을 믿고 있었다. 1971년 10월 25일 유엔에서 대만이 빠지고 중국이 그 자리를 차지했다. 중국은 유엔 회원국 자격을 얻는 동시에 안전보장이사회 상임이사국의 위상을 차지했다. 그해 4월 '핑퐁 외교'로 중국에 대한 미국의 여론이 바뀌면서 중국과의 관계 개선을 원하던 닉슨 행정부의 결단이었다.

박정희 정부는 유엔에서 대만의 자리를 중국이 차지하는 과정을 지켜보면서 상당한 충격을 받았다. 박정희는 미중 양국의 비밀협상에서 미국이 중국의 주한미군 철수 요구를 수용할 가능성을 우려했다. 박정희 정부는 미중관계 개선 과정에서 한반도 문제가 논의되는 것을 원하지 않았고 오히려 적극적으로 차단하려 했다.[38]

이런 불안감을 달래기 위해 닉슨은 1971년 11월 박정희에게 직접 편지를 보냈다. 닉슨은 이 편지에서 남북대화가 자연스럽게 남북의 교류로 이어지기를 희망했다. 그리고 박정희의 불안을 달래려고 노력했다. 닉슨은 "동맹국의 이익을 과소평가하지 않을 것이며, 중국과의 대화는 미중 양자 현안에 집중할 것이고, 제3국에 관한 현안을 다루지 않을 것"을 약속했다. 또한 미국정부는 하비브 대사에게 "닉슨의 중국 방문 전에 박정희-닉슨 정상회담이 불가능하기 때문에, 이 편지로 예민해져 있는 박정희를 안심시켰으면 한다"는 입장을 전하며, "베이징에서 한국 관련 합의는 없으리라 보장하는 닉슨의 사적인 편지를 받았음을 발표해도 좋다"는 점을 전달하게 했다.[39]

그러나 그해 12월 비상사태 선포 당시 박정희는 여전히 데탕트 위기론과 북한의 지속적인 남침 위협을 근거로 들었다. 박정희는 하비브 대사와 만난 자리에서 "닉슨의 중국 방문으로 대만처럼 한국이 희생될 수 있음을 우려했고, 중국의 유엔 가입으로 중국이 북한 편을 들 것이며, 이것은 한국 안보상 중요한 도전이고, 이에 대응해야 한다"고 강조했다. 이것이

데탕트 위기론이다.

그러면서 박정희는 "당장 북한이 남침할 증거는 없지만, 그럴 가능성을 배제하지 않는다"는 점을 힘주어 말했다. 그에 따르면 비상사태 선포는 두가지 목적이 있는데, 첫째는 김일성에 대한 경고로, 적십자회담이 긴장완화를 가져왔다 해도 한국 사람들이 속지 않고 있음을 알려줄 필요가 있다는 것이고, 둘째는 국제환경 변화에도 북한의 남침 위협이 지속된다는 점을 한국 국민들에게 경고할 필요가 있다는 것이다. 이에 대해 하비브 대사는 "북한의 군사공격이 임박했다는 증거가 없다"는 점을 강조하면서, "갑자기 비상사태를 선포해 한국에 투자하는 미국 기업들이 놀랐다"고 경고했다.[40]

유신체제와 한미 갈등

1971년 12월 미국은 박정희 정권의 민주주의 후퇴를 심각하게 생각했다. 당시 존슨Ural A. Johnson 국무차관은 김동조金東祚 대사를 불러 "비상사태 선포와 관련해, 한국의 국내정치가 한국정부의 소관이라 하더라도 한국에 거주하는 미국인들을 불안하게 했고, 박정희 정권이 국회의 기능을 제한하지 말 것을 희망한다"는 입장을 전달했다.[41]

1972년으로 넘어가며 박정희 정권은 더이상 북한의 남침 위협을 명분으로 삼을 수 없었다. 적십자회담과 7·4남북공동성명, 그리고 남북조절위원회의 전개 상황은 한반도에 긴장완화의 효과를 확실히 가져왔다. 결국 박정희 정권은 미중관계 개선이 가져올 데탕트 위기론을 강조할 수밖에 없었다. 데탕트 위기론은 한미 갈등의 중요한 원인으로 작용했다.

10월 17일 비상계엄령을 선포하는 대통령 담화문 초안에는 국제정세 변화의 구체적인 근거로 미중 접근이 거론되고, 중국이 유엔 가입 이후 한반도 문제 토의에서 보여준 적대적 태도, 일본의 대북 접근 등이 언급되어 있었다. 김종필 총리는 발표 하루 전 초안을 하비브 대사에게 전달했다. 서울의 대사관에서 초안을 전달받은 로저스 국무장관은 즉각 김동조 대사를 불러 "우리는 계엄령 선포를 결정한 이유를 받아들일 수 없고, 대통령 담화문에서 미국이 아시아에서 행하는 정책을 거론한 것을 이해할 수 없다"라며 한국정부를 직접적으로 비판했다.

특히 로저스 장관은 "닉슨 대통령이 이 부분을 불쾌하게 생각하며, 대통령 담화문이 양국의 심각한 문제를 야기할 수 있음"을 경고했다. 김동조 대사는 담화문의 공격적 문구를 삭제하면 미국이 계엄령 선포에 대해 공개적으로 긍정적인 평가를 해줄 수 있는지 물었다. 로저스 장관은 "문제는 헌법 개정의 내용"이라는 점을 분명히 했다. 나아가 그린 차관보는 "한국군 현대화 사업 및 주한미군 주둔과 관련해 의회와의 관계에서 어려움이 있을 것"이라고 경고했다. 김동조 대사는 "나는 몰랐고 이 문제에 관한 지시를 받은 적이 없으며, 정부 고위층에 미국의 입장을 전달하겠다"라고 답했다.[42]

로저스 장관은 10월 16일 하비브 대사에게, 박정희 대통령을 만나 "박의 행동에 대해 공개적으로 언급하지는 않겠지만 이 같은 행동으로 한미관계 악화를 피할 수 없다"는 점을 알릴 것을 지시했다. 그러나 하비브는 박정희를 만나지 못하고 이런 입장을 김종필 총리에게 전달했다. 17일 하비브 대사는 김종필 총리가 대통령 담화문을 수정해서 전달해 왔다고 보고했다. 헬름스 CIA 국장은 "김종필이 박정희에게 미국 선거 때까지 계엄령 선포를 늦출 것을 촉구했으나, 박정희는 미국이 (남베트남의) 티에우 정권을 팔았다고 믿으면서 강행한 것"이라고 보고했다.[43]

같은 날 워싱턴에서도 김동조 대사가 그린 차관보를 찾아와 "이후락에게 미국정부의 입장을 전달했고, 아마도 공격적인 문구는 삭제될 것"이라고 언급했다. 이 자리에서 그린은 "박정희 정부가 미국의 아시아 정책을 비판한 것을 심각하게 생각하며, 이승만의 엄격한 통제가 한국 국민들을 폭발시켰던 역사가 되풀이될 것이 두렵다"고 말했다. 또한 "박정희 정부가 대외환경 변화를 국내정치 변화의 이유로 드는 것을 이해할 수 없고, 그렇게 정당화될 수도 없다"고 지적했다. 이어 그린 차관보는 "국민투표가 정부의 대북정책에 대한 신임이라고 담화문에서 발표한 것은 마치 이승만의 북진통일 주장과 비슷한 것"이라고 평가하고, "한국정부는 댓가를 지불할 것"이라며 강한 불만을 전달했다. 구체적으로 "미국의 군사비 지원이 의회에서 통과된 것은 한국에 대한 긍정적 이미지 때문인데, 앞으로 어려울 것"이라는 점도 분명히 했다.[44]

10월 17일 박정희 대통령의 비상계엄령 최종 발표문에는 닉슨의 중국 방문이 구체적으로 적시되지 않았다. 그러나 한반도 세력균형관계의 변화를 언급하고, "긴장완화라는 이름 밑에 이른바 열강들이 제3국이나 중소국가들을 희생의 제물로 삼는 일이 충분히 있을 수 있다는 점"을 경계해야 한다는 데탕트 위기론의 입장을 그대로 유지했다. 그것이 국회를 해산하고, 헌정을 중단시키고, 민주주의를 부정할 수 있는 유일한 명분이었기 때문이다.

그날 키신저Henry A. Kissinger가 닉슨에게 보낸 문서에서는 "박정희가 단기적으로 최소한 북한과의 관계에서 얻었던 정치적 이익을 포기한 결정으로, 한반도의 긴장완화가 불가능하고 바람직하지도 않으며, 국내정치적으로 얻을 이익이 없다고 생각한 것"이라 보았다.[45] 닉슨 정부는 박정희 정권의 데탕트 위기론이 허구이며, 남북관계의 진전이 아니라 정권의 연장을 선택한 것으로 판단했다.

한미 갈등의 실체는 데탕트를 둘러싼 인식의 차이를 넘어서는 것이었다. 그것은 바로 박정희 정권의 민주주의 후퇴에 대한 심각한 우려와 경고였다. 하비브 대사는 유신체제 선포 시점에 미국은 두가지 선택지가 있다고 여겼다. 하나는 박정희 정권과 직접 대립하는 것이고, 다른 하나는 권력 남용을 막기 위해 지속적인 압력을 행사하는 것이었다. 그러면서 하비브 대사는 직접적 개입이 아니라 간접적 압력이 필요하다고 보면서, 미국이 "한국의 내정에 간섭하지 않으면서도 최소한 미국으로부터 정치적·물질적 지원이 어려울 것임을 확실히 알려줄 필요는 있다"[46]는 점을 강조했다. 또한 "박정희 정권의 억압적 정치를 완화하기 위해 노력하면서 유신체제와 미국을 분리하는 것이 필요하다"[47]는 의견을 제시했다.

미국의 이런 선택은 '불개입을 통한 개입'으로 규정할 수 있다.[48] 한국전쟁과 1950년대 당시 미국이 이승만 체제를 전복시키려 구상했지만 결국 개입하지 않은 상황과 마찬가지다. 민주주의의 후퇴를 우려해 경고하고 압력을 가했으나 그것은 간접적이었다. 결국 동맹 유지라는 미국의 상한선을 벗어나지 않는 범위에서 미국은 유신체제를 방관했고, 갈등은 봉합되었다.

데탕트, 위기인가 기회인가: 박정희와 빌리 브란트

세계적인 차원의 데탕트를 박정희는 위기로 해석했지만, 또다른 분단국인 서독의 빌리 브란트Willy Brandt 수상은 기회라고 판단했다. 박정희는 서독의 동방정책Ostpolitik이 향후 북한과의 관계 개선에 활용될 수 있을 것으로 보고, 비서실에 정보를 올리도록 지시한 적이 있다.[49] 서독의 동방정책은 국제적인 데탕트 국면을 기회로 활용해 동독과의 관계를 변화시키려 했다. 동방정책은 빌리 브란트가 서베를린 시장으로 있던 1963년

크리스마스 연휴 동안 동서 베를린의 이산가족 상봉으로 시작되었다는 점에서, 적십자회담을 우선적으로 추진했던 박정희 정부에 시사점을 주었다.

사회민주당^{SPD}의 동방정책은 1966년 기독교민주당^{CDU}과의 대연정에서 빌리 브란트가 외무장관으로 임명되며 모습을 드러냈다. 이어 1969년 사회민주당이 주도한 사회자유당과의 연정에서 '신동방정책'이라고 부를 정도로 구체적으로 추진되었다. 닉슨의 데탕트 정책이 동방정책을 실현할 수 있는 국제환경이 되었음은 물론이다.

여기서 7·4남북공동성명 국면과 동방정책을 비교해보자. 첫째, 박정희 정부는 현상을 유지하려 했지만, 빌리 브란트 정부는 현상을 극복하고자 했다. 빌리 브란트의 보좌관이던 에곤 바르^{Egon Bahr}는 1963년 투칭^{Tutzing} 연설을 통해 "동방정책이란 군사적으로 현상을 유지하면서 정치적으로 그것을 극복하는 것"으로 개념 규정을 한 바 있다. 이후 동방정책은 에곤 바르에 의해 정교해졌다. 바르는 동방정책의 두가지 원칙으로 독일문제의 국제적 해결(소련과의 협력을 통해 통일에 유리한 환경 조성)과 화해를 통한 변화를 강조했다.[50] 반면 박정희 정부는 변화가 아니라 대결체제의 지속을 원했다.

둘째, 박정희 정부는 북한의 실체를 인정하지 않았지만, 빌리 브란트 정부는 동독의 실체를 인정했다. 박정희 정부는 공존을 거부했지만, 빌리 브란트 정부는 공존을 인정했다. 1970년 3월 19일 에어푸르트^{Erfurt}에서 첫번째 동서독 정상회담이 열렸을 때, 동독 수상 빌리 스토프^{Willi Stoph}는 동독 승인 문제에 집착했다. 소련의 그로미꼬^{Andrey A. Gromyko} 외상도 에곤 바르와의 회담에서 동독 승인 문제를 가장 강조했다.[51] 당시 빌리 브란트가 닉슨에게 보낸 편지에서 "동독 승인 문제는 시기적으로 이르지만, 긴장완화 효과가 있기 때문에 가능성을 배제하지 않는다"는 입장을 전했다.[52] 결국 빌리 브란트 정부는 동서독 관계의 정상화와 상호 협력을 위해 동독의 실체를 인정했다. 1972년 12월 동서독 기본조약은 국제법상 조약으로 동독의 국가 승인, 유엔 동시가입, 상주 대표부 설치 내용을 담고 있다.[53] 상대를 인정하는 것이 통행규제 완화, 이산가족 재결합, 우편물 교환 같은 협력의 기초가 되었다.

셋째, 박정희 정부는 지역전략이 부재했으나, 빌리 브란트 정부는 지역전략과 동독정책을 동시병행적으로 추진했다. 동방정책은 동독정책과 더불어, 폴란드를 비롯한 바르샤바조약기구 소속 국가들과의 관계 개선, 그리고 소련과의 관계 개선을 포함하는 개념이었다. 특히 서독은 동독과의 관계 개선에 앞서 소련과의 관계 개선을 우선적으로 추진했다. 닉슨 행정부가 중소 갈등을 이용한 연계전략linkage strategy으로 미·중·소 삼각 외교를 추진했듯이, 빌리 브란트 정부도 동서독 관계를 개선하기 위해 적극적으로 '소련 카드'를 활용했다.[54]

그런 점에서 동방정책은 지역전략으로서 중요한 의미가 있다. 빌리 브란트 정부는 동방정책을 추진하면서 닉슨 행정부와 갈등을 겪었다. 키신저는 동방정책을 자신들이 추구하고자 했던 소련·중국 관계의 하위 구성 요소로 간주했지만, 빌리 브란트와 에곤 바르는 동서독 관계를 미소 경쟁 구도에서 분리하고자 했다.[55] 1969년 10월 1일 키신저가 에곤 바르에게 처음 전화했을 때, 바르는 "외교정책을 독자적으로 하겠고, 핵확산금지 조약에 가입할 것이며, 동방정책의 첫번째 조치는 소련과 불가침 협정을 체결하는 것"임을 알렸다.[56] 빌리 브란트 정부는 닉슨의 세계적인 데탕트 추구라는 국제환경의 변화를 기회로 활용했다. 지역적으로 소련 및 동유럽 국가와의 관계 개선을 통해 동독정책에서 우호적인 지역질서를 만들어나갈 수 있었다. 동서독 관계는 유럽의 냉전질서가 변화할 수 있도록 지속가능한 환경을 제공했다.

국내정치로서
대북정책

박정희 정권은 남북관계를 국내정치적으로 활용했다. 빌리 브란트 정부가 데탕트를 동서독 관계의 변화 기회로 활용할 때, 박정희 정부는 독재정권을 연장하기 위한 명분으로 활용했다. 7·4남북공동성명은 남한 내 '국내정치로서 대북정책'의 상징적인 사례다. 뿌리 깊은 대북 적대감은 정부의 정책에 영향을 미쳤고, 박정희 정부는 잠재된 냉전의식을 동원했다.

기대와 적대: 남북대화를 바라보는 이중성

한국전쟁 이후 최초의 남북대화를 바라보는 국민들의 시각은 이중적이었다. 처음에는 적대의 바다에서 기대가 아지랑이처럼 피어올랐다. 북한 대표단이 처음으로 서울을 방문한 1972년 9월 12일 적십자 2차 예비회담 때였다. 이날 판문점을 지나 문산, 박석고개, 홍은동, 무악재, 사직터널을 거쳐 중앙청, 시청 앞에 이르는 연도에는 많은 시민들이 나와 구경했다. 북한의 적십자회 대표단 및 기자단 일행 54명은 오전 10시 3분 판문점을 넘었다. 문산부터 현장취재를 나간 소설가 이호철李浩哲은 "이 열기는 의당 사람들이 많이 모이면 생기게 마련인, 어디서나 흔히 있는 군중 특유의 열기일까?"라고 썼다.[57]

거리에 서서 구경하는 시민들의 표정은 착잡했다. 그중에는 이산가족이 많았다. 38선이 가로막혀 부모 형제와 헤어져 산 지 어언 30년의 세월이 흘렀다. 헤어진 가족을 다시 만날 수 있을지 모른다는 막연한 기대감이 북쪽 대표들이 지나가는 길을 따라 뭉게뭉게 피어오르고 있었다.

그러나 '기대'는 얼마 가지 않아 다시 '적대'의 바다로 가라앉았다. 9월 13일 열린 회담은 텔레비전으로 생중계되었다. 온 국민이 옹기종기 모여 앉아 분단 이후 처음 접하는 북쪽 대표의 발언에 귀를 쫑긋 세웠다. 그러나 북쪽의 연설은 이산가족 만남의 기대 아래 접어두었던 '마음속 38선'을 불러왔다. 북측의 자문위원이었던 윤기복이 '우리 민족의 경애하는 김일성 수령' '영광스러운 민족의 수도 평양'이라는 내용이 들어간 정치연설을 시작하자 난리가 났다.

그날 하루 서울시경 112와 113 범죄신고대에 접수된 169건의 전화 중 '북한의 정치선전을 규탄하는 시민들의 항의전화'가 60건이나 되었다. 이후락 중앙정보부장은 저녁 만찬장에서 "상호 간의 이해를 촉구하는 마당에서 김일성 수상 운운하는 것은 강요하는 결과가 되는 것이 아닌가? 우리가 언제 위대한 지도자 박 대통령이라고 말한 적이 있는가?"라며 항의했다. 그러자 윤기복 자문위원은 "그런 말이 습관화되어 있어서 인용했을 뿐"이라고 답했다.[58] 물론 이 문답이 신문에 보도되자 북측은 그런 말을 한 적이 없다고, 신문의 오보라고 부정했다. 박정희 대통령은 9월 15일 기자들과의 환담에서 이 연설로 '국민들의 반공정신이 오히려 더욱 뚜렷해졌다'고 말했다.

통일을 위한 유신체제?

7·4남북공동성명에서 북한이 적극적이고 남한은 소극적이었다는 평

가는 바로 통일문제에 관한 입장 때문이었다. 북한은 근본문제를 우선 논의하자는 것이었고, 남한은 쉬운 문제부터 다루고 통일문제 같은 근본문제는 논의할 시점이 아니라는 입장이었다.

박정희 정부에서 '통일' 개념은 이중적이었다. 북한과의 대화에서는 '통일'을 당면 과제가 아닌 근본문제로 여기며 회피했지만, 국내정치적으로는 '통일'이 최우선 가치였다. 당연히 통일 개념은 흡수통일을 전제로 했고, 구체적이지 않고 추상적이며 '어떻게'는 빠진 채 '유토피아'로서 존재했다. 통일은 정책이 아닌 명분이자 이데올로기였다. 1972년 12월 23일 통일주체국민회의 개회식에서 박정희는 "10월 유신은 통일조국을 우리 스스로의 힘과 예지로써 쟁취하고 건설하자는 데에 그 궁극적인 목적이 있는 것"이라고 말했다.

통일문제에 대한 박정희 정부의 모순적 태도는 1973년 2월 키신저 국무장관과 김용식 외무장관의 대화에서 엿볼 수 있다. 키신저는 김용식 장관에게 "왜 한국은 국가연합confederation을 반대하는가?"라고 질문했다. 키신저는 "연방federation은 논란이 있을 수 있지만, 국가연합은 두개의 국가가 존재하는 것 아닌가?"라고 반문하며 그 정도면 수용할 수 있는 것이 아닌지 물었다.

김용식 장관은 답변을 피한 채 "북한은 군사적으로 경제적으로 공격적인 체제이고, 한국정부는 이러한 외부 위협으로부터 국민을 강하게 보호해야 한다"라는 원론적 답변을 하면서 오히려 키신저에게 미국의 입장이 무엇인지 질문했다. 키신저는 "통일방안에 대해 생각해보지 않았고, 둘 중 하나를 선택할 필요도 없으며, 한국정부의 입장을 이해한다"라고 언급하면서, "다만 한국이 북한과의 대화를 유지했으면 한다"고 말했다.[59] 키신저와 김용식의 대화를 보면, 한국은 통일의 과정과 방법을 구체적으로 검토하지 않았다. 통일을 북한과의 협상 의제로 생각하지 않았기 때문이다. 통일은 다만 유신체제의 명분으로서 국내정치적으로 주장되었을 뿐이다.

1973년에 들어서며 남북대화는 급속히 동력을 잃었다. 접촉은 지속되었으나 더이상 대화의 진전은 이루어지지 않은 개점휴업 상태로 접어들었다. 미국 대선 직후인 1월 3일 김종필이 워싱턴을 방문해 닉슨과 나눈 대화에서 "남북대화는 더이상 실질적 진전이 없다. 아무도 대화에서 뭔가 이루어질 것이라고 믿지 않는다"라며 남북대화 상황을 설명했다.[60]

미국 역시 1973년 중반기에 접어들면서 더이상 박정희 정부에 남북대화를 요구하지 않았다. 7월 키신저는 미국의 한반도 정책에 대한 닉슨 대통령의 승인 사항을 국무부와 국방부에 전달했다. 즉 "한국정부에 남북대화의 속도를 요구하는 것을 피한다. 서울에 대한 미국의 직접적 개입은 위협적인 대화중단을 막는 일에 제한한다"라는 내용으로, 이러한 대통령 지침을 한국정부 관계자와 만날 때 준수해줄 것을 당부하고 있었다.[61]

7·4남북공동성명은 유신체제의 명분이었다. 통일을 위해 국내 체제의 정비가 필요하다는 것이 박정희 정권의 논리였다. 그러나 7·4남북공동성명은 지속되지 못했다. 국내정치적 목적을 달성하자 남북대화 국면은 필요가 사라졌고, 결국 유신만 남았다. 1972년 후반기부터 개점휴업에 들어간 남북대화의 문은 최종적으로 1973년 6·23선언을 계기로 닫혔다. "호혜평등의 원칙하에 모든 국가에게 문호를 개방"하고 "북한이 한국과 같이 유엔에 참여하는 것을 반대하지 않는다"라고 선언했지만, 결과적으로 국제무대에서의 '북한 불승인' 정책이었다. 빌리 브란트 정부는 과거 동독 불승인 정책이었던 '할슈타인Hallstein 원칙'을 폐기했으나 박정희 정부는 반대였다. 남북대화 국면이 종료되는 시점에 '공산권 문호 개방'은

대북 외교경쟁에서 우위를 확보하여 국제사회에서 북한을 고립시키려는 목적이 들어 있었다. 6·23선언은 외교영역에서 '체제경쟁적 냉전의식'을 기본으로 했다. 당시 남북조절위원회 북측 위원장 김영주는 1973년 8월 28일 '두개의 조선'을 추구하는 6·23선언의 폐기를 요구하며 남북대화의 종결을 선언했다.[62]

다시 대화에서 대결로

닉슨 행정부의 데탕트는 중국과의 관계 개선에 문을 열었지만, 1974년 8월 닉슨의 사임으로 지속되지 못했다. 1973~76년 포드Gerald R. Ford 집권기에 데탕트의 속도는 급격히 떨어졌다. 1976년 대통령선거전에서 미국의 공화·민주 양당 모두 데탕트를 비판했다. 4월 포드 대통령은 데탕트라는 용어를 쓰지 말고, '힘을 통한 평화'peace through strength라는 용어로 바꾸도록 지시했다.[63] 닉슨과 키신저의 외교정책은 중앙집권적이고 개인화된 외교정책 추진의 한계를 드러내기도 했다. 미국과 중국의 수교는 결국 1979년 카터Jimmy Carter 행정부에 들어서서 결실을 보았다.

박정희 정권은 데탕트를 기회가 아닌 위기로 인식했다. 북한이 정상회담을 제안했지만 거부했고, 7·4남북공동성명 합의와 발표에도 부정적이었다. 북한을 실체로 인정하지 않았고, 다른 국가가 북한에 접근하는 것도 강력하게 막았다. 당시 박정희 정권의 가장 중요한 우선순위는 국내정치였다. 유신체제가 형성되는 과정에서 남북관계와 대외정세 변화는 중요한 명분이었다. 처음에는 북한의 남침 위협을 국내 민주주의 후퇴의 명분으로 삼았다.

그러나 남북대화가 시작되고, 긴장완화가 이루어지면서 전통적인 반공논리는 근거를 잃었다. 그래서 박정희 정권이 들고 나온 것이 바로 데탕트 위기론이다. 대외환경의 변화와 정반대되는 상황을 유신체제의 명분으로 활용한 것이다. 대화 국면이 종료되었을 때 남북관계는 다시 냉전의 대립관계로 돌아갔다. 통일의 가능성이 사라진 자리에 결국 유신체제라는 독재만 남았다.

한국전쟁 이후 최초의 만남이었던 적십자회담은 1972년 11월의 4차회담까지 갔으나 더는 지속되지 않았다. 1973년 8월 28일 북측은 공식적으로 회담 중단을 선언했다. 2년 남짓의 첫번째 대화 국면은 그렇게 막을 내렸다. 국제정치적 변화가 만들어낸 만남이었지만, 적대의 현실을 뛰어넘기에는 역부족이었다.

판문점의 분주하던 발걸음이 잦아들자 다시 팽팽한 긴장이 몰려왔다. 대화가 멈추면 총성이 울린다고 했던가. 1976년 8월 18일, 미국에서는 '나무 자르기 사건'Tree Cutting Incident으로, 한국의 교과서에서는 '8·18 도끼 만행사건'으로 부르는 매우 아찔한 충돌이 판문점에서 발생했다. 사건의 발단은 판문점 회의장 서쪽 유엔군 관측소 사이에 서 있던 미루나무 한그루였다. 유엔사령부 소속의 미군 장교 2명이 관측소의 시야를 가릴 만큼 훌쩍 자라난 나무를 자르러 갔다가 북한 경비병들에게 맞아 죽는 일이 발생했다. 함께 들어갔던 한국인 노무자들은 싸움이 붙자 혼비백산해 도망쳤다. 전례없는 사건이었다.

사건 직후 리처드 스틸웰Richard G. Stilwell 유엔사령부 총사령관이자 미육군대장은 명령을 내렸다. "저 빌어먹을 나무를 잘라버려라!" 작전명은 폴 번얀Operation Paul Bunyun으로 명명되었다. 폴 번얀은 미국 전설에 등장하는 거구의 나무꾼 이름이다. 유례없는 '미루나무 자르기 작전'이었다. 8월 21일 경비병 1개 소대가 앞서고 64명의 한국 특전사 대원들의 호위를 받으며 16명의 미군 전투 공병단원들이 미루나무로 향했다. 사건 직후 발령되었던 데프콘 3(예비경계태세)는 데프콘 2(공격준비태세)까지 올라갔다. 데프콘 3가 발령된 것도 한국전쟁 이후 이때가 처음이다.

항공모함 미드웨이가 75대의 전폭기를 적재하고 일본에서 한국의 동해로 들어왔고, 오끼나와 미군기지에서 전투기 40대로 구성된 2개 전투단이 한국 공군기지로 이동했으며, F-111 20대와 B-52 폭격기들도 미국 본토에서, 괌 공군기지에서 한국으로 향했다. 미군은 교전상황에 대비한 구체적 전쟁계획인 '우발계획'을 세워놓았고, 이 사실을 몰랐던 한국군은 '도발유도계획'을 독자적으로 준비하며 북한군의 대응을 유도하려 했다.

전쟁 일보 직전의 아찔한 순간이었다. 다행스럽게 충돌 없이 작전은 성공했다. 미루나무를 잘라버린 것이다. 이 사건을 계기로 한반도의 유일한 중립지대인 판문점에도 38선이 그어졌다. 높이 7센티미터, 너비 40센티미터의 자그마한 시멘트가 남과 북을 갈랐다. 마음속 38선도 더욱 굳어져갔다.

합의의 시대

북방정책과 남북기본합의서

1984년 여름, 남쪽에 비가 많이 왔다. 7월 중순까지 집중호우가 내려 사상자가 70여 명, 8월 말 또다시 내린 비로 사상자가 339명이나 발생했다. 북한은 9월 8일 방송을 통해 쌀 5만 석(약 7800톤), 옷감 50만 미터, 시멘트 10만 톤, 기타 의약품을 지원하겠다고 제의했다. 북한은 1950년대부터 언제나 이런 상황이면 인도적 지원을 제안했다.

1954년 제네바 회담에서 남일 외상이 남북 경제협력을 제안한 이래, 북한은 주기적으로 전력송전 용의(1955), 수재민 원조(1956), 구호미 무상제공(1957), 풍수해 이재민 구호물품 제공(1959) 등 제안을 계속했다.[1] 1960년대에 들어서도 마찬가지다. 그때마다 남측은 '정치선전'에 응하지 않겠다며 거부했다. 그러나 1984년 전두환全斗煥 정부는 달랐다. 북한의 상투적이고 관성적인 지원 제안을 덜컥 받았다.

전두환 정부가 북한의 인도적 지원을 수용한 것은 매우 이례적이었다. 1983년 북한이 버마의 아웅 산Aung San 국립묘지에서 전두환 대통령을 목표로 폭탄테러를 일으킨 지 겨우 1년이 지났을 때였다. 당시 전두환 대통령은 조금 늦게 도착해서 살았지만, 이범석 외무장관을 비롯한 다수의 장관급 관료가 사망했다. 당시 북한은 남한을 지원할 만큼의 형편도 아니었다. 북한이 태국에서 쌀을 수입하던 시절로, 1983년 기준 쌀 생산량은 남한(540만 톤)이 북한(212만 톤)보다 2.5배 많았다. 시멘트 생산량도 남한이 북한보다 2.7배 많았다.[2]

최초의 인도적 지원과
이산가족 상봉

전두환 정부가 북한의 수해물자 지원 제안에 응한 이유는 남북관계를 개선하기 위해서였다. 1986년 아시안게임과 1988년 올림픽을 유치한 전두환 정부는 한반도 정세를 안정적으로 관리할 필요가 있었다. 1980년 모스끄바 올림픽은 세계적 신냉전 상황에서 미국을 비롯한 서방 국가들이 불참했고, 1984년 미국에서 열린 LA 올림픽은 반대로 소련을 비롯한 사회주의권이 불참해 반쪽으로 치러졌다. 1988년 서울 올림픽을 성공적으로 치르기 위해서는 소련과 중국 등 사회주의권 국가들이 참여해야 하고, 그러기 위해서는 남북관계를 풀어야 하니 북한의 인도적 지원 제안을 기회로 포착한 것이다.

1984년 북한의 수해물자 제공은 한국전쟁 이후 최초의 인도적 지원 사례다. 그해 북한 수해물자 인도를 위한 남북 적십자회담이 열렸을 때, 북한은 자동차와 배로 직접 물자를 실어갈 것이고 수해지역을 방문해 수재민을 위로하겠다고 주장했다. 남쪽은 세계적십자연맹 재해구호 원칙에 따라 받는 쪽이 인도 지점을 결정해야 한다고 맞섰다. 결국 쌀·천·의약품은 판문점, 시멘트는 인천항과 북평항(현 동해항)으로 들어왔다.[3] 당시 국회나 신문에서 북쪽의 현장접근을 거부한 명분은 "인도주의를 앞세워 정치선전을 하려 한다"는 것이었다.

지원물자가 제대로 전달됐는지를 확인하려는 '분배의 투명성'은 북한이 먼저 요구했고, 정치적인 이유로 남한은 거부했다. 북한의 수해물자 인도 과정을 보도하는 신문기사 옆에는 '인도주의 물자 제공 그럴수록 대공 자각'이라는 반공 표어도 보인다. 쌀은 수해를 당한 농가별로 피해 정도에 따라 33킬로그램에서 66킬로그램까지 분배되었다. 물론 북한 쌀을 받은 사람들의 반응은 다양했다. '왠지 꺼림칙하다'며 반납한 사람도 있고, 쌀이 좋지 않다며 떡을 해 먹은 사람도 있었다. 물론 북녘 쌀 한줌을 얻어 제사를 지내겠다는 실향민도 적지 않았다. 돌아가는 조선적십자회 관계자들에게 대한적십자사 측은 답례를 잊지 않았다. 22킬로그램이나 나가는 대형가방 1600개를 준비해서 그 안에 카세트라디오, 전자 팔목시계, 양복지, 내의, 양말 등을 들려 보냈다.

'누가 이 사람을 모르시나요'

남북관계에서 가장 중요한 인도적 현안은 이산가족 상봉이다. 인도적 지원이 이루어지면서 이산가족 상봉을 할 수 있는 기회가 만들어졌다. 이미 남한 내부적으로 이산가족 상봉에 대한 열망이 폭발한 상태였다. 1970년대의 남북대화는 이산가족 상봉을 위한 적십자회담부터 시작했지만 기대만 높여놓고 아무것도 이루지 못했다.

이산가족 상봉에 대한 열망의 폭발은 우연으로 시작했다. 1983년 6월 한국방송공사KBS는 이틀 정도 24시간 생방송으로 이산가족 찾기 방송을

1983년 7월 5일 이산가족을 찾는 벽보로 덮인 KBS 앞 분수대

한국전쟁을 거치며 많은 이산가족이 발생했다. 전쟁 이후 첫 남북접촉인 1971년 적십자회담은 이산가족 상봉을 위한 것이었고, 1985년 전두환 정부 때 비로소 실제 상봉이 이루어졌다. 그뒤로는 남북대화에도 불구하고 진척이 없다가, 2000년 남북 정상회담을 계기로 2007년까지 남북관계가 무르익을 때 성사되었다. 그러나 2008년부터 남북관계가 악화되면서 거의 이루어지지 않았다.

이산가족 교류는 생사 확인, 상봉, 편지와 통신, 자유왕래 등 다양한 수준이 있다. 그중 상봉은 대한적십자 사에 북한의 가족을 만나겠다고 신청한 사람들 가운데 선별해 진행된다. 신청자 대부분이 80대 이상 고령 이어서 사망자가 급속히 늘고 있는 실정이다.

계획했다. 방송을 시작할 때만 해도 이 방송이 이후 136일 동안 진행되고, 10만 명 넘게 출연 신청을 하고, 5만 3000여 명의 애절한 사연이 소개되며 1만 189가족이 극적으로 다시 만날지 아무도 몰랐다.

6월 30일 방송이 시작되자 전국 각지의 이산가족이 KBS 건물로 몰려들었다. 저마다 사연을 종이에 적어 방송국 건물의 사방 벽에다 붙이기 시작했다. 모두들 고향과 이름, 그리고 헤어질 때의 사연이 빽빽이 적힌 피 맺힌 벽보를 하나하나 읽으며 정신없이 헤매고 다녔다. 그중에 모든 사람의 발길을 잡고 탄식을 자아낸 조그만 종이도 있었다. 아무런 내용도 없이 그저 종이에는 '이름도 나이도 모르는 나의 부모는 누구입니까?'라고 적혀 있었다. 너무 어린 나이에 부모와 헤어졌기 때문에 자기의 원래 이름도 모르고 당연히 부모가 누군지도 모르는 사내의 애절한 절규였다. 전쟁이 남긴 슬픔이 억눌려 있다가 한순간에 폭발했다.

통곡의 벽은 시간이 지나면서 늘어났고, 결국 정부는 여의도에 만남의 광장을 설치했다. 벽보를 보고 만난 사람도 있고, 누군가가 알림판에 나온 내용을 보니 저쪽 줄에 서 있는 사람과 비슷하다고 알려주어 만난 가족도 있다. 만난 사람들은 기쁨의 눈물을 흘렸고, 그러지 못한 사람은 몇 날 며칠을 헤매다 쓸쓸하게 발길을 돌렸다.

전국이 눈물바다를 이루고 나서도 가족을 찾지 못한 사람들의 시선이 자연스럽게 38선 이북으로 향했다. '남쪽에 살면 나타날 텐데, 소식이 없는 것을 보니 아마도 북쪽에 있을지도 몰라' 하는 심정이 남북 이산가족 상봉의 기대로 모아졌다. 결국 1984년 북한 수해물자 지원을 계기로 남북회담이 재개되었고, 분단 이후 처음으로 1985년 9월 추석을 기해 이산가족 교환방문이 이루어졌다. 9월 22일 서울과 평양에서는 어머니, 아버지, 오빠, 동생 등 35년 동안 불러보고 싶던 외침들이 터져 나왔다.

만남의 현장에서 느끼는 분단의 벽

만남의 기쁨이야 무엇에 비유하겠는가? 서울에 사는 어느 팔순 노모는 북에서 온 맏아들을 알아보지 못했다. 쉰네살의 장남은 귀가 어두워 듣지 못하는 노모의 귓가에 "어머니 맏아들 형석이가 왔어요"라고 외쳤다. 그래도 노모는 주름살이 성성한 늙은 아들을 알아보지 못했고, 애가 탄 아들은 왼쪽 눈가의 흉터자국을 보여주면서 "이것 때문에 어머니가 얼마나 고생했어요?"라고 말하며 울먹였다. 어느새 노모의 눈에도 눈물이 괴기 시작했다.

옆방에는 부녀가 만나고 있었다. 아버지와 딸은 서로 얼굴을 알아볼 수 없었다. 생후 두살도 못 되어 생이별한 중년의 딸이 아버지의 얼굴을 어떻게 기억하겠는가? 부녀는 부둥켜안고 서로 울기만 했다. 상봉이 끝나고 점심을 먹으면서도 아버지는 딸의 손을 꼭 쥐고 음식을 떠먹여주고, 계속해서 우는 딸의 눈물을 닦아주었다. 아버지의 두 뺨에도 눈물은 계속 흘러내리고 있었다. 곁에 있던 기자도 안내원도 음식을 나르는 호텔 종업원도 모두 함께 울었다. 연신 플래시를 터뜨리는 사진기자들의 뺨에도 눈물이 흘러내렸다.

그날 그렇게 평양으로 간 서울의 방문단 20명, 서울로 온 평양의 방문단 15명이 꿈에 그리던 가족을 만날 수 있었다. 1000만 이산가족 중 겨우 35가족이 그렇게 만났다. 텔레비전으로 눈물의 상봉을 지켜보던 이산가족들의 마음이야 오죽했겠는가? 1985년 9월 23일 경기도 부천에 살던 차철환 씨는 이산가족 상봉 장면을 보다가 돌아가셨다. 함께 울다가 그리움이 뼛속까지 사무쳐 그만 졸도를 했고, 심장마비로 세상을 뜬 것이다. 열네살 때 홀로 월남한 차 씨는 추석이나 명절 때가 되면, 다른 이들처럼 임진각을 찾았다. 임진강 너머 북녘 땅을 바라보며 부모님이 살아계시기를 애타게 빌어왔다.

만남의 기쁨으로 한숨 돌리고 나면 가족의 모습에서 분단의 벽을 확인하게 된다. 9월 21일 평양의 고려호텔 3층. 형을 만나 기뻐서 울고, 부모님이 돌아가셨다는 소식에 슬퍼서 울던 조창석 씨는 옆에 있던 TV 카메라 마이크를 잡고 감격에 겨워 인사를 했다. "감사합니다. 우리 가족이 다시만날 수 있었던 것은 모두 하느님의 덕분입니다." 듣고 있던 북녘의 형은 "너 예수쟁이 됐구나. 하느님이 뭐냐, 수령님 은덕으로 만나게 됐지!"라고 소리를 질렀다. 당황한 동생은 "형, 그냥 옛날얘기나 합시다"라면서화제를 돌렸다.

옆방의 지학순池學淳 주교도 마찬가지였다. 여동생을 만나고 있었는데, 남측 기자가 "오빠가 남쪽의 유명한 천주교 주교가 된 줄 아느냐"고 묻자동생은 "우리는 살아서 천당 가는데 오빠는 죽어서 천당을 가겠다니 돌았다"고 쏘아붙였다. 주교는 착잡한 표정으로 누이에게 "네가 여기서 세뇌공작을 많이 받았구나"라고 한마디 할 뿐이었다. 다음 날 주교는 고려호텔 3층에서 분단 이후 최초의 미사를 집전했다. 기도문을 강독하던 노주교는 눈물이 울컥 솟아 미사를 한동안 이어가지 못했다. 예술단 공연에참여한 가수 하춘화를 비롯한 신자들은 주교의 착잡함에 함께 눈물 흘렸다. 가족의 만남만큼이나 분단의 골은 그렇게 깊었다.

전두환 정부의 남북대화

남북대화가 이루어지면 언제나 정상회담 논의가 자연스럽게 이어진다. 1970년대와 마찬가지로 이산가족 상봉을 위한 적십자회담이 대화의 문을 열었고, 그 과정에서 비공개접촉이 이루어졌으며 정상회담을 위한 고위급 특사 교환으로 이어졌다. 1985년 5월 29일 밤 11시 한상일韓相一 안기부장 비서실장이 워커힐호텔 501호실을 노크했다. 이 방에는 8차 적십자 본회담에 참여하고 있던 북측의 림춘길林春吉(조국평화통일위원회 부위원장)과 최봉춘崔奉春(조선로동당 비서국 과장)이 기다리고 있었다. 한달 전 인도네시아 반둥 회의에서 이세기李世基 당시 국토통일원 장관은 북측 대표로 참여했던 손성필孫成弼 최고인민회의 부의장에게 비밀접촉의 가능성을 타진한 바 있었다. 그래서 손성필은 이들에게 남쪽에 내려가면 무언가 얘기가 있을 것이라고 귀띔했다. 이들은 이날 밤 향후 접촉을 통한 비밀창구 개설 문제를 논의했다.

무산된 남북 정상회담

이후 몇번의 접촉을 통해 남측 창구는 당시 안기부장 제2특별보좌관이었던 박철언朴哲彦, 북측은 유엔 대사였던 한시해韓時海로 정해졌다. 안기부(국가안전기획부)는 이 접촉 라인을 '88라인'으로 이름 짓고 이른바 '88계획'을 추진했다. 1985년 9월 4일 허담 당비서가 한시해와 최봉춘 등을 데리고 판문점을 통과하여 서울을 방문했다. 이들 일행을 태운 승용차 4대와 이들이 선물을 싣고 온 화물차 1대가 통일로를 지나 도심을 통과했지만 아무도 알지 못했다.

이들은 쉐라톤워커힐호텔 빌라에 묵었다. 다음 날인 9월 5일 오전 11시 전두환 대통령은 경기도 기흥에 있는 동아그룹 최원석 회장의 별장에서 허담 일행을 맞이했다. 이 별장을 청와대의 별관인 양 '영춘재'라고 소개했다. 허담은 전두환 대통령을 만나 김일성의 친서를 전달했는데, 내용은 정상회담 추진에 관한 것이었다. 이미 남북 양측은 정상회담 개최에 원칙적인 합의를 했고, 밀사 접촉을 통해 정상회담에 들어갈 의제를 협의하는 단계였다.

북한은 한미 군사훈련 중단을 요구했고, 남북 불가침 합의가 공동선언에 포함되어야 한다고 주장했다. 전두환 대통령은 전쟁방지의 필요성에 동감하면서 신뢰 회복, 남북 교차수교를 제안하며 국제사회에서 과도한 경쟁을 하지 말자고 했다. 1시간가량 대화를 마치고 식당으로 옮겨 대화를 계속했다. 마지막에 전두환 대통령이 물었다. "평양에도 골프장 있어요?" 허담은 "골프가 많이 전파되지 못했습니다. 골프장이 하나 있습니다"라고 답했다. 전두환은 다시 말했다. "미국 같은 데는 테니스 치는 것보다 골프 치는 것이 더 싸대요." 허담은 갖고 온 선물을 전달했다. 허담 명의로 곱돌 찻잔세트, 자개화병, 인삼주 10병 등을 주었고, 전두환 대통령은 허담에게 텔레비전 1대, VTR 1대, 양복지, 손목시계 그리고 솔담배 20갑을 주었다.

그러나 이 비밀접촉은 곧바로 외신을 통해 보도되었다. 청와대는 즉각 사실무근이라고 밝혔고 평양방송도 사실이 아니라고 부정했다. 그러나 이 보도의 영향으로 장세동張世東 일행의 방북은 원래 예정했던 것보다 한 달 정도 늦게 이루어졌다.

10월 16일 장세동, 박철언, 강재섭姜在涉(안기부 연구실장) 등이 승용차 2대에 타고 판문점을 거쳐 개성으로 넘어갔고, 개성역에서 특별열차를 타고 평양으로 향했다. 다음 날 오전 장세동과 박철언은 김일성을 만나러 갔고, 강재섭 등 다른 수행원들은 숙소에 남아 「조선의 별」이라는 영화를 관람했다. 김일성은 먼저 장세동에게 담배 피우느냐고 물었다. 안 피운다고 하자, "그러면 제가 피우겠습니다"라면서 대화를 시작했다. 장세동은 전두환의 친서를 낭독했다. 핵심 내용은 '남북 두 정상이 만나 평화통일의 기틀을 마련하는 데에 현실적으로 실천 가능한 획기적인 합의가 이루어지기를 기대한다'는 것이었다.[4]

장세동은 전해에 수해물자를 보내준 데 대해 감사를 표했다. 김일성은 "받은 것이 더 용감하지요"라고 호응했다. 장세동은 10월 8일 서해 백령도 부근에서 고기를 잡다가 납북되었던 제2계영호 송환을 요구했고, 실제로 다음 날 북한은 바로 돌려보냈다.

물밑에서 이루어진 양측의 합의는 물위로 올라오면서 흔들리기 시작했다. 물밑 협상이 줄 것은 주고 받을 것은 받는 2차원 협상이라면 물위의 협상은 다르다. 물위의 협상은 공개적으로 이루어지고, 내부 합의라는 또다른 차원이 존재한다. 내부 합의는 크게 보면 정부 내부의 합의, 초당적 합의 그리고 국민적 합의로 구분할 수 있다. 전두환 정부 내부적으로 이미 남북대화에 부정적인 의견이 적지 않았다.

10월 19일 부산의 해운대 옆 청사포 앞바다에 북한의 간첩선이 침투하다 발각되어 격침되는 사건이 발생했다. 적대의 현실을 확인하면서 여론은 악화되고 정부 내부의 반대도 높아졌다. 물위의 환경 변화는 당연히 물밑 협상에도 영향을 미친다. 어선이 나포되고 간첩선이 침투하는 상황에서도 물밑 대화는 이루어질 수 있지만, 물밑 협상이 물위로 올라올 때는 다른 차원이 전개된다. 아직 남북한은 물위의 협상을 할 만큼의 준비는 없었다.

경제회담의 성과

1984~85년의 대화 국면에서 경제회담에 주목할 필요가 있다. 1984년 11월부터 1985년 11월까지 1년 동안 5차례의 본회담이 열렸다. 경제회담은 당시의 남북관계를 반영했기 때문에 가다 서다를 되풀이하며 회담이

열렸을 때도 논의가 이루어지지 않았고, 결국 합의문도 채택하지 못한 채 문을 닫았다. 그러나 성과도 적지 않았다. 남북 양측이 밝힌 경제협력의 우선순위를 알 수 있었고, 경제분야에서 해결해야 할 과제가 무엇인지 분명해졌다.

1984년 1차 회담에서 남측은 구체적인 협력의 내용을 강조했고, 북측은 협력의 조건과 형식을 주장했다. 남측은 쉬운 것부터 시작해 어려운 것으로 나아가자고 했고, 북측은 정치·군사 문제의 중요성을 강조하면서 협력의 구조가 필요하다고 대응했다. 그러나 공통점도 적지 않았다.

가장 중요한 것은 당시 회담에서 '교류·협력'이라는 용어에 남북한이 합의했다는 점이다. 용어 문제와 관련해 그동안 남측은 '교역과 협력'을 제시했고, 북측은 '합작과 교류'를 주장했다. 1985년 6월 20일 3차 회담에서 이러한 남북 양측의 입장을 절충해 '교류와 협력'으로 합의했다. 이후 남북관계에서 '교류·협력'이라는 단어가 정립되었지만, 북한은 1991년 12월 남북기본합의서 채택 당시에도 '협력·교류'를 주장하며 협력을 교류보다 우선시했다. 북한의 입장에서 경제협력은 경제적 관점이 아니라 정치적 의미를 강조하기 위한 것으로 평가할 수 있다.[5]

교역 품목에 대해서도 의견 일치를 보았다. 당시 남측은 철강재·섬유·소금·감귤·남해수산물(김·미역·굴)을 판매하고, 북한의 무연탄·철광석·마그네샤크링카·명태·옥수수를 구매하고 싶다고 제안했다. 서로 비교우위가 있는 상품을 거래하자는 주장이었고, 북한 역시 비슷한 생각이었다. 민족 내부 거래로서 무관세로 하자는 주장도 양측이 처음부터 의견이 일치한 부분이다.

그리고 남북 철도 연결, 공동어로구역 설정, 자연자원 공동개발, 경제협력위원회 설치에서도 어느정도 의견이 근접했다.[6] 3차 회담을 거치며 결제

표. 4차 남북 경제회담(1985.11) 쌍방 합의서(안) 비교

구 분	남	북
원칙 표기 문제	순수 경제원칙에 국한	조국통일 3대 원칙 삽입
교류 품목	1·2차 회담 시 합의 품목을 합의서에 명기하고 합의 품목부터 교류 시작 – 남측 판매가능 품목: 철강재, 섬유, 소금, 감귤, 남해수산물(김, 미역, 굴, 멸치 등) – 북측 판매가능 품목: 무연탄, 철광석, 마그네샤크링카, 명태, 옥수수	1차 회담 시 쌍방 제안 품목을 고려하여 공동위원회에서 협의·결정
거래 방식	청산결제 방식을 원칙으로 하되 잠정적으로 제3국 은행 신용장 방식 적용	청산결제 방식
결제업무 취급 은행	쌍방이 지정하는 남북한 은행으로 하되 잠정적으로 제3국 은행 이용	쌍방이 지정하는 남북한 은행
협력사업 규모·방법·시기 등	사업 당사자가 결정	공동위원회에서 협의·결정
분과위원회 수	2개 분과(물자교류, 경제협력) * 필요시 특별분과, 소위원회 설치	6개 분과(자원개발, 공업 및 기술, 농업 및 수산, 상품교환, 운송 및 체신, 금융재정)

방식과 은행에 대해서도 의견을 교환했다. 주로 남측은 청산결제 방식을 원칙으로 하되 잠정적으로 제3국 은행 신용장 방식을 적용하자고 주장했고, 북한은 청산결제 방식을 고수했다. 청산결제는 동서독의 교역 과정에서 사용한 방식으로 양측이 현물로 거래하고 장부에 금액을 기록해 연간 단위로 청산하는 방식이다. 대체로 서독이 동독으로부터 더 많은 상품을 수입했지만, 서독은 차액을 재정으로 충당하여 동서독 교역을 지속했다.

결제 은행에 관해서도 남측은 쌍방이 지정하는 남북한 은행으로 하되, 잠정적으로 제3국 은행을 이용하자고 주장했고, 북한은 남북이 지정하는 쌍방 은행으로 하자는 입장이었다. 큰 차이는 없었다. 남측은 결제 통화로 영국 파운드화와 스위스 프랑화를 주장했지만, 북한은 별다른 의견을 제시하지 않았다.[7]

남북한은 6차 남북 경제회담을 1986년 1월 22일에 열기로 합의했으나, 남측이 한미 군사훈련인 팀스피릿의 1986년 훈련계획을 발표하자 북측은 6차 회담 개최를 이틀 앞두고 회담의 연기를 통보해 왔다. 그 이후 경제회담은 재개되지 못했다.[8] 경제회담은 합의문을 채택하지 못했지만, 당시 대부분의 논의 내용은 1991~92년 남북기본합의서와 교류·협력 부속합의서의 주요 내용에 반영되었다. 경제분야의 남북대화는 1972년 7·4남북공동성명에서 협력의 원칙을 밝히고, 1984~85년의 경제회담에서 주요 쟁점에 대해 의견을 교환하고, 1991~92년 남북기본합의서와 부속합의서의 채택으로 구체화되었다. 그런 점에서 경제회담은 진화의 과정을 거쳤다.

전두환에서 노태우로: 북방정책의 형성

북방정책, 북방외교라는 용어는 1973년 박정희 정부가 '6·23선언'으로 대공산권 문호개방 정책을 채택한 이후부터 사용되기 시작했다.[9] 학계에서는 6·23선언의 "우리와 이념과 체제를 달리하는 국가들"이 한국의 북쪽에 있는 중국과 소련을 지칭한다고 생각하고, 공산권에 대한 문호개방을 서독의 동방정책을 연상해서 북방정책 Nordpolitik이라 명명하기 시작했다.[10] 그러나 1970년대 냉전시대에는 미국과 소련의 진영외교가 존재했고, 국제외교 무대에서 남북경쟁이 치밀했으며, 북방외교를 실현할 의지와 능력도 없었다는 점에서 실현되기 어려웠다.

북방정책을 구체적으로 모색한 것은 전두환 정부 때다. 1988년 서울 올림픽의 성공적 개최를 위해 대공산권 외교가 필요했기 때문이다. 1981년 9월 30일 IOC 84차 총회에서 서울 올림픽 개최가 확정되자, 10월 2일 공산권 국가들, 그리고 아직 외교관계를 수립하지 않은 국가들과 적극적으로 외교관계를 추진하기로 방침을 정했다.[11] 북방정책은 전두환 정부 때 시작해 노태우盧泰愚 정부 때 결실을 맺었다. 특히 노태우 정부의 1988년 7·7선언은 북방정책의 출발을 알렸으며 이후 남북관계 개선과 소련·중국과의 수교로 이어졌다.

1970년대 북방정책 실패의 교훈

북방정책이 성공하기 위해서는 사회주의 국가와의 관계 개선과 남북관계 개선이 서로 긍정적으로 영향을 미쳐야 한다. 남북관계가 개선되지 않으면 한국은 사회주의 국가와 관계를 개선하기 어렵다. 소련과 중국을 비롯한 사회주의 국가들은 북한의 입장을 우선적으로 고려하기 때문이다. 그런 점에서 1970년대 북방정책은 실패했고, 노태우 정부의 북방정책은 성공할 수 있었다.

북방정책이라는 개념은 1983년 6월 29일 이범석 외무장관이 국방대학원에서 한 연설, '선진조국의 창조를 위한 외교과제'에서 공식적으로 처음 언급되었다. 이 연설에서 이범석 장관은 '소련과 중공은 유엔 안전보장이사회의 상임이사국으로서 오랜 역사를 두고 한반도와 접경한 강국이며, 동시에 북한과 동맹조약을 체결하고 있는 나라로서 한국전쟁에 직접 관여한 국가들이라는 점에서, 한반도의 평화를 유지하기 위해서는 이들 양국과 선린관계를 맺을 필요가 있다'고 강조했다.[12]

당시 강연은 바로 1973년 6·23선언 10주년을 기념하기 위한 것이었다. 6·23선언은 중국과 소련 등 공산국가와의 적극적인 관계 개선 의지를 천명한 것이 아니라, 비동맹국가에 문호를 개방한 것으로 처음부터 제한적이고 소극적이었다. 1980년대 북방정책의 주역인 박철언이 평가했듯이 '북한과 외교관계를 맺은 국가와는 교류하지 않겠다는 외교 방침의 문제점들을 피하려는 데 실질적 목적이 있었던 것'으로 볼 수 있다.[13] 이런 점에서 6·23선언은 여전히 외교영역에서 '체제경쟁적 냉전의식'을 기본으로 삼고 있었다. 6·23선언에서 북방정책과 대북정책은 서로 충돌했기에 실패할 수밖에 없었다.

노태우 정부의 7·7선언

노태우 정부의 북방정책은 1988년 7월 7일 '민족자존과 통일번영을 위한 대통령 특별선언'의 형식으로 공표되었다. 남북관계와 관련해서는 "남북 상호 교류, 이산가족 문제 해결, 남북 간 교역을 민족 내부 교역으로 간주, 민족경제의 균형적 발전"을 담았다. 그리고 "한반도의 평화를 정착시킬 여건을 조성하기 위하여 북한이 미국·일본 등 우리 우방의 관계를 개선하는 데 협조할 용의가 있으며, 또한 우리는 소련·중국을 비롯한 사회주의 국가들과의 관계 개선을 추구한다"라고 밝혔다. 노태우 대통령은 7·7선언을 발표할 때 "이 연설을 준비하면서 남북한 동족뿐 아니라, 미국·소련·중국·일본의 지도층을 청중이라고 생각했다"고 밝혔다.[14]

7·7선언은 박철언의 평가처럼 "민족통합 문제와 북방정책 문제를 처음으로 직접 연계시킨 제안"이었다.[15] 나아가 동북아 지역질서와 한반도질서의 변화를 동시에 고려한 정책이다. 한반도 내부의 남북 공존과 국제 외교 무대에서의 협력을 동시에 강조했다. 그리고 한반도의 탈냉전질서, 즉 북한이 미국·일본과 관계를 개선하고 남한이 소련·중국과 관계를 개선할 것을 제안했다. 한반도 주변 4강의 교차수교는 한국전쟁의 전후질

서를 청산하는 동시에, 한반도가 실질적으로 탈냉전에 진입하는 입구였다. 당연히 북한에 대한 인식의 전환도 이루어졌다. 노태우 정부는 북한을 경쟁과 적대의 대상이 아니라 민족공동체의 일원으로 규정했다.

어떻게 이런 '새로운 사고'가 가능했을까? 외교정책은 정부·의회·여론이라는 복잡한 상호 과정을 거쳐 구체화된다. 이때 대통령 개인의 인식과 목표의식이 매우 중요하다. 현대 외교는 정상회담을 중심으로 전개되므로, 외교의 중심이 바로 대통령이기 때문이다. 그런 점에서 노태우 대통령 개인의 사고에서 북방정책이 어떤 과정을 거쳐 형성되었는지를 살펴보는 것은 흥미롭다.

노태우 대통령은 회고록에서 10·26사태 이후 보안사령관에 취임한 것이 남북한 문제를 깊이 생각하는 계기였다고 밝혔다. 그는 북방정책을 이때부터 구상했으며, 핵심은 남북관계 개선을 위해서는 국제적인 여건을 조성하는 것이 필요하고, 이를 위해 "유엔에서 표를 압도적으로 많이 확보해야 한다"고 생각했다.[16] 외교에서 '힘의 우위'를 중시한 것이다. 이후 그는 1981년 서울 올림픽 유치 위원장에 임명되면서 북방정책의 필요성을 재인식하게 되었다. 1980년 모스끄바 올림픽은 서방 국가들이 참여하지 않았고, 1984년 LA 올림픽은 사회주의 국가들이 참여하지 않았다. 이렇게 1980년대 초반 신냉전 상황에서 두번의 올림픽은 반쪽으로 치러졌다. 서울 올림픽의 성공적 개최는 바로 사회주의권의 참여에 달려 있었다. 노태우는 1983년부터 1986년까지 약 3년 동안 서울 올림픽 조직위원장을 지내며 사회주의권 국가들의 올림픽 참여를 유도하기 위해 노력했다.

1988년 대통령 취임사에서 노태우는 북방외교의 필요성을 주장하며 "북방에의 이 외교적 통로는 또한 통일로 가는 길을 열어줄 것입니다"라고 밝혔다.[17] 1990년 7월 20일 노태우는 "오는 8월 15일을 민족대교류 기간으로 선포하고 남북한의 전면개방 및 자유왕래를 실현하자"고 제안했다. 또한 그해 8·15 경축사에서는 "남북한 간의 무력 사용 포기 선언과 불가침협정의 체결, 휴전협정을 평화협정으로 바꾸는 문제 등에 관해 남북의 책임있는 당국자가 논의할 때가 되었다"고 밝혔다. 남북관계에 관한 전향적 인식이었고, 한반도 냉전구조 해체에 대한 의지를 드러냈다.

노태우 대통령이 구상한 북방전략은 3단계였다. 1단계는 여건을 조성하는 단계로 소련·중국·동구권과 수교를 추진하는 것이었다. 2단계는 남북관계에 관한 것으로, 이는 남북기본합의서 채택으로 이어졌다. 3단계는 북방정책의 최종 목표로 "우리의 생활·문화권을 연변·연해주 등에까지 확대시켜나간다"는 것이었다.[18]

노태우 정부가 북방정책을 자신있게 추진할 수 있었던 데는 국제정세의 변화도 중요하게 작용했다. 먼저 세계적인 탈냉전이라는 국제환경의 변화가 이루어졌다. 유럽에서는 독일 통일이 이루어졌고, 소련에서는 다당제의 정치개혁과 시장경제로의 전환이 이루어지고 있었다. 중국에서도 개혁·개방 정책이 속도를 내고 있었다. 다시 말해 소련·중국의 내부 변화로 관계 개선이 가능할 수 있는 때가 왔고, 탈냉전에 따라 사회주의 진영 외교가 균열을 보이면서 한국이 움직일 수 있는 공간이 넓어졌다. 노태우 정부는 동북아 질서 변화를 읽을 수 있었고, 손을 뻗쳐 기회를 잡았다.

소련·중국과의 수교

한국이 소련·중국과 수교를 할 수 있었던 가장 중요한 이유는 국제적인 환경변화였다. 그 역사적 변화의 발원지는 바로 고르바초프 Mikhail S. Gorbachyov의 등장이었다. 소련의 고르바초프는 국내적으로 개혁과 개방을 추진하면서, 그에 어울리는 대외환경을 필요로 했다. 미국·유럽과 적극적으로 외교하며 냉전에서 탈냉전으로 전환을 시작했고, 과거의 전통적인 사회주의 진영외교를 중단했다. 고르바초프는 1986년 7월 블라지보스또끄를 방문해 아시아에서 군축을 포함한 새로운 비전을 제시했다. 1988년 9월 16일 시베리아의 핵심도시 끄라스노야르스끄에서 행한 연설에서는 아시아·태평양 지역에서 핵의 동결, 태평양 해군력 및 공군력의 감축과 소련·중국·일본·남북한 당사자들의 군사 대결 완화, 그리고 아시아·태평양 지역에서의 다자간 안보협의기구의 구성을 제안했다.

미국의 레이건 대통령은 고르바초프와 1985년 제네바, 1986년 레이캬비크, 1987년 워싱턴에서 정상회담을 갖고 세계적인 탈냉전과 핵무기 감축 시대의 문을 열었다. 그러나 레이건 정부는 아시아의 급격한 안보질서 변화를 원하지 않았기 때문에 아시아에서 미국과 소련의 협력은 한계가 있었다. 다만 고르바초프의 제안은 소련과 중국의 오랜 갈등을 극복하고 장기간 교착상태에 빠져 있던 중소 국경협상을 재개하는 계기를 제공했다. 그리고 노태우 정부가 소련과의 관계 개선에 나서는 환경을 만들었다.[19]

소련과 중국이 한국과의 관계 개선을 고려한 핵심적 동기는 경제적 실익이었다. 소련은 경제위기를 겪고 있었고, 중국은 개혁·개방을 추진하는 상황에서 대외경제 관계의 확대가 필요했다. 양국은 경제협력 대상으로 한국의 가치를 재평가했다. 노태우 정부 역시 경제력을 외교 역량의 중요한 수단으로 활용했다. 북방외교의 첫번째 성과물인 헝가리와의 수교[20]에서도 한국이 제공할 경제협력 차관이 중요한 수단으로 작용했다. 1988년 8월 12일 박철언과 헝가리의 바르타Bartha Ferenc 특사 간에 합의·서명된 '비망록'Agreed Minutes에서 한국은 4년간 유상 차관 총 6억 5000만 달러의 경제협력을 하기로 했다.[21] 소련이 한국과의 관계를 긍정적으로 검토한 1988년 11월 10일의 소련공산당 정치국 회의에서 블라지미르 까멘체프Vladimir M. Kamentsev 부총리는 "한국은 극동지역에서 가장 유망한 경제 파트너"라고 평가했고, "한국과의 관계 정상화를 서두르지 않으면 시기를 놓칠 수도 있다"고 결론을 내렸다. 고르바초프는 이런 의견을 전폭적으로 수용했다.[22]

한소 수교는 1990년 6월 4일 샌프란시스코에서 열린 최초의 한소 정상회담이 전환점이었다. 이 회담의 성사 과정을 살펴보면, 박철언 팀의 비공개 활동과 고르바초프 측의 적극성이 눈에 띈다. 고르바초프는 북한과의 전통적인 외교관계보다는 국내 경제위기 상황에서 한국의 경제지원을 더 중요하게 생각했다. 이 과정에서 박철언과 노보스찌통신RIA Novosti 토오꾜오 지국장인 두나예프Vladislav Dunayev 채널이 중요한 역할을 했다.

이런 비공개 접촉을 통해 5월 하순 고르바초프의 외교수석보좌관인 도브리닌Anatoly F. Dobrynin[23]이 비밀리에 서울을 방문하여 샌프란시스코에서 정상회담을 갖자는 의사를 전달해 왔다. 도브리닌은 케네디 정부부터 레이건 정부까지 25년 동안 주미 소련대사로 재직한 전설적인 외교관 출신이다. 도브리닌은 한소 정상회담을 소련 외무부와 의논하지 않았다. 세바르드나제Eduard A. Shevardnadze 외무장관이 북한과의 관계를 고려해 한국과의 수교에 소극적이었기 때문이다.

도브리닌은 한국과 정상회담을 추진하면서 "어떤 루트를 통해서든 확인하려고 해서는 안 된다"는 단서를 달았다. 당시 노태우 정부 내부에서는 "소련 인사의 말 한마디에 놀아나는 희대의 사기극에 휘말리는 것은 아닌가" 우려하는 사람도 있었다고 한다.[24] 마침내 한국과 소련의 양국 외무장관이 1990년 9월 30일 뉴욕의 유엔 안전보장이사회 의장실에서 수교를 발표했다. 당시 소련의 입장에서 한국과의 수교는 북방 4개 섬 문제로 경제적 지원에 냉담한 일본에 자극을 주려 한 측면도 작용했다.

개혁·개방을 추진하던 중국 역시 경제적 이익을 한국과의 관계 개선에서 중요하게 생각했다. 중국은 1988년 서울 올림픽을 계기로 한국과의 수교를 검토하기 시작했다. 이미 1985년 4월 덩 샤오핑鄧小平은 한중관계 발전이 필요하다고 지적했는데, 그 이유로 "첫째, 장사를 할 수 있다. 이는 경제에 좋은 것이다. 둘째, 한국과 대만의 관계를 단절시킬 수 있다"라고 말했다고 한다.[25] 이후 1990년 10월 중국 국제상회國際商會는 대한무역진흥공사와 상호 연락사무소를 설립하기로 합의하고, 1991년 초 베이징과 서울에 무역연락사무소를 세웠다.

한중 수교 과정에서도 비밀외교가 중요한 역할을 했다. 무역사무소 설치 이후 박철언은 첸 지천錢其琛 외교부장과 비밀회동을 가졌으며, 노태우 대통령의 지시로 김종휘·이상옥 외무장관 등이 중심이 되어 비밀리에 대표단을 구성해서 중국과 예비회담 및 실무회담을 진행해 1992년 8월 수교를 맺었다. 한소 수교와 한중 수교에 대해 언론의 평가는 대체로 호의적이었다.[26] 소련 및 중국과의 관계 개선은 한국의 외교적 위상을 강화했다.

국제외교 무대에서 북한은 상대적으로 위축되었고 남한은 공세적으로 전환했다. 특히 유엔 가입 문제는 달라진 남북한의 외교 역량 격차를 상징적으로 보여주었다. 그동안 유엔 가입 문제와 관련해 북한은 남북한이 단일 의석으로 유엔에 가입하고 대표권을 교대로 가질 것을 주장했다. 이에 남한은 남북한 동시가입을 지향하지만, 북한이 끝까지 반대한다면 단독으로라도 유엔에 가입하겠다는 입장을 밝혔다. 유리한 국제정세를 공세적으로 활용하겠다는 생각이었다.

노태우 정부는 1990년 10월 2차 남북 고위급 회담에서 북한이 단일 의

석을 고집할 경우 단독가입을 추진하겠다는 강력한 의사를 전달했다. 또한 1991년 4월 7일 노창희盧昌熹 유엔 주재 대사는 "북한이 우리의 남북한 동시가입 노력에 호응하지 않을 경우, 오는 9월 17일 제46차 유엔 총회 개막전에 단독가입 신청서를 제출할 것"이라는 내용의 각서를 유엔 회원국에 배포하기도 했다.[27] 이러한 노태우 정부의 공세적 입장으로 북한은 남북 동시가입을 받아들일 수밖에 없었다. 남북한은 1991년 9월 18일 열린 46차 유엔 총회에서 각기 별개의 의석을 가진 회원국으로서 유엔에 가입했다.

대북정책과 한미관계: 당사자 주도 원칙

미국은 북방정책을 어떻게 생각했을까? 노태우 정부는 7·7선언을 발표할 때 미국과 협의하지 않았다. 노태우 대통령은 선언 이틀 전인 7월 5일 신동원申東元 외무차관에게 미국대사관에 가서 릴리James R. Lilley 대사를 만나도록 했다. 7·7선언의 사본을 전달한 뒤, 미국 측이 소련과 중국에 알려줄 것을 부탁했다.[28] 미국은 이 제안에 매우 긍정적인 입장이었다. 미국 국무부는 내부 문서에서 "한국정부의 기존 대북정책에서 획기적이고 역사적인 선회"라고 표현했다.[29]

한국 주도 원칙의 선언

미국이 노태우 정부의 대북정책을 환영한 이유는 자신들이 추진했던 동아시아 전략 변화에 어울렸기 때문이다. 베를린 장벽이 무너지고 냉전이 해체되는 상황을 반영해 미국은 새로운 동아시아 전략을 마련하고 있었다. '동아시아 전략구상'EASI, East Asia Strategic Initiative I이라 불리는 이 보고서는 1990년 4월 미국 행정부가 의회에 제출한 것이다. 이 보고서는 "소련의 변화로 동아시아에서 미군의 전진배치 전략은 과거와 같은 실효성을 잃었기 때문에 전진배치 방위전략을 재평가해야 한다"라고 지적했다. 동시에 "미국이 한국의 방어에 주도적leading 역할에서 보조적supportive 역할을 담당할 것"이라 천명하고, 주한미군의 단계적 감축계획을 발표했다.[30]

　미국은 탈냉전 국면에서 자국의 안보이익을 지키면서도 경제적 부담을 줄이고자 했으며, 소련과 중국의 유연한 체제 이행 지원에 외교정책의 우선순위를 두었다. 또한 1990년 8월 2일 이라크의 쿠웨이트 침공으로 부시George H. W. Bush 행정부가 걸프전에 몰두함에 따라 외교정책에서 한반도 정책의 우선순위는 낮아졌다. 노태우 정부는 세계적인 탈냉전과 미국의 전략 변화가 가져온 공간에서 외교적 자율성을 행사할 수 있었다.

　노태우 정부는 '남북한 문제는 남북한이 해결한다'는 당사자 해결 원칙을 강조했다. 그리하여 베이커James A. Baker 미 국무장관이 6자회담을 제안했을 때, '한반도 문제는 우리 주도로 풀어나가겠다'는 논리로 이를 거부했다. 한반도비핵화공동선언(한반도의 비핵화에 관한 공동선언) 역시 한국의 주도적 역할을 상징적으로 보여준 사례다. 1991년 12월 18일 노태우 대통령은 "이 시각 우리나라의 어디에도 단 하나의 핵무기가 존재하지 않는다"라는 핵 부재 선언을 했다.[31] 이어 부시 대통령이 "노태우 대통령의 핵 부재 선언에 대해 부인하지 않겠다"라고 밝혀 한반도에서 미군의 전술핵무기가 전면 철수되었음을 시사했다. 어니스트존Honest John 미사일과 280밀리미터 대포탄두에 장착된 미국의 전술핵무기는 1957년 12월

1991년 11월 8일 '한반도 비핵화 선언'을 발표하는 노태우 대통령(위)과
1992년 5월 7일 남북기본합의서를 교환하는 남북 총리(아래)

노태우 정부는 남북관계에서 중요한 두가지 합의를 했다. 하나는 한반도비핵화공동선언이다. 핵무기의 시험·제조·생산·접수·보유·저장·배비(配備)·사용을 금지했으며 원자력을 평화적으로 이용하는 한편, 핵재처리 시설과 우라늄 농축 시설을 보유하지 않기로 했다. 또한 핵통제공동위원회를 운영하여 비핵화를 검증하기로 했다. 한반도비핵화공동선언은 북한의 핵개발로 무력화되었지만, 여전히 핵문제 해결의 중요한 출구다.

다른 하나는 '남북 사이의 화해와 불가침 교류·협력에 관한 합의서', 즉 남북기본합의서다. 그 서문에서는 남북관계의 기본성격을 '쌍방의 관계가 나라와 나라 사이의 관계가 아니라 통일을 지향하는 과정에서 잠정적으로 형성되는 특수 관계'라는 점을 규정했다. 남북한은 기본합의서와 함께 화해, 불가침, 교류·협력의 분야별 부속합의서를 채택해 상세한 이행과제에 합의했다.

아이젠하워 대통령이 승인하면서 한국에 배치되었다. 1972년경 763개로 가장 많이 배치되었다가 카터 행정부에서 250개로 감축되었으며, 1989년 부시 행정부가 등장할 즈음에는 100여개로 더 감소했다. 이 핵무기들은 군산 공군기지에 보관되어 있었다.

당시 미국은 소련이 붕괴할 경우 각지에 산재한 핵무기들을 어떻게 안전하게 처리할지를 고민하고 있었다. 동시에 선제적인 핵무기 감축계획을 통해 소련의 상응조치를 유도하고자 했다. 1991년 9월 27일 전세계에 배치되어 있는 미군의 지상·해상 발사 전술핵무기를 모두 철수하겠다고 발표했고, 이런 조치에 대해 고르바초프 대통령도 10월 5일 모든 단거리 전술핵탄두를 폐기하겠다고 화답함으로써 미국의 목적을 달성할 수 있었다.[32] 노태우 대통령은 미국의 전술핵무기 철수 방침에 대한 정보 보고를 듣고, "그러면 됐다, 미군의 핵무기 철수 방침을 정책적으로 활용하자"라고 지시했다. 노태우 정부의 핵 부재 선언은 바로 미국의 전술핵무기 철수 방침을 파악해서 '한국 주도'를 선제적으로 보여준 사례다.[33]

한반도비핵화공동선언 역시 미국의 전략적 이해와 요구가 있었지만 형식은 한국 주도였다. 노태우 정부는 당시 '북핵문제도 남북문제이므로 한국이 주도해야 한다'는 입장이었다. 핵문제를 해결하기 위한 주체로 '핵 통제 공동위원회'를 명시한 것은 남북 당사자 중심의 핵문제 해결을 지향했기 때문이다. 당시 한미 정상회담에서 확인된 원칙도 '북한과의 모든 협상은 한국의 주도 아래 한미 간 협의를 거쳐서 한다'는 것이었다. 한미 양국은 대북정책과 관련해 상대의 입장을 존중했다. 북미 접촉 과정에서 미국은 한국과 긴밀하게 협의했으며, 한국 역시 남북관계의 상황에 대해 미국과 협의했다.

미국의 개입과 한국의 주도권 상실

대북정책을 둘러싼 한미관계에서 한국이 주도권을 행사할 수 있었던 것은 남북관계가 돌아가고 있었기 때문이다. 미국은 남한이 북한과 대화 채널을 열어놓고 현안을 논의할 때 남한의 역할을 인정한다. 남한이 북한을 설득할 능력이 있으면 당연히 정보를 공유하고 대북정책을 협의할 필요가 있기 때문이다. 그러나 남북관계가 악화되어 남한이 더이상 북한을 설득할 능력이 사라지면, 미국은 더이상 남한의 주도권을 인정하지 않는다.

한국의 외교적 자율성은 최소한 미국의 전략적 이해에서 벗어나지 않는 수준에서 가능했다. 미국은 자신들의 전략적 이해와 충돌하는 부분에서 양보하지 않았다. 한반도비핵화공동선언 과정에서 한국이 핵 재처리 시설까지도 포기한 것은 미국의 압력이 작용한 결과였다. 원자력의 평화적 이용에서 경제적 의미를 갖는 재처리 시설을 포기한 것은 북한의 재처리 시설을 포기하게 하려는 미국의 강력한 요구를 한국이 받아들인 것이다. 당시 외무장관이었던 이상옥李相玉의 증언에 따르면, 1991년 5월경 월 포위츠Paul D. Wolfowitz 미국 국방차관이 서울을 방문했을 때 이미 "남북한이 함께 핵 재처리 시설을 포기하는 방안을 남북대화에서 협의할 것을 제안했다"고 한다.[34]

한반도비핵화공동선언에 대해 북한의 핵개발을 막기 위한 불가피한 선택으로 평가하는 입장도 있지만, 동시에 한미관계의 불평등성의 증거로 보는 시각도 있다. 미일 원자력협정에서는 일본의 사용후 연료의 재처리를 허용했던 반면 한국에는 허용하지 않은 것은 차별적 조치이며, 원자력산업 발전에 필요한 '핵 연료주기 완성'이 원천적으로 봉쇄되었다는 점에서 미국의 압력에 굴복한 것이라는 비판을 받고 있다.[35]

또한 핵문제 초기 국면에서 미국은 한국의 주도권을 허용했지만, 핵문제가 심각해지는 국면에서는 적극적 개입정책으로 전환했다. 1993년 2월 북한의 핵확산금지조약 탈퇴는 미국이 그동안 한반도 정책에 대한 우호적 방치 입장을 전환하는 결정적 계기였다. 북핵문제가 악화되고, 미국의 개입이 강화되자 한국 외교의 자율적 공간도 줄어들었다.[36]

이러한 미국의 개입 수준은 이미 노태우 정부 후반기부터 강화되고 있었다. 북핵문제의 경우, 미국이 개입을 강화하면 한국의 '당사자 해결 원칙'은 그만큼 실효성이 떨어졌다. 노태우 정부 후반기는 미국과 국제원자력기구IAEA의 사찰 요구를 수세적으로 따라갈 수밖에 없었다. 북핵문제가 제기됨에 따라 노태우 정부의 한반도 냉전구조 해체에 대한 주도적 의지도 약화되었다. 북핵문제는 한반도 냉전구조의 산물이며, 그래서 한반도 냉전구조 해체에 대한 전략과 비전이 있어야 해결할 수 있다. 그러나 당시 노태우 정부는 포괄적인 북핵문제 해결을 제시하지 못함으로써 북핵문제 해결 과정에서 '한국 주도권'을 잃었다.

남북기본합의서의
의미와 좌절

노태우 정부의 대북정책은 유리한 환경에서 출발했다. 세계적인 탈냉전이라는 국제환경 변화에 도움을 받았고, 남북대화의 채널을 전두환 정부로부터 물려받았다. 1984년 북한으로부터 수해물자를 지원받으면서 이산가족 상봉과 경제회담이 이뤄지고 자연스럽게 비공개접촉으로 이어졌다. 1985년 5월부터 시작된 박철언-한시해 라인은 이후 1991년 11월까

지 42차례나 만났으며, 만난 장소도 평양·서울·판문점·백두산·제주도·싱가포르 등 매우 다양했다.[37]

노태우 정부 시기 북방정책과 대북정책에서 박철언은 중요한 역할을 했다. 박철언은 노태우 정부 출범 이후 북방정책을 총괄하는 정책보좌관에 임명되었다. 정책보좌관실 산하에 정책기획 비서관, 정책조사연구 담당 비서관, 남북문제 담당 비서관을 두어 북방정책과 대북정책을 총괄하도록 했다. 당시 청와대에서 공개적인 외교안보 상황은 김종휘(金宗輝) 외교안보수석이 맡았고, 특사를 보내거나 비밀접촉을 해야 하는 비공식적인 일은 박철언이 담당했다. 7·7선언을 준비한 것도 박철언 팀이었다. 전두환 정부 시기부터 시작된 고위급 비밀접촉은 노태우 정부에 들어서 마침내 공식 대화채널의 가동으로 나타났다. 그리고 그 결실은 남북기본합의서의 채택이었다.

남북기본합의서, 공존과 평화의 약속

남북한은 1991년 12월 13일 서울에서 열린 5차 남북 고위급 회담에서 남북기본합의서(남북 사이의 화해와 불가침 및 교류·협력에 관한 합의서)를 채택했다. 남북 고위급 회담은 총리급을 대표로 하는 두 정부 간의 공식 회담이자, 사안별 회담이 아닌 '포괄적 협상'이라는 특징이 있었다.[38] 이전 시기의 회담이 한반도의 냉전 상황으로 '회담을 위한 회담'의 특성을 갖고 있었다면, 이 시기의 회담은 국제적 냉전 종식과 북한의 생존전략 추구라는 협상 환경의 변화를 반영했다. 남북대화는 남북한의 공동이익을 추구하는 호혜적 동기가 중요한 배경으로 작용했다.

남북기본합의서는 남북관계 전반을 포함하고 있다. 전문 4장 25개조로 구성되어 있으며, 1장은 남북 화해(1~8조), 2장은 남북 불가침(9~14조), 3장은 남북 교류·협력(15~23조), 그리고 4장은 수정 및 발효(24~25조)로 되어 있다. 남북기본합의서는 서문에서 남북관계의 기본성격을 '통일을 지향하는 과정에서 잠정적으로 형성되는 특수 관계'로 규정했다. 남한과 북한은 각기 유엔 회원국으로 국가의 형태지만, 남북관계는 국가 간 관계가 아니라 통일을 지향하는 민족 내부 관계이다.[39] 남북 경제협력의 경우 '민족 내부 거래'로 무관세 원칙을 적용하고, 수출과 수입이라는 용어대신 반출과 반입이라는 용어를 사용하는 이유도 마찬가지다.

남북 경제협력에 관한 자세한 합의는 1992년 9월 17일 발효된 '남북 교류·협력의 이행과 준수를 위한 부속합의서'에 더욱 구체화되었다. 총 20개조로 구성된 부속합의서는 경제 교류·협력, 사회문화 교류·협력, 인도적 문제로 구분되어 있고, 경제 교류·협력에서는 대금 결제, 관세, 청산 결제, 철도·도로 연결, 해로 및 항로의 개설, 우편과 전기통신, 국제적 협력 등 대부분의 내용이 구체적으로 포함되어 있다.[40]

남북기본합의서는 한반도 평화에 관한 내용을 상세히 담고 있다. 서문에서 '평화통일을 성취하기 위한 공동노력을 경주할 것'을 규정하고, 남북 당사자가 주도적으로 평화체제를 만들기로 합의했다. 남북기본합의서 5조에서 "남북한은 현 정전상태를 남북한 사이의 공고한 평화상태로 전환하기 위하여 공동으로 노력하며 이러한 평화상태를 이룩할 때까지 현 군사정전협정을 준수한다"라고 합의했다. 평화체제의 당사자 문제를 남북이 처음 합의한 조항으로서 의미가 있다. 이를 계기로 군사적 신뢰구축을 포함해 전반적인 한반도 평화체제의 형성 과정에서 남북 당사자 구조가 정착되었다.

한반도 평화체제와 관련해서는 기본합의서 전문, 1장 5조를 비롯하여 2장 9~14조에서 상세하게 규정하고 있다. 9조는 "쌍방이 무력 사용을 하지 않고 침략하지 않기로 약속"하는 상호 불가침에 관한 합의이고, 10조는 "의견 대립과 분쟁 문제들을 대화와 협상을 통하여 평화적으로 해결한다"는 '분쟁의 평화적 해결 원칙'이다. 기본합의서 11조는 "남과 북의 불가침 경계선과 구역은 군사정전협정에 규정된 군사분계선과 지금까지 쌍방이 관할하여온 구역으로 한다"라고 합의했다. '쌍방이 관할하여온 구역'이라는 표현을 이후 남한은 북한이 북방한계선을 인정한 근거로 주장했다.

휴전체제를 관리해왔던 군사정전위원회를 대신할 평화관리기구인 '남북군사공동위원회'를 처음 약속한 점도 중요하다. 기본합의서 12조는 남북군사공동위원회에서 해야 할 일을 적고 있다. "남북군사공동위원회에서는 대규모 부대 이동과 군사연습의 통보 및 통제 문제, 비무장지대의 평화적 이용 문제, 군 인사교류 및 정보교환 문제, 대량살상 무기와 공격능력의 제거를 비롯한 단계적 군축 실현 문제, 검증 문제 등 군사적 신뢰조성과 군축을 실현하기 위한 문제를 협의 추진한다"라는 내용이다. 군사적 신뢰구축에 포함될 대부분의 과제를 담고 있음을 주목할 필요가 있다.

기본합의서 13조는 우발적 충돌 방지를 위한 직통전화 설치를 합의했다. 군사 당국자 간 직통전화 설치는 1982년 2월 1일 당시 손재식孫在植 국토통일원 장관이 북한에 제안한 20개항의 시범사업 중 하나였다. 당시 전두환 정부는 서울-평양 도로 연결, 이산가족 상봉, 설악산·금강산 자유관광 개방, 공동어로구역 설치, 비무장지대 생태 공동연구 및 군사시설 철거 등을 북한에 제안했다.[41] 이후 1988년 11월 북한이 '포괄적 평화 방안'을 통해 '직통전화 설치'를 제안했고, 1990년 9월 서울에서 열린 1차 남북 고위급 회담에서 남한이 '군사적 대결상태 완화 방안'의 하나로 이

방안을 다시 제안했다.

북한의 불편한 속내, '이것은 당신네 협정이야'

남북기본합의서는 왜 이행되지 못했을까? 김영삼 정부의 대북 강경정책과 그 결과인 '공백의 5년' 때문에 남북기본합의서가 사문화되긴 했지만, 자세히 보면 이미 노태우 정부 후반기에 남북관계의 동력이 약화되었음을 알 수 있다. '새로운 사고'로 출발한 노태우 정부의 북방정책은 어떻게 좌절되었을까?

북한의 입장에서 남북기본합의서는 어려웠던 시기의 아픈 기억으로 남아 있다. 1991년 12월 남북기본합의서 조인식을 마치고 평양에서 개성까지 오는 승용차 안에서 북한의 김영철金永哲 소장이 한국의 박용옥朴庸玉 소장에게 했던 말은 매우 시사적이다. 당시 그는 "이것은 당신네 협정이지, 우리 협정이 아니다"라고 불평했다.[42] 남측은 유리한 국제정세를 배경으로 공세적으로 접근했고, 북한은 수세적 위치에서 대응했다.

북한의 수세적 입장은 대화 국면이 가다 서다를 반복하는 데 중요한 변수였다. 남북 고위급 회담의 구체적인 추진 과정을 살펴보면 우여곡절이 적지 않았다. 1989년 4월 12일로 예정되었던 3차 예비회담은 문익환文益煥 목사에 대한 사법처리를 이유로 북한이 거부했다. 1990년 1월 31일 6차 예비회담에서 북한은 콘크리트 장벽 철거, 팀스피릿 훈련 중지 등을 들고 나와 회담이 공전되었다. 이후 북한이 두가지 요구를 회담의 전제조건으로 내걸어 5개월 이상 예비회담이 열리지 못했다.

본회담이 추진되는 과정에서도 대화는 가다 서다를 되풀이했다. 1990년 12월의 3차 회담 이후 4차 고위급 회담이 열릴 때까지 약 10개월의 교착 기간이 있었다. 원래 4차 회담은 1991년 2월 25일부터 열릴 예정이었으나 북한이 걸프전과 팀스피릿 훈련을 이유로 거부했다. 4차 회담을 논의하기 위한 실무접촉이 예정되었던 8월 20일에 북한은 남한에서 발생한 콜레라를 이유로 회담을 거부하기도 했다.[43]

그러나 북한은 남북기본합의서 국면을 전면적으로 부정할 수 없었다. 사회주의권의 체제 전환이라는 격변이 진행 중이었고, 소련·중국과의 동맹관계도 흔들렸다. 북한이 한반도 정세를 안정적으로 관리하기 위해서는 남북대화를 유지할 수밖에 없었다. 임기 말에 놓인 노태우 정부와 협상을 타결하는 것이 유리하다고 판단했고, 팀스피릿 훈련을 막아야 했으며, 불안한 국내정세를 대외관계 개선으로 안정시킬 필요도 있었다.

그 과정에서 북한은 남북기본합의서의 구체적인 항목에서 양보할 수밖에 없었다. 북한이 양보한 조항에는 여러가지가 있지만, 가장 대표적인 것은 해상경계선에 대한 것이다. 1953년 7월 27일 휴전협정을 맺을 때 남북한은 해상경계선을 합의하지 못했다. 당시 공산군 측 해군이 궤멸된 상태로 서해의 섬 대부분을 유엔군이 통제하고 있었다. 유엔군 측은 북한 해역의 섬은 양보했지만, 백령도와 연평도를 비롯한 서해 5도의 전략적 가치를 포기하지 않았다. 동해의 경우 섬이 없기 때문에 육상경계선을 연장해 해상경계선으로 삼으면 되지만, 서해는 그럴 수 없었다. 서해 해상경계선은 휴전협정에서 합의하지 못했던 '미완의 과제'였고 휴전 이후 서해는 분쟁의 바다가 되었다. 그동안 남한은 북방한계선NLL을 해상경계선으로 주장했지만 북한은 이를 인정하지 않았다.

남북기본합의서의 '남북 불가침의 이행과 준수를 위한 부속합의서' 10조는 "남과 북의 해상불가침 경계선은 앞으로 계속 협의한다. 해상불가침 구역은 해상불가침 경계선이 확정될 때까지 쌍방이 지금까지 관할하여온 구역으로 한다"라고 합의했다. 남측이 관할구역으로 주장해온

NLL을 북한이 인정한 것이다. 당시˙이 조항의 협상 과정에 직접 참여한 관계자에 따르면, 북한이 해상경계선 문제를 뜻밖에 양보해서 우리 측은 깜짝 놀랐다고 한다.[44] 1999년과 2002년 서해에서 군사적 충돌이 벌어졌을 때 남측은 북측의 NLL 침범을 남북기본합의서 위반으로 규정하고 사과를 요구했다. 북한이 중요한 쟁점에서 스스로 불리한 근거를 제공한 것이다.

그런 점에서 남북기본합의서는 북한이 가장 어려웠을 때 가장 수세적인 입장에서 합의한 문서였기에 '아픈 기억'으로 남았다. 2000년 6·15남북공동선언을 북한이 "7·4북남공동선언에서 밝힌 조국통일 3대 원칙을 계승하고 심화·발전시킨 것"이라고 평가하며 남북 합의문서 중 남북기본합의서 채택을 건너뛴 이유도 여기에 있다.[45]

노태우 정부 내부의 혼선

노태우 정부의 임기 후반기 리더십 약화와 정책조정 능력의 변화도 남북관계 교착의 원인이었다. 이미 북방정책 추진 초기 단계에서 정부 내 입장 차이가 존재했다. 1989년 1월 4일, 대통령 주재로 수석비서관 및 보좌관 회의가 열렸는데, 이 자리에서 노재봉盧在鳳 정치특보가 "북방외교의 속도 조절이 필요합니다. 미국, 일본, 타이완과의 관계를 먼저 다져나가야 합니다"라고 주장했다. 이에 박철언은 '현실과 동떨어진 이야기'라며, '친미 일변도의 시각과 극우 보수주의를 대변하는 듯한 문제제기'라고 훗날 자신의 회고록에서 평가했다.[46]

초기 국면의 일상적 풍경인 정부 내부의 의견 차이는 노태우 대통령의 의지와 리더십으로 극복할 수 있었다. 일반적으로 적대국가와의 관계 개선 초기에는 수많은 장애가 조성되고 그때마다 결단의 순간이 온다. 관계를 개선해야 한다는 인식이 부족하고 합의가 어려운 상황에서, 과거의 낡은 인식과 새로운 사고가 공존하는 과도기의 현실에서 가장 중요한 것은 대통령의 의지와 결단이다.

노태우 정부에 들어서도 정상회담 추진을 위한 밀사 접촉은 계속되었다.[47] 1990년 10월 1일 서동권徐東權 안기부장이 북한을 방문했다. 서동권 부장은 김일성 주석과 김정일金正日 총비서를 동시에 만난 유일한 특사였다. 서동권 부장은 김일성 주석이 의제별로 김정일에게 의견을 묻는 장면이 매우 인상적이었다고 평가했다. 북한은 당시 후계체제가 이미 실질적으로 가동하는 김일성·김정일 공동정부 단계였다. 김일성 주석이 김정일 비서에게 의견을 물으면, 그때마다 김정일은 배석한 실무자들과 귓속말로 의견을 나눈 뒤 자신의 입장을 밝혔다고 한다.[48]

김일성 주석은 이 자리에서 정상회담을 위한 조건으로 "통일방안에 대한 접근이 있어야 한다"는 점을 강조했다. 그러나 10월 1일은 한국과 소련의 수교가 발표되던 날이고, 북한의 입장에서 정상회담을 추진할 수 있는 환경조건이 아니었다. 서동권 부장의 방북은 그동안 박철언 팀이 중심이 된 '88라인'을 배제하고 이루어졌다. 박철언은 이 점을 불쾌하게 생각했다. 당시 남북대화는 물밑에서 물위로 전환하고 있었다. 1989년부터 시작된 남북 고위급 회담을 위한 실무접촉의 성과를 바탕으로, 1990년 9월 마침내 1차 총리회담이 시작되었다. 공개회담이 본격화되면 밀사의 역할은 줄어들 수밖에 없다. 이후 1992년 봄 북한의 윤기복이 김일성의 친서를 들고 서울을 방문해 삼청동 안가에서 노태우 대통령을 만나기도 했다.

그러나 1991년 12월 남북기본합의서를 채택하기도 했던 당시의 남북관계에서 노태우 정부 내의 강경파와 온건파의 갈등은 대북정책 추진 과정에 혼선을 일으켰다. 남북관계를 제도화할 때 초보적인 수준에서도 일

관성 없이 서로 충돌했다. 1988년 7·7선언을 했음에도 불구하고, 정부는 당시 학생들의 남북 학생회담 요구를 수용하지 않았고, 정주영鄭周永 회장의 방북을 허용하면서 문익환·황석영·서경원·임수경을 밀입북 혐의로 구속했다. 대통령은 민간교류의 시대를 열자고 선언했지만, 관련법은 민간교류 자체를 법적으로 처벌했다. 남북 교류에 관한 법적·제도적 기준은 모호했고 집행의 일관성이 지켜지지 않았다.

1992년 상황을 보면, 정부 내부의 보수화 경향은 북핵문제가 현안으로 제기되면서 확대되었다. 국제원자력기구와 북한 사이에 핵안전협정 비준 문제를 둘러싸고 갈등이 표면화되었다. 노태우 정부는 북한의 핵 사찰 수용과 남북 경제협력을 연계시키는 방침을 정하고, 2월 대우그룹의 남포 개발조사단의 방북을 불허했다. 3월 3일 판문점에서 남북 핵 관련 대표 접촉을 가졌지만, 북한은 상호 사찰의 시한 명시와 특별사찰을 거부했다. 이에 따라 노태우 정부는 상품 교역 등 민간기업의 대북접촉을 전면 금지했다. 5월 들어서는 '간첩 오길남吳吉男의 자수사건'49이 발생하고, 휴전선 인근에서 무장간첩 침투사건이 일어나면서 긴장이 조성되기도 했다.

레임덕과 훈령조작사건

신뢰가 부족한 남북관계 상황에서 가다 서다를 반복하는 현상은 불가피하다. 중요한 것은 교착이 발생했을 때 이를 극복하려는 확고한 미래지향적 의지, 철학과 방법론, 그리고 정책조정 능력이다. 교착을 극복할 강력한 의지가 있어야 남북관계의 질적 발전이 가능하다. 그런 점에서 노태우 정부 임기 후반에 빚어진 '훈령조작사건'은 정책조정 체계의 붕괴를 극적으로 드러냈다.

훈령조작사건은 1992년 9월 8차 고위급 회담 과정에서 발생했다. 사건의 실체는 이부영李富榮 의원이 1993년 11월 국회에서 1992년 9월 25일 작성된 임동원林東源 통일원 차관의 경과보고서, 김종휘 외교안보수석의 보고서, 통일부총리의 입장 등 3개 문건을 공개하면서 드러났다.[50] 이후 감사원이 12월 21일 '8차 남북 고위급 회담 당시의 훈령조작 의혹 감사 결과'를 발표했다.

사건을 재구성해보면 다음과 같다. 8차 고위급 회담 당시 북측은 남측의 임동원 차관에게 '리인모李仁模 송환만 보장해주면 북측이 판문점 면회소 설치와 이산가족 문제 협의를 위한 적십자회담을 즉각 개시하는 데 합의할 수 있다'는 입장을 전달했다. 북한은 한국전쟁 때 체포되어 34년간 복역한 리인모의 송환을 강력하게 요구했다. 노태우 정부가 정리한 리인모 송환의 3대 조건은 고향방문단 정례화, 판문점 면회소 설치, 동진호 선원 송환이었다. 대표단은 비록 동진호 선원의 송환은 어렵지만, 이산가족 문제 해결에 대한 대통령의 지침을 관철할 수 있는 '검토해볼 만한 제안'으로 판단했다. 그래서 서울에 지침을 달라는 청훈을 보냈다.

서울로 청훈을 보낸 사실을 안 당시 이동복李東馥 대변인은 안기부 통신망을 이용해 "이인모 건에 대해 3대 조건이 충족되어야 협의할 수 있다는 지침을 재확인해줄 것"을 요청했다. 아침이 되어도 서울에서 답신이 없자 이동복 대변인은 엉뚱한 훈령을 정원식鄭元植 대표에게 보고했다. 그 훈령은 평양상황실에서 기존 지침을 고수하겠다고 회신할 것에 대비해 만든 예비훈령이었다. 정식 청훈은 오후 3시가 되어서야 노태우 대통령에게 보고되었다. 노태우 대통령은 지침을 내렸다. 그 내용은 "세가지 전제조건이 다 수용되는 것이 바람직하나, 불가피할 경우 고향방문 정례화와 다른 두가지 중 하나가 관철된다면 이 노인의 송환을 허용할 수 있다"

는 것이었다. 오후 4시경 서울에서 이 같은 내용의 훈령이 평양에 타전되었다. 그러나 당시 이동복 대변인은 이를 수석대표인 정원식 총리에게 보고하지 않았다. 이미 가짜 훈령을 서울에서 온 것이라고 조작해서 보고했기 때문이다. 정원식 총리를 비롯해서 누구도 대통령의 훈령이 왔다는 사실을 몰랐다. 회담은 결렬되고 대표단은 빈손으로 돌아왔다.[51]

대통령의 훈령을 조작할 만큼 그 시기 대통령의 권위는 존재하지 않았다. 이미 정부 내 일부 세력은 미래 권력인 김영삼 대통령 후보의 정치적 이익을 위해 남북관계의 파탄을 개의치 않았다. 결국 노태우 정부에서 이산가족 상봉은 성사되지 않았다. 1985년 전두환 정부에서 한국전쟁 이후 최초로 이산가족 고향방문단 교환 사업이 이루어진 점과 대비된다. 훈령 조작사건 이후, 노태우 정부는 남북기본합의서를 채택하긴 했으나 구체적 이행이 없는 정부로 기록되었다.

임기 말 보수화 경향에서 1992년 10월 선거를 앞둔 시점에 '남한 조선노동당 사건'이 터졌고, 바로 다음 날 한미 국방장관이 1993년 팀스피릿 훈련 준비 재개를 발표함으로써 모든 남북관계는 중단되었다. 11월 예정이던 분야별 공동위원회와 12월 예정이던 9차 남북 고위급 회담이 결렬되면서, 남북기본합의서 국면도 막을 내렸다. 결국 한미 양국의 남북 상호 사찰과 국제원자력기구의 특별사찰 요구, 팀스피릿 훈련 재개 등에 반발하여 북한은 1993년 3월 12일 핵확산금지조약을 탈퇴했다.

5

공백의 5년

김영삼 정부의 남북관계

1994년 6월 어느 날, 누군가 라면을 사자 불안의 파도가 일렁이기 시작했다. 6월 14일부터 16일까지 사흘간 전국적으로 팔린 라면은 5400만개였다. 유통기간 6개월 동안 도저히 먹을 수 없는 양이다. 백화점은 재빠르게 '비상용품 판매코너'를 만들고 방독면을 팔았다. 사람들은 현금을 비축하기 위해 신용카드로 물건을 구입하고 아파트 관리비 납부를 미뤘다. 서울 압구정 아파트 단지 부근의 한 은행에서는 평소 3만 달러 정도에 불과하던 환전 규모가 14일에는 5만 달러, 15일에는 12만 달러로 크게 늘어났다.

김영삼 대통령은 회고록에서 "클린턴Bill Clinton 대통령하고 그때 대판 싸웠습니다. 그때 내가 싸우지 않았다면 아마 '남북전쟁'이 일어났을 거예요"라고 썼다. 많은 사람들은 1994년 6월을 '한국도 모르게 미국이 전쟁을 검토했다'거나 '한국이 나서서 전쟁을 막았다'는 것으로 기억한다. 그러나 실상은 다르다. 전쟁위기가 고조된 6월 둘째 주 김영삼 대통령과 클린턴 대통령의 통화기록은 없다. 당시 미국의 북핵 협상 대표였던 로버트 갈루치Robert L. Gallucci를 포함해 클린턴 행정부의 핵심 당사자 세명이 쓴 책에는 세간의 기억이 사실이 아닌 명백한 증거가 나와 있다. "북한에 대한 제재를 시종일관 밀어붙인 것은 김영삼 대통령 자신이고, 한국은 미국의 군사력 증강에 대해서도 모두 알고 있었다."[1]

1994년 6월은 평화라는 단어 자체가 금지되었던 1950년대도 아니고, 무장간첩이 시도 때도 없이 출몰하던 1960년대도 아니며, 그렇다고 해서 전쟁도 아니고 평화도 아닌 어중간한 분위기의 1970~80년대도 아니다. 전임 정부였던 노태우 정부 시기에는 남북의 총리가 오가며 기본합의서를 채택하기도 했다. 그런데 불과 몇년 만에 남북기본합의서는 '잊혀진 합의'가 되었다. 교류는 끊기고 증오만 불타올라 전쟁위기로 내몰릴 만큼 남북관계는 급변했다.

김영삼 정부의 대북정책은 강경에서 온건으로, 다시 강경으로 심하게 흔들렸다. 김영삼 대통령은 한반도 정세를 주도하겠다고 자주 말했으나 그런 적은 없고, 대부분 방관자로 머물렀다. 남북관계는 감정의 파도를 타고 요동치며 자주 악순환의 늪에 빠졌다. 날이 흐렸다가 잠깐 해가 뜨기도 했지만, 대부분 미국의 중재나 개입으로 정세가 바뀌는 바람에 얼마 지나 다시 흐리고 비가 오고 폭풍우가 쳤다. 한국은 주도권을 상실했고 한반도 문제는 '국제화'되었으며, 남북관계는 다시 과거로 돌아갔다.

만들어진 공포,
1994년 6월 전쟁위기

남북관계는 출렁거리고 위기의 순간이 적지 않았지만, 한국 사람들은 웬만해서는 전쟁공포를 느끼지 않는다. 처음에야 놀라지만 자주 겪으면 익숙해지는 것이 세상의 이치다. 시민들의 '불감'은 체험으로 단련된, 지극히 합리적인 것이었다. 남북한의 무장 수준을 고려하면 한반도의 전쟁은 종말을 의미하고, 그렇기 때문에 남과 북이 '공포의 균형'을 쉽게 깨지는 못할 것이라는 지극히 상식적이고 합리적인 판단이다. 1994년 6월의 전쟁위기는 그래서 '만들어진 공포'였다.

불감을 질타하고, 공포를 만들다

1994년 6월 초는 평상시와 다를 바 없었다. 현충일 연휴였던 6월 5일과 6일에는 휴가 인파로 고속도로가 정체되기도 했다. 일주일 사이에 '불감'에서 그야말로 '전쟁의 공포'로 변한 이유가 있다. 저절로 변한 것이 아니라 바로 정부가 개입한 결과였다. 김영삼 대통령이 현충일 연휴에 놀러가는 사람들을 보고 화를 내자, 청와대에서 북핵 보도를 늘려달라며 방송사에 부탁했던 것이다.[2] 6월 8일부터 방송에서는 국제사회의 전쟁분위기를 보도하기 시작했다. KBS 9시 뉴스는 '한반도 전쟁위기인가?'라는 특집뉴스를 편성해 전체 60분 가운데 50분간 북핵 관련 뉴스를 내보냈다. 같은 날 MBC 역시 3분의 1가량을 북핵 보도에 할애했다. 보수언론들은 국민의 안보불감증을 질타했다.

정부도 강경한 말을 쏟아내면서 전쟁위기를 부추겼다. 김영삼 대통령은 6월 6일 "북한이 무모한 모험을 감행한다면 자멸과 파멸의 길로 갈 것"이라며 경고했고, 7일 이홍구_{李洪九} 통일원 장관은 "어떤 댓가를 치르더라도 북한의 전쟁기도를 응징할 것"이라는 결의를 밝혔다. 8일에는 김영삼 정부 취임 이후 처음으로 국가안전보장회의가 소집되었다. 이날 회의의 주제는 가상전쟁에 대한 도상연습이었다. 거리에는 한동안 보이지 않던 '멸공차량'이 등장했다. 차 지붕에 달린 4개의 확성기에서는 '우리 국민의 전쟁불감증'을 개탄하며 '6·25와 월남 패망을 잊지 말자'는 소리가 흘러나왔다. 집권당인 민자당도 국민의 안보불감증을 성토했다.

이렇게 정부와 당의 일전불사戰不辭 의식이 국민들에게 전해지기 시작했다. 6월 11일 서울시 부시장이 주재하는 '유사시 대책회의'가 열렸다. 반상회를 통해 라면 등 비상식량과 화생방전 대비물자 등을 확보하도록 알리기로 했다. 카터 전 대통령이 휴전선을 넘은 15일, 휴전선 남쪽에는 공습경보가 울렸다. 그날은 민방위 훈련의 날이었다. 훈련은 1992년 이후 2년 6개월 만에 전시대비훈련으로 전환되었다. 공습경보가 발령되자 서울역 앞의 대우빌딩이 화학탄 공격을 받았음을 알리는 노란색 연기가 피어올랐고 구출작전 훈련이 실시되었다. 내무부는 '전시국민행동요령' 수정판을 배포했다. 핵전쟁이 일어났을 때와 북한의 화생방 공격이 있었을 때의 행동요령을 적었다. '유사시에는 정부의 배급제 실시에 협조해야 하며 사재기는 안 된다'고 경고했다.

1994년 6월의 전쟁위기는 '만들어진 공포'였다. 정부가 일상의 불감을 질타하면서 동원된 공포는 시민 개인의 체험을 넘어섰다. 특히 언론이 위기를 자극하고, 정부가 공권력을 동원해 이에 올라탔다. 사재기는 '불감'에서 '민감'으로 전환하는 신호였으며 불안감이 아주 빠르게 퍼져나갔다.

전쟁위기와 카터의 방북

김영삼 대통령은 취임사에서 "어느 동맹국도 민족보다 더 나을 수는 없습니다"라고 선언했다. 그리고 진보적 학자 출신인 한완상韓完相을 초대 통일부총리로 임명했다. 첫번째 문민정부에 대한 국민의 기대도 높았다. 그러나 대북정책은 흔들리기 시작했고, 남북관계는 조금씩 나빠져 결국 전쟁위기를 겪었다. 김영삼 정부의 대북정책이 표류하고 좌초하고 침몰한 것은 바로 '북핵문제'라는 암초 때문이었다.

북한이 핵무기를 가지려는 의도는 장기적인 긴장상황에서 자신들의 체제를 지키기 위한 것이지만, 한국과 미국은 그렇게 생각하지 않았다. 북한의 핵개발은 넘지 말아야 할 선red line을 넘는 것이었다. 김영삼 정부가 취임한 지 한달도 안 된 시점인 1993년 3월 북한은 핵확산금지조약 탈퇴를 선언했다. 북한이 핵확산금지조약 회원국으로서 국제원자력기구에 영변의 5메가와트 원자로의 가동 기록을 신고했는데, 이 과정에서 의심할 만한 부실 신고가 발견되어 국제원자력기구는 대북 특별사찰을 결의한 상태였다.

김영삼 정부의 대북정책은 북핵문제라는 암초를 만났고, 한국과 미국은 북핵문제의 해법을 둘러싸고 차이를 드러냈다. 북한은 5월 4일 영변의 원자로에서 연료봉을 추출하기 시작했다. 그대로 두면 북한은 재처리를 시작할 것이고 곧이어 핵무기를 만들 수 있는 플루토늄을 생산할 것이다. 이때부터 워싱턴에서 인내의 우물이 마르기 시작했다. 미국이 군사적 옵션을 만지작거리기 시작한 것도 그즈음이다.

5월 19일 샬리캐슈빌리John Shalikashvili 미 합참의장이 한반도 전쟁 시나리오를 클린턴 대통령에게 보고했다. 90일이면 북한을 제압할 수 있다는 결론이 나왔다. 그러나 문제는 승리의 댓가였다. 한반도에서 전쟁이 일어

2008년 6월 27일 영변 핵시설의 냉각탑 폭파

1989년 영변의 5메가와트 원자로가 드러나자, 북한은 국제원자력기구(IAEA)와 핵안전협정을 체결하고 사찰을 수용했다. 그러나 국제원자력기구와 의견 차이가 벌어지면서 1993년 3월 핵확산금지조약(NPT)을 탈퇴했다. 미국은 영변 핵시설에 대한 군사공격을 검토했으나 결국 외교적 해결을 선택하고, 1994년 10월 제네바 합의를 채택했다. 영변의 원자로를 동결하는 대신 경수로 2기를 제공하는 합의였다.

그러나 2001년 부시 행정부가 들어서면서 2차 핵위기가 시작되었다. 2005년 6자회담에서 북핵문제를 해결하기 위한 9·19공동성명을 채택했지만, 합의 이행을 둘러싼 갈등이 지속되었다. 2007년 2·13합의로 영변 핵시설의 불능화가 이루어지고, 마침내 2008년 6월 냉각탑이 폭파되었다. 그러나 6자회담이 다시 장기 교착에 빠지면서, 북한은 2018년 현재 6번의 핵실험과 미사일 발사를 통해 핵무력의 완성을 선언했다.

나면 미군 3만명, 한국군 45만명의 피해가 예상되고, 100만명의 민간인 사상, 600억 달러의 전쟁경비, 그리고 한국 경제 피해는 1조 달러에 달한다는 보고를 했다. 전쟁이 일어나면 당연히 한미 양국이 승리하겠지만 그 피해는 상상을 초월하는 것이었다.

당시 미국 일부에서는 영변 원자로에 대한 '외과수술식 폭격'surgical strike을 주장했다. 그러나 피해를 입지 않고 상처를 도려낼 방법은 없었다. 한반도는 좁은 면적에 과잉 무장되어 있는 공간이고 어떤 선제공격이라도 대응반격을 배제할 수 없었다. 한반도에서 외과수술식 폭격은 '수술은 성공하지만 환자는 죽는다'는 뜻과 다름없었다.

한반도의 전쟁위기를 막은 것은 카터 전 대통령이었다. 카터의 방북을 공개적으로 주장한 사람은 김대중 당시 아시아태평양평화재단 이사장이었다. 5월 18일 미국의 한미 친선단체인 코리아소사이어티Korea Society 연설에서 김대중 이사장은 북미 양국의 일괄 타결을 제안했고, 이를 위해 카터 전 대통령 등 유력한 인사의 대북특사 파견이 필요하다고 강조했다. 물론 김영삼 정부는 이러한 방안이 '부적절하고 정부의 남북 당사자 해결 원칙에 배치되는 것'이라며 공개적으로 반대했다.

카터의 방북을 실제로 성사시킨 것은 제임스 레이니James T. Laney 주한 미국대사였다. 그는 오랜 친구인 카터에게 '제2의 한국전쟁'을 막는 데 앞장서달라고 부탁했다. 카터의 방북이 결정되었을 때 김영삼 대통령은 클린턴 대통령에게 전화해, '카터의 방북은 실수'라며 비난했다. 아마도 김대중 이사장이 제안했다는 점이 김영삼 대통령의 거부감을 더욱 증폭시켰을 것이다. 김영삼 정부는 협상의 길목을 차단하면서 북핵문제를 위기의 길로 몰아갔다.

카터는 북한을 방문해 김일성 주석과 담판을 지었다. 북한은 카터의 방북을 위기 국면에서 협상 국면으로 전환하는 명분으로 삼았다. 평양에서 카터가 CNN 방송회견을 할 때 백악관에서는 한반도에 대규모 증원전력 방안을 논의하고 있었다. 카터는, "북미 3단계 회담이 재개되면 북한은 국제원자력기구 사찰을 재개하고 핵 동결을 유지할 것이며, 나아가 미국 이 현대식 원자로를 제공하면 흑연감속로를 영구히 동결하겠다"는 김일 성 주석의 제안을 발표하고 있었다.

클린턴 정부는 처음부터 민주당 원로인 전직 대통령의 방북을 내켜하 지 않았다. 회의를 멈추고 CNN의 평양 생중계방송을 보던 백악관 관료 들의 반응은 다양했다. 강경파는 분노했고 온건파는 안도했으며 의심 많 은 사람은 냉소했고 지혜로운 사람은 득실을 계산했다. 그 순간 여러 생 각들이 부딪쳤으나, 결론은 자연스럽게 모아졌다. 클린턴 행정부는 카 터-김일성 회담 결과를 협상 국면으로 돌리는 명분으로 삼기로 했다.

조문 파동: 대북정책의 국내정치화

1994년 6월 전쟁위기까지 가던 남북관계는 카터 방문 이후 급반전되었 다. 카터와 김일성의 합의 사항에는 남북 정상회담이 포함되었다. 남북한 은 정상회담을 위한 실무협상에 돌입했다. 만약 그때 정상회담이 이루어 졌다면 남북관계의 역사는 달라졌을 것이며, 남북 경제협력이 본격적으 로 추진되었을 것이다. 당시 정상회담을 추진한 관계자들에 따르면, 김영 삼 대통령은 특유의 승부사 기질을 발휘할 생각이었다. "돈 좀 쥐어주고, 북한군을 후방 배치시키면 안 되겠나?" 하는 생각이었다. 당시 북한은 경제적 어려움을 겪고 있어 외교관계를 정상화하고자 했다.

김영삼 대통령의 접근은 단순했고 한국 경제는 실제로 여유가 있었다. 마침 클린턴 행정부도 북핵 협상을 서두르고 있었기에 그야말로 남·북·미 삼각관계가 선순환할 수도 있는 기회였다. 왕창 퍼주겠다는 김영삼 대통령의 사고가 현실화되었다면, 한국에서 '퍼주기 이데올로기'도 영원히 사라졌을 것이다.

조문 논쟁: 대북 인식의 정치화

그러나 역사는 그렇게 흘러가지 않았다. 김일성 주석의 예상치 못한 죽음이 우연이라면, 죽음 이후 '냉전의 정치'는 필연이었다. 김일성 사망 사흘 뒤인 7월 11일 임시국회 외무통일위원회에서 통일원 장관이 북한의 김용순金容淳 대남담당 비서가 정상회담 연기를 통보했다고 보고하자, 이부영 의원은 이를 '김정일 체제가 되더라도 정상회담을 계속하겠다는 화해의 신호'로 해석했다. 이어 정부에 남북대화의 필요성 차원에서 조문 의사를 타진했다. 그러나 당시 보수세력은 그렇게 생각하지 않았다. 냉전 세력은 당시의 급작스러운 정세변화에 당황했고 불안했으며 불만이 많았다. 카터 전 대통령의 용기있는 방북으로 전쟁 직전까지 갔던 한반도 정세가 정상회담으로 전환되었기 때문이다. 12일 박범진朴範珍 민자당 대변인은 "수백만명을 죽인 전범은 조문해야 하고, 광주사태에 대해 끝까지 책임지라는 것은 논리적 모순"이라고 비판하면서, "김일성은 실정법상 여전히 반국가 단체의 수괴"라고 결론 내렸다.

학생운동권 중심의 당시 진보진영 내에서도 논란이 있었다. 민족해방파NL가 장악하고 있던 일부 학교에서는 분향소를 설치하기도 했다. 그러나 민중민주PD계열은 "조문단 파견을 주장하는 주사파의 입장에 강력히 반대한다"는 대자보로 응수했다. 당시 민족해방파는 여론의 흐름을 읽지 못했다. 북한에 대한 평가도 객관적이지 못했다. 당연히 공감대를 얻을 수 없었으며 이어진 '주사파 사냥'의 계기를 제공했다.

박홍^{朴弘} 서강대 총장의 '주사파 시리즈'는 공포로 시작해 코미디로 변질했다. 7월 18일 청와대 오찬에서 박홍 총장은 주사파가 대학가에 있다고 발언했다. 며칠 뒤엔 주사파의 범위가 '대학교수'로, 뒤이어서는 '야당, 종교계, 언론계'로 점점 넓어졌다. 1950년대 미국의 매카시즘이 한국에서 부활한 것이다. 물론 오래가지 못했다. 여론은 충격에서 의문으로, 나중에는 조롱으로 변했다. 보수언론들은 박홍 총장을 용기있는 지식인으로 추켜세웠지만 세간에 퍼져가는 냉소를 확인하고 적당히 마무리했다.

조문 외교: 한·미·일의 차이

김영삼 정부는 신공안정국을 조성하며 조문 논쟁에 개입했다. 이영덕^{李榮德} 총리는 7월 18일 국무회의에서 김일성을 '동족상잔의 전쟁을 비롯한 불행한 사건들의 책임자'라고 규정하며 사회 일각의 조문 움직임에 대해 '유감'을 표명했다. 정부의 기본 입장을 정리한 것이다. 북한은 즉각 비난으로 대응했고 남북관계는 장기악화의 길로 들어섰다.

김영삼 정부는 국내정치를 외교보다 중시했다. 조문 외교는 '필요하면 적에게도 미소를 보낼 수 있는 외교적 행위'다. 남북한은 전쟁을 경험했기 때문에 다른 나라와 다를 수 있다는 주장이 있었지만, 꼭 그런 것은 아니다. 장 제스가 1975년 대만에서 사망했을 때, 마오 쩌둥이 1976년 사망했을 때 양측은 조의를 표하고 조문 대표단을 파견했다. 둘은 국공내전을 치른 당사자들이었지만, 후계세대는 조문을 통해 대결의 시대가 끝났음을 알렸다.

당시 이부영 의원은 조문 외교의 필요성을 설명하며, 1989년 일본의 히로히또[裕仁] 왕이 죽었을 때 강영훈[姜英勳] 국무총리가 조문 사절로 간 일을 예로 들었다. 아무도 당시 조문이 일제강점기 36년의 압제와 수탈을 망각한 행위라 비판하지 않았다. 역사적 평가보다 한일관계의 미래가 중요했기 때문이다.

당시 김영삼 정부의 대응은 미국과 비교해도 비판받을 만하다. 클린턴 정부는 김일성 사망 직후 "미국 국민들을 대신해 북한 주민들에게 심심한 애도를 전한다"는 내용의 성명을 발표했다. 조의 전문 대신 성명으로 한 단계 격을 낮추고, 내용도 중립적이면서 가능한 한 짧게 구성하려 고심했다고 한다. 동시에 당시 제네바에서 북한과 핵 협상을 벌이던 갈루치 차관보가 제네바 현지 북한대사관에 가서 조문했다. 절제된 내용과 형식이지만 협상 상대에 대한 예의를 표했다.

물론 미국 내에서 논란이 적지 않았다. 미국도 북한과 전쟁을 치렀기 때문이다. 특히 공화당은 클린턴 대통령이 한국전쟁에 참전했던 미군들과 그 가족들을 고려하지 않은 것이라며 비판했다. 공화당은 보수여론을 대변했지만, 한편으로 조문의 외교적 측면을 보지 못했다는 비판도 받았다. 대표적으로 『뉴욕타임스』*The New York Times*는 7월 12일자 지면에 공화당 원내총무를 비판하는 사설을 실었다. 제목은 '상원의원, 그것이 외교요'*It's called diplomacy, Senator*였다.

미국은 조문 외교 경험이 풍부하다. 1976년 9월 9일 마오 쩌둥이 사망했을 때, 현직 대통령이던 포드는 물론 미중관계 개선의 물꼬를 튼 닉슨 전 대통령도 조문 사절로서 베이징을 찾았다. 모두 공화당 소속의 전·현직 대통령이다. 공화당도 집권당으로서 국정을 운영할 때 당연히 외교를 우선시했다. 미국이 조의를 표명하자, 김영삼 정부는 당황했다. 민자당은

아예 "클린턴에게도 문제가 있다"(이세기 민자당 정책위원회 의장)며 불만을
표시했다.

일본정부의 대응은 어땠을까. 무라야마村山富市 총리는 정부 수반이 아
닌 사회당 위원장 자격으로 조전을 보냈다. 당시 일본은 사회당, 자민당,
신당 사끼가께さきがけ로 구성된 3당 연립정부였다. 3당 모두 당대표 명의
로 조전을 보냈다. 또한 일본은 3당 공동으로 조문단을 평양에 파견하기
로 결정했다. 물론 북한의 거부로 성사되지 않았다. 그러나 오부찌 케이
조小淵恵三 자민당 부총재를 비롯해 3당의 고위급 간부들이 토오꾜오 조총
련(재일본조선인총연합회) 중앙본부에 설치된 분향소에 가 조문을 했다. 3당
연립정부는 북일관계 개선을 중요한 전후외교의 과제로 설정했고, 북한
과의 외교적 관계를 고려했다.

김영삼 정부는 조문 논쟁에서 국내의 보수여론에 편승해 조문 외교의
기회를 거부했고, 남북관계의 미래가 아닌 과거를 선택했다. 냉전 반공주
의에 정치적으로 편승한 결과는 이후 오랫동안 남북관계에 부정적 영향
을 미쳤다. 수령제 국가이자 유훈통치를 선언한 북한의 특성을 고려하지
않고, 국내정치적 이익만 앞세운 결과는 분명했다. 정상회담의 문턱까지
간 남북관계는 이후 회복하기 힘들 정도로 상처를 입었다. 임기가 끝날
때까지 변변한 회담 한번 못하고, 김영삼 정부는 막을 내렸다.

통미봉남:
남·북·미 삼각관계에 대한 오해

1990년대 초반 사회주의권의 변화로 북한·중국·소련의 북방 삼각체제

는 해체되었다. 냉전시대의 전통적 동맹관계가 끝나고, 북방 삼각관계는 전략적 이해利害를 따지는 관계로 재편되었다. 그래서 한반도 질서에서 미국과 남북한의 삼각관계가 더욱 중요해졌다. 남북한과 미국은 각각 양 궤도 접근two-track approach을 취했다. 북한은 북미관계와 남북관계를, 남한은 한미공조와 남북관계를 국면에 따라 전략적 우선순위를 달리하며 이중적으로 접근했다. 김영삼 정부 시기에는 결과적으로 북미관계만 돌아갔다. 남북관계는 악화되었으며, 대북정책을 둘러싸고 한미 양국은 심각한 입장 차이를 보였다.

이때 등장한 개념이 '통미봉남通美封南'으로 북한이 미국하고만 통하고 남한을 배제한다는 의미다. 통미봉남은 남북관계 악화의 원인으로 지목되었다. 김영삼 정부는 북한의 통미봉남 전략 때문에 남북관계가 악화되었다고 주장했지만, 그것은 사실이 아니다. 당장 김영삼 정부 시기 직전의 남북관계를 보면, 즉 남북기본합의서를 채택할 때에는 남북 당사자 관계가 한반도 질서를 주도했다. 북한의 대남정책이 왜 통미봉남으로 전환했는지, 과정과 이유를 살펴볼 필요가 있다.

북한의 대남정책은 불변이 아니다

냉전시대 북한은 주로 혁명전략 차원에서 대남정책을 추진했다. 1960년대의 지하당 노선이나 '제한전쟁'이 여기에 해당한다. 1990년대 들어 사회주의권이 변화하고 남북한의 역량 격차가 벌어지면서 북한의 대남전략은 달라졌다. 공세적 입장에서 수세적 입장으로 변했고, 현상타파가 아닌 현상유지로 돌아섰다.

1991년 김일성 주석은 문익환 목사를 만났을 때 과거의 전통적인 고려민주연방제 통일방안이 아니라 '느슨한 연방제'를 제안했다. 일반적으로 통일방안의 경우 힘이 강한 쪽은 결합수준이 높은 연방제를 선호하고, 힘이 약한 쪽은 결합수준이 낮은 연합제를 주장하는 경향이 있다. 남북한의 역량 격차가 벌어지면서 북한은 연방제의 결합수준을 낮춘 '느슨한 연방제'를 주장하기 시작했는데, 그런 태도 변화는 수세적인 국면을 반영했다.

유엔 동시가입도 마찬가지다. 북한은 전통적으로 남북한이 하나의 회원국으로 가입할 것을 주장해왔다. 남한과 북한이 각자 유엔 회원국으로 가입하자는 동시가입 주장을 '분단의 영구화'라며 비판해왔다. 그러나 한소 수교와 한중관계의 진전 상황에서 남한이 동시가입을 밀어붙이자, 북한은 이를 받아들일 수밖에 없었다.

1990년대에 들어 북한은 소련의 해체와 중국의 개혁·개방으로 무역위기에 직면했다. 과거 소련은 북한을 비롯한 사회주의 국가들에 원유와 식량 등 전략물자에 '우호가격'을 적용했다. 사회주의 국가들 사이에는 물물교환 형식의 현물거래도 적지 않았다. 소련이 해체하고 중국의 개혁·개방이 본격화되면서 사회주의 우호무역은 중단되었고, 대부분의 무역결제에 국제시장가격이 적용되었다. 북한은 에너지와 주요 원자재, 공장설비 그리고 식량을 살 수 있는 외화가 부족했다. 대외무역이 축소되면서 물자 부족과 에너지 위기를 겪었다.

북한의 경제위기는 국내적인 계획경제의 결함이기도 하지만, 대외경제 관계의 급작스러운 변화 때문에 심각해졌다. 위기를 극복하려면 대외관계를 안정시킬 필요가 있었다. 북한의 정책결정 과정에서 외부 변수는 더욱 중요해졌다. 북한이 한번도 겪어보지 않은 위기상황에서 꺼내든 것이 바로 '핵'이다. 북한에게 핵이란 한편으로 원자력의 평화적 이용이라는 차원에서 에너지 부족을 해결하고, 다른 한편으로 점점 불리해지는 재래식 군비경쟁을 한번에 만회할 수 있는 핵억지력의 확보를 의미했다. 북핵문제는 한반도 냉전체제의 산물인 동시에 북한이 직면한 총체적 위기의 결과였다.

북한의 협상전술은 독특하지도 않고 특이하지도 않다. 북한이 외교정책에서 이념을 추구한다고 믿는 사람들도 있지만, 다른 국가들처럼 북한도 이익을 추구한다. 시기별로 협상의 목표가 있고, 그것을 달성하기 위해 '핵확산금지조약 탈퇴' 같은 '벼랑 끝 전술'을 사용하기도 하는데, 반대로 수세적인 국면에서 물러서거나 양보하기도 한다.

남북관계가 악화되면서 북한은 북미관계를 중심으로 한반도 정세를 관리하고자 했다. 김영삼 정부 시기 북한은 남북관계보다 북미관계를 중시했다. 그래서 남한 배제, 즉 미국과 통하면서 남한을 배제하는 '통미봉남' 전략을 고수했다.

'서울 불바다 발언'의 진실

김영삼 정부 시기, 남북 당사자 관계가 악화되고 미국이 한반도 정세를 주도하게 된 결정적 원인은 북핵문제다. 북한이 1993년 3월 12일 핵확산금지조약을 탈퇴했기 때문에, 김영삼 정부는 북핵문제와 함께 임기를 시작했다. 초기 국면에서 김영삼 정부의 입장은 북한이 핵 사찰을 먼저 받아야 회담을 할 수 있다는 '특별사찰을 전제조건으로 하는 강경정책'이었다. 이런 입장은 미국과 달랐다.

대북정책을 둘러싼 한미 갈등은 1993년 11월 한미 정상회담 때 이미 예고되었다. 미국은 북한과의 협상을 위해 '포괄적 접근'comprehensive approach을 준비했다. 북핵 해결과 북미관계 정상화를 포괄적으로 다룰 수 있고, 당장 북한이 국제원자력기구의 사찰을 받아들이면 북한이 원하는 팀스피릿 군사훈련을 중지할 수 있다는 일괄타결package deal 방안이었다. 미국 국가안전보장회의와 국무부는 한국 측 담당자들과 충분히 의견을 조율했다.

　그러나 다음 날 정상회담에서 미국은 경악했다. 김영삼 대통령의 발언은 실무협의 결과와 정반대였다. 김영삼 대통령은 "포괄적 접근을 반대한다"라는 말로 회담을 시작했다. 클린턴 대통령의 설명을 김 대통령은 아예 들으려 하지 않았다. 당황한 레이크 보좌관은 사전협의 상대였던 정종욱鄭鍾旭 외교안보수석을 쳐다보았다. 정 수석도 참담한 표정이었다. 난감해진 클린턴 대통령은 어찌할 바 모르는 한미 양국의 두 보좌관에게 다른 표현을 찾아보자고 제안했다. 그렇게 만들어진 것이 '철저하고 광범위한thorough and broad 접근'이다.

　외교 관례를 벗어난 돌출은 어떻게 일어났을까? 그 전날 영빈관인 블레어하우스에서 한국의 대책회의가 있었다. 한승주韓昇洲 외무장관은 그 자리에 유종하柳宗夏 유엔 대사가 참석한 것을 보고 깜짝 놀랐다. 그를 부른 것은 박관용朴寬用 비서실장이었다. 한승주 장관이 미국과 사전 협의한 포괄적 접근을 설명하자, 유종하 대사는 반대했다. 팀스피릿 훈련 중단을 국제원자력기구 사찰이 아니라 남북 상호 사찰에 연계해야 한다는 강경 주장을 폈다. 정상회담에서 김영삼 대통령이 한 발언은 그 전날 유종하 대사의 주장이었다.

　클린턴 정부는 김영삼 정부의 생각과는 다르게 북한과 협상을 시작했다. 1993년 10월에 시작한 북한과 미국의 대화는 가다 서다를 반복하고 우여곡절을 거쳐 1994년 2월 18일 겨우 최종 합의에 도달했다. 포괄적 접근을 중심으로 양국은 향후 각자가 해야 할 일을 제시했다. 합의에 따르면 3월 1일이 화요일인데 그야말로 '슈퍼 화요일'이었다. 그날 한미 양국이 팀스피릿 군사훈련 중단을 발표하고, 북한은 국제원자력기구 사찰을 받고 남북한은 특사를 교환할 것이라는 내용이었다. 그리고 3주 뒤인 21일 북미 회담을 개최한다는 사실도 한꺼번에 발표하자는 것이었다.

클린턴 행정부는 국제원자력기구, 북한 그리고 남한을 모두 만족시키는 방안을 만들어냈다고 생각했다. 그러나 김영삼 정부는 그렇게 생각하지 않았다. 김영삼 정부는 북한과 미국의 합의를 받아들이지 않고, 남북대화를 북미 회담 이전에 반드시 해야 한다고 고집을 부렸다. 남북한의 상호 불신이 여전한 상황에서 남북대화를 북미대화와 연계한 것이다.

3월 19일 이른바 특사교환을 위한 실무접촉에서 박영수^{朴英洙} 북측 대표의 '서울 불바다 발언'은 예고된 사건이었다. 송영대^{宋榮大} 남측 대표가 "귀측 핵문제가 조속히 해결되지 않을 경우 어떤 결과가 초래될지 예측할 수 없다"고 말하자, 박영수 북측 대표는 "우리는 전쟁을 바라지 않지만 결코 그쪽이 전쟁을 강요하는 데 대해서는 피할 생각이 없다. 여기서 서울이 멀지 않다. 전쟁이 일어나면 불바다가 되고 만다"라고 대꾸했다.

그날은 여덟번째 실무접촉이었다. 전에도 양측은 날선 공방을 벌였다. 그러나 그날 양측의 말싸움이 공개되면서 여론이 요동쳤다. 왜 그동안 한 번도 공개되지 않던 남북 회담의 실제 화면이 공개되었을까? 일반적으로 판문점에서 남북 회담은 비공개이지만 청와대와 관계부처에서는 회담 내용을 실시간으로 지켜볼 수 있다. 북쪽의 통일각에서 회담이 있을 때는 화면 없이 말소리만 들을 수 있고, 남쪽 평화의 집에서 할 경우엔 폐쇄회로 텔레비전을 통해 목소리뿐 아니라 화면도 볼 수 있었다.

마침 8차 접촉은 평화의 집에서 열렸다. 오후 2시경 통일원 관계자가 녹화테이프를 주면 9시 뉴스에 나올 수 있는지를 방송사에 물었다. 회담이 끝난 지 세시간도 지나지 않은 시점이었다. 곧이어 54분의 회담 내용 중 가장 자극적인 2분 40초 분량의 테이프가 방송사로 넘겨졌다. 방송사는 이 중에서도 반말이 섞인 격앙된 1분을 편집해서 내보냈다. 방송이 나가자 북한의 막말에 대한 시청자들의 불만이 쇄도했고, 여당인 민자당 의원들은 바보같이 당한 송영대 남측 대표를 경질해야 한다고 주장했다.

북한의 '서울 불바다 발언'의 공개로 북미 양국의 '슈퍼 화요일' 합의는 붕괴했다. 3월 23일 김영삼 대통령은 팀스피릿 훈련 재개를 선언했고, 북한에 대한 국제적 압력을 강화하고 패트리어트 미사일 배치를 선언했다. 사실 패트리어트 미사일의 한국 배치는 1995년 이후로 예정되어 있었다. 그러나 소련이 해체되고 유럽 주둔 미군 병력을 감축하면서 요격미사일에 여유가 발생하자, 클린턴 행정부는 서둘렀다. 한미 양국 사이에 북한을 자극할 수 있는 패트리어트 미사일 배치 시기를 둘러싼 입장 차이가 있었지만 '서울 불바다 발언'의 공개로 자연스럽게 해소되었다. 패트리어트 미사일의 1차 선적분이 4월 18일 한국에 도착했다.

북핵문제는 교착에 빠졌고, 1994년 6월 한반도는 전쟁위기를 겪었다. 카터의 방북으로 꺼져가던 협상의 불씨가 되살아나 북한과 미국은 다시 협상을 재개했다. 마침내 10월, 북한과 미국은 제네바 회담에서 '일괄타결'에 합의했다. 북한은 영변의 원자로 가동을 중단하고 핵 사찰을 허용했으며, 미국은 경수로 2기를 제공하고 그때까지 연간 50만 톤의 중유를 지원하기로 약속했다. 경수로 2기가 완공되면 영변의 원자로를 폐쇄하기로 했다.

김영삼 정부는 제네바 합의의 순간까지도 특별사찰을 고집했고, 남북대화를 전제조건으로 북미협상을 반대했다. 제네바 합의가 이루어지는 과정에서 한국은 북미대화 자체를 반대했기 때문에 아무런 역할을 할 수 없었다. 그러나 비용분담 과정에서 한국은 경수로 공사비의 70퍼센트를 떠안았다. 나머지 20퍼센트는 일본이 맡고 10퍼센트는 유럽연합을 비롯한 다른 국가들이 맡았다. 경수로 노형 선택 과정에서도 한국은 대부분의 비용을 내는 댓가로 '한국형 경수로'라는 명칭을 고수했다. 그러나 북한이 이에 반대해 미국은 한국의 입장을 들어줄 수 없었다. 미국은 이후 한국형이라는 명칭을 쓰는 대신, 사실상 한국이 경수로 사업의 주사업자이기 때문에 내용적으로 한국형 경수로나 다름없고, 경수로 건설 과정에서 한국의 중심적 역할을 보장한다는 타협안을 제시해 해결했다.

미국이 사과를 대신 받은 강릉 잠수함 침투사건

강릉 잠수함 침투사건은 남·북·미 삼각관계의 특징을 상징적으로 보여준다. 1996년 9월 18일 강릉의 해안가를 달리던 택시 운전사가 좌초된 북한의 잠수함을 발견했다. 잠수함에 탔던 북한의 인민무력부 소속 공작원들이 무장한 채 산으로 도주하자, 이후 11월 5일까지 49일 동안 소탕작전이 벌어졌다. 무장공작원 26명 중 1명의 생포자와 1명의 도주자를 제외하고 모두 사망했고, 아군 피해도 전사 11명, 오발사고 1명, 부상 27명으로 적지 않았다.

북한은 사건이 일어난 지 6일 만에 우발적 사고라고 규정했다. 그러나 김영삼 대통령은 '처음부터 의도적'이라는 결론을 내리고 강경정책을 선택했다. 대북지원을 중단하고 기업인의 방북을 금지했으며, 남포공단의 대우 직원을 철수시켰다. 권오기(權五琦) 통일원 장관은 '댓가를 치르도록 하겠다'고 선언했다. 그렇다 해도 정부가 동원할 수 있는 수단이 마땅치 않았다. 김영삼 정부는 국제공조에 매달렸다. 유엔 총회 기조연설에서 북한의 행위를 규탄했으며, 안전보장이사회 의장성명을 채택했다.

강릉 잠수함 사건은 표류하던 김영삼 정부의 대북정책을 침몰시켰다. 강경파가 득세하고 여론은 급속하게 보수적으로 변했다. 남북관계가 악화되자 미국이 나서서 상황을 풀어보려 했다. 크리스토퍼^{Warren M. Christopher} 국무장관은 9월 19일 "모든 당사자들이 추가적 도발 행동을 말아주기를 촉구한다"는 성명을 발표했다. 11월 19일 『뉴욕타임스』는 국무부 직원들이 '한반도에서 가장 골치 아픈 존재는 한국정부'라고 생각한다는 내용의 기사를 내보냈다. 한미관계는 최악으로 치달았다.

그해 11월 대선에서 클린턴 대통령은 재선에 성공했다. 선거 직후 빌 리처드슨^{Bill Richardson} 의원이 특사 자격으로 방북했다. 미국의 대선 국면에서 주춤했던 북미관계를 다시 가동하기로 공감대를 모았다. 북한 외무성과 미국 국무부는 직접협상을 시작했다. 3주간의 실무협의 후 북한 외무성은 사과성명을 발표했다. "1996년 9월 강릉 잠수함 사건에 대하여 깊은 유감을 표시하며, 다시 일어나지 않도록 하겠다"는 내용이었다. 남측에 대한 직접적인 사과는 아니었다. 석달 만의 사과, 그러나 남북관계는 달라지지 않았다. 김영삼 대통령에 대한 비난은 계속됐고 이미 죽은 남북관계는 다시 살아나지 않았다.

여론에 따라 춤춘 대북정책

김영삼 정부의 대북정책은 전략이 없고 원칙도 흔들리고, 자연히 일관성이 없었기 때문에 상황에 따라 춤을 추었다. 대통령의 말이 흔들리면 장관들의 역할은 줄어들고, 외교안보 부처의 조율은 불가능해진다. 일반적으로 정책결정 과정에서 혼동과 일관성 부재는 대통령의 책임이다. 외교안보분야에서 대통령의 철학과 의지가 제도의 작동을 압도하기 때문

이다. 김영삼 대통령의 말은 자주 오락가락했으며, 항상 여론의 파도를
타고 이성이 아닌 감정에 따라 움직였다.

6개월에 한번씩 장관을 바꾸다

김영삼 대통령은 취임사에서 '어느 동맹국도 민족보다 나을 수 없다'
고 했지만, 얼마 지나지 않아 '핵을 가진 북한과 악수할 수 없다'고 말했
다. 대통령의 강한 말이 앞서면서 정책은 표류하거나 실종되었다. 감정이
실린 대통령의 말은 정보 실패로 이어졌다. 정보기관은 대통령의 선호를
고려해 정보를 선별하는 경향이 있다. 김영삼 대통령이 북한의 조기 붕괴
와 흡수통일에 대한 대비책 마련을 자주 언급하자, 정보기관은 대체로 북
한 붕괴의 조짐을 찾기 시작했고 확인할 수 없는 정보들이 언론을 통해
흘러나갔다. 김영삼 대통령은 단순 첩보를 기정사실화하기도 했다.

대통령의 말이 앞서면 부처 간 조율은 어려워지고, 정책결정 과정 자체
가 정상적으로 작동하지 않는다. 그러나 사고는 대통령이 쳤는데 책임은
장관이 졌다. 통일원 장관의 경우, 남북관계가 장기경색으로 접어들어 할
일도 없고 바꿀 필요도 없던 하반기를 제외하고는 아주 자주 바뀌었다.
김영삼 정부 초기 2년 동안 6개월에 한번씩 통일원 장관을 교체했다. 대
북정책을 차분히 검토할 여유가 없었고, 통일원은 퇴임식과 취임식 준비
로 세월을 보냈다.

대북정책은 통일원만 하는 것이 아니다. 하지만 당시 통일원 장관은 부
총리급으로 외교안보 부처의 팀장이나 다름없었다. 통일부총리가 자주
바뀌다보니 당연히 외교안보 부처의 조율 기능도 작동하지 않았다. 각 부
처는 각자 다르게 말했고, 서로 협력하지 않았다. 1995년 10월 우성호 선
원 송환 방법을 둘러싸고 통일원은 3차 쌀 회담을 준비했으나, 외무부 장

표. 통일원 장관 교체 현황

성명	재임시기	재임기간	비고
한완상	1993.2~12	10개월	경질
이영덕	1993.12~1994.4	4개월	국무총리로 영전
이홍구	1994.4~12	8개월	국무총리로 영전
김덕	1994.12~1995.2	3개월	경질
나웅배	1995.2~12	10개월	경제부총리로 이동
권오기	1995.12~1998.2	26개월	

관은 유엔에서 북한 인권문제를 강력하게 비판했다. 1997년 적십자회담과 4자회담을 둘러싸고도 통일원과 외무부의 인식 차이가 드러나 공개적인 갈등을 겪었다.

김영삼 대통령은 여론에 너무 민감했다. 그러나 대북정책에 대한 여론이 이중적이라는 사실은 몰랐다. 다수의 국민은 북한에 대해 보수적이다. 그러나 불안의 장기화를 원치 않는다. 다수의 국민은 당연히 핵을 개발하는 북한을 비판한다. 그러나 위기가 길어지고 군사적 긴장이 높아지면, 정부의 해결능력을 문제 삼는다. 북한을 비판적으로 보던 시선이 정부로 향해, '뭐하나' '왜 해결을 하지 않느냐'라고 묻는다.

김영삼 정부는 여론을 따라갔다. 북한이 도발하면 대북 강경여론에 올라타고, 정부 능력을 문제 삼으면 장관을 교체했다. 여론의 흐름을 따라갔지만, 지나고 보니 정책은 이쪽에서 저쪽으로 왔다 갔다를 반복했다. 남북관계에 관한 여론의 이중성을 파악하지 못한 것이다. 민주주의 정부에서 대외정책을 국내정치와 분리하기는 어렵다. 당연히 여론을 고려해야 한다. 그러나 김영삼 정부처럼 대북정책이나 한미관계에서 국내정치만을 고려하면, 외교적 고립은 불가피하고 결과적으로 국내정치에서 혹독한 비판에 직면한다. 정부는 여론을 따라갈 때도 있지만 여론을 이끌

책임도 있다. 김영삼 정부는 눈앞의 여론만 쫓다 냉정한 역사의 평가가 기다리는 줄 몰랐다.

서두르다 망한 베이징 쌀 회담

여론만 쫓아가다 엎어진 대표적인 사례는 바로 1995년 6월의 베이징 쌀 회담이다.[3] 김영삼 정부는 베이징에서 차관급 회담을 갖고 쌀 15만 톤을 북한에 지원하기로 했다. 김영삼 정부 출범 이후 이어진 남북관계 악화상황을 고려하면, 돌발적인 결정이었다. 베이징 쌀 회담은 '남북 회담을 이렇게 하면 실패한다'는 대표적인 사례이자, 하나의 사건에 대북정책의 모든 문제가 압축적으로 드러난 반면교사의 상징이다. 회담이 열린 1995년 6월은 정확히 김영삼 정부의 임기가 절반, 그러니까 2년 반 흐른 시점이고, 당시 통일원 장관은 나웅배羅雄培로 다섯번째였다.

베이징 쌀 회담은 남북 회담의 역사에서 유례를 찾기 어려운 부실한 회담이었다. 우선적으로 비선秘線의 문제가 있었다. 남북관계에서 비공개 접촉은 정보기관이 나서는 공식 접촉과 민간이 나서는 비공식 접촉으로 구분하는데, 민간인이 나서는 비공식·비공개 접촉은 언제나 문제를 일으킬 수 있다. 1994년 조문 파동을 겪으며 남북관계는 얼어붙었고 모든 공식 라인이 끊어졌으며, 북한은 남한 당국을 인정하지 않았다. 김영삼 정부는 하는 수 없이 민간에 의존하지 않을 수 없었다. 이 시기 비선이 넘쳐났고, 비선들이 서로 경쟁하면서 북한의 기대 수치를 높여놓았다. 베이징 쌀 회담은 코트라KOTRA(대한무역투자진흥공사)의 홍지선洪之璿 북한실장이 나서서 흑룡강성 민족경제개발공사 최수진 총사장의 도움을 받아 성사되었다.

김영삼 정부는 쌀 회담을 서둘렀다. 북한의 식량위기가 국제사회에 알려졌고, 마침 일본정부가 쌀 지원 의사를 밝힌 상황이었다. 국내적으로도 강경여론이 수그러들고, 인도적 지원의 필요성에 공감하는 여론이 높아졌다. 김영삼 정부는 '일본보다 먼저, 그리고 한국전쟁이 일어난 6월 25일 이전에 쌀을 북한에 보내야 한다'는 지침을 내렸다. 6월 25일은 지방선거를 이틀 앞둔 날이었다. 시한이 정해진 협상은 부실해질 수밖에 없다.

6월 17일 베이징에서 회담이 열렸다. 북측에서는 전금철^{全今哲} 통일전선부 부부장, 남측에서는 이석채^{李錫采} 재정경제부 차관이 대표를 맡았다. 북한은 당국 회담이 아니라는 의미로 전금철의 직함을 '대외경제협력추진위원회(일명 대경추) 고문'으로 정했다. 전금철은 오랫동안 대남 부서에 근부한 경험자고, 남북 회담에 빠지지 않는 대표적인 '회담 일꾼'이었다. 이에 비해 이 차관은 한번도 남북 회담을 해본 적이 없었고, 통일원과 사전 준비도 없이 급하게 베이징으로 갔다. 그가 회담 대표가 된 것은 김영삼 대통령의 아들 김현철 씨와 경복고 동문이기 때문이라는 소문이 돌았다. 남북이 서둘러 합의한 내용은 한국산 쌀 15만 톤을 제공하고, 남측의 코트라와 북측의 삼천리 총회사를 창구로 한다는 것이었다.

6월 21일 합의했지만, 코트라 팀이 계약서에 북한 측 서명을 억지로 받아낸 시각은 25일 12시쯤이었다. 서울에서는 계약서를 애타게 기다리는 사람들이 있었다. 이홍구 총리 일행이었다. 이들은 대북 쌀 지원 수송식이 열리는 동해항에 가기 위해 대기하고 있었다. 동해항에는 이미 계약서에 서명하기도 전에 2000톤의 식량을 실은 채 대기하고 있는 배가 있었다. 그날 저녁 6시쯤 동해 인근에서 긴급히 끌어 모은 1000여명 주민들의 환송을 받으며 씨아펙스호는 아무런 원산지 표시도 없는 쌀을 싣고 어느 항구로 가야 할지 알지도 못한 채 출항했다.

목적지도 없이 떠난 배가 국기 게양에 대한 합의를 알 턱이 없었다. 국제관례로는 다른 나라 항구에 들어갈 때 배에서 가장 높은 마스트에 입항하는 나라의 국기를 달고 배꼬리에는 선박이 속한 나라의 국기를 단다. 씨아펙스호에 인공기가 있을 리 없었고, 선장은 국제관례에 따라 배꼬리에 태극기를 달고 청진항으로 들어갔다. 배를 안내하러 나온 북한 관계자는 태극기를 내리라고 요구했다. 한국의 국적선이 북측 항구로 들어온 것은 처음이었다. 옥신각신하다 27일 오전 이 배는 태극기를 내리고 인공기만 매단 채 청진의 내항에 들어가 쌀을 하역했다. 그날은 지방선거가 있던 날이었다. 인공기를 강제로 달고 쌀을 내렸다는 소식이 전국적으로 퍼져나갔고 여당은 참패했다.

베이징에서 남북 양측은 "남측 쌀 수송선이 북측 항구 입항 시 쌍방 국기 모두를 게양하지 않는다"라고 구두로 합의한 바 있었다. 그러나 허겁지겁 출항했던 씨아펙스호는 이런 합의 사실을 어디서도 통보받지 못했다. 아니, 통보받을 여유가 없었다. 쌀을 받는 청진항도 삼천리 총회사 직원이 도착할 때까지 국기 게양에 관한 남북합의를 모르고 있었다. 영문도 모르고 갔다가 봉변을 당한 씨아펙스호는 29일 밤 부산항으로 돌아왔다. 그날은 삼풍백화점이 무너져 내린 날이다.

겨우 북한의 사과문을 받아내 쌀 수송은 재개되었지만 이번에는 삼선비너스호 억류사건이 발생했다. 이 배는 8월 1일 청진항에 들어가 하역을 하고 있었는데, 평소 사진 찍기 취미를 가진 이양천 일등항해사가 몰래 사진을 찍다가 그만 들키고 말았다. 북한은 곧바로 이 건을 '계획적인 정탐행위' 즉 간첩행위로 몰아갔다. 그리고 남쪽에 정부 차원의 사과를 요구했다. 인공기 게양사건에 대한 사과를 그대로 돌려주겠다는 계산이었다. 결국 정부는 굴욕적인 사과문을 보낼 수밖에 없었다. 북한은 삼선비너스호를 풀어주는 댓가로 쌀 잔여분량을 다 받아낼 수 있었다. 10월 7일

코렉스부산호의 동해항 출항을 끝으로 대북 쌀 수송은 마무리되었다. 15일 김영삼 대통령은 『뉴욕타임스』와의 회견에서 "더이상 남북대화는 없다"고 밝혔다. 임기 말까지 그 말은 지켜졌다.

연계정책의 실패

김영삼 정부는 대북정책에서 정치·군사와 경제협력을 연계했다. 정치와 경제를 연계하는 정경연계 정책은 북핵문제의 부산물이기도 하다. 김영삼 정부는 북핵문제가 해결되지 않으면 남북 경제협력을 허용할 수 없다는 원칙 아래, 핵문제가 악화될 때마다 민간의 경제협력을 취소하거나 중단했다. 노태우 정부가 1988년 7·7선언에서 남북 교류·협력을 시작한 이후 첫번째 고비였다. 김영삼 정부의 연계정책은 이후 보수정부에서 부활했다.

남북관계가 계속 악화되자 김영삼 정부는 남북관계 개선과 경제협력을 연계하기도 했다. 당시 남북 경제협력은 교역과 위탁가공이 꾸준히 늘면서 새로운 단계로 진전을 바라고 있었다. 그러나 연계정책으로는 그럴 수 없었다. 김영삼 정부 시기 협력사업자로 승인받은 곳은 삼성전자 등 20개 기업에 이르나, 실질사업을 개시하기 위해 협력사업을 승인받은 곳은 대우(남포공단), 태창(금강산 생수 개발), 경수로 사업과 관련된 한국통신, 한국전력공사 등 4개 기업에 불과했다. 대우가 남포에 위탁가공 단지를 건설하겠다는 계획은 남북관계에 영향을 받으며 자주 중단되었고, 태창의 금강산 생수 개발 사업도 지지부진했다. 북한과 미국의 제네바 합의에 따라 추진되는 경수로 사업을 제외하고는 순수한 의미의 민간 경제협력분야는 아무런 성과를 거둘 수 없었다.

연계정책의 목적은 북한에게 핵 포기와 남북관계 개선에 나서라는 압력을 행사해 북한의 태도를 변화시키려는 것이다. 그러나 연계정책은 작동하지 않았고 상황은 더욱 악화되었다. 우선 압력의 강도가 약해서 북한의 태도를 변화시킬 수 없었다. 당시까지만 하더라도 남북 경제협력은 북한의 대외무역에서 큰 비중을 차지하지 못했다. 동시에 북한의 입장에서 핵개발은 체제생존과 관련된 것으로 남북 경제협력과 정책의 우선순위에서 비교할 수 없었다.

게다가 김영삼 정부는 남북 경제협력을 잘못 인식하고 있었다. 민간의 경제협력은 경제논리에 따라 움직인다. 기업이 북한에 투자하는 가장 우선적인 이유는 이익이 되기 때문이다. 남과 북이 서로 이익을 볼 수 있어야 경제협력을 지속할 수 있다. 그러나 김영삼 정부는 경제협력을 북한에 대한 지원으로 착각했다. 서로 이익을 보는 호혜가 아니라 일방적으로 도와준다는 시혜로 생각했기 때문에 경제협력의 중단을 북한에 대한 압력으로 판단했다.

김영삼 정부의 연계론에 숨어 있는 남북 경제협력에 대한 시혜론적 인식은 이후 '퍼주기론'으로 진화했다. 경제협력을 '퍼주기'라며 공격하는 보수논리의 뿌리가 바로 정경연계 정책에 있었다. 정경연계 정책은 북핵 문제나 남북관계 개선에 기여하지 못하면서도 경제협력만 지체시켰다. 수단만 낭비하고 목적을 달성하지 못했고, 경제협력의 기반을 무너뜨렸다.

잃어버린 5년

정권별로 남북 회담 횟수를 살펴보면 김영삼 정부가 제일 적다. 박정희 정부는 7·4남북공동성명 채택 이후 집중된 남북 회담 개최로 111회, 전두환 정부는 32회, 노태우 정부는 163회였지만, 김영삼 정부 시기는 28회에 불과했다. 노태우 정부 시기는 남북 고위급 회담 16회(예비회담, 본회담 각 8회), 남북 핵 회담 18회 등 핵심적인 쟁점 사항과 관련된 고위급 회담이 진행된 바 있다. 고위급 회담의 결과 남북기본합의서가 탄생할 수 있었다. 이에 비해 김영삼 정부 시기는 1995년 베이징 쌀 회담의 차관급 접촉 2회를 제외하고는 핵문제 해결을 위한 특사교환 실무접촉 8회, 남북 정상회담 실무접촉 5회로 본회담은 한번도 못 해보고 대부분 준비단계에서 무산되었다. 남북관계의 역사에서 김영삼 정부 시기는 이례적이다. 그 이전 정부와 비교해보면, 남북관계에 관한 책임의식이 부족했고, 무능했으며, 과도하게 국내정치만 생각했다.

김영삼 정부가 출범했던 1993년 3월 대통령 지지율은 84.2퍼센트에 달했다. 쌀 지원 과정에서 촌극을 빚었던 1995년 9월에는 33.3퍼센트로 떨어졌다. 또한 한보 사태를 겪던 1997년 3월에는 8.8퍼센트로 떨어졌다. 김영삼 대통령은 여론을 따라갔으나 여론의 지지를 잃었고, 대한민국은 한번도 겪어보지 못한 IMF 경제위기를 겪었다. 남북관계에서 김영삼 정부 시기는 '공백의 5년'으로 남았다.

6

접촉의 시대
두번의 남북 정상회담

2004년 12월 15일, 개성 하늘에 진눈깨비가 간간이 흩날렸다. 개성공단에 진출한 첫번째 공장 '리빙아트'가 처음으로 물건을 생산한 날이다. 정동영鄭東泳 통일부 장관의 정책보좌관으로 준공식에 참석했던 나는 그날 그릇공장 사장의 눈물을 기억한다. 고급 주방용품은 프랑스에서 수입하고, 라면 끓이는 냄비는 전부 중국산이라고 설명하던 사장은 '남쪽에서는 더이상 그릇을 만들 수 없었다'며 울먹였다.

그날 그곳에서 만들어진 '통일냄비' 1000세트는 오후 2시 군사분계선을 통과해 6시 서울 롯데백화점에 도착했다. 많은 사람들이 스테인리스 냄비 2종 세트를 사기 위해 기다리고 있었다. 그 가운데에는 개성이 고향인 실향민들도 있었다. 백화점 문 닫는 시간까지 약 2시간 30분 동안 480세트가 팔렸다.

그날 이후 공장이 하나씩 들어섰다. 개성공단이 들어선 자리는 한국전쟁 당시 북한군의 남침 통로였다. 공단이 들어선 자리에 주둔했던 북한군은 후방으로 물러났다. 남쪽에서 전기를 끌어왔고, 북한 노동자들과 남한 경영자들이 어울렸으며, 공단을 끼고 경의선 도로와 철도가 연결되었다. 고려의 수도인 '역사도시'이자 1951년 휴전협상이 처음 열린 '평화도시'에 '통일을 만드는 공장'이 들어섰다. 열린 성, 개성開城은 힘든 산고 끝에 태어났고, 모진 풍파의 운명을 예고했다. 개성은 그 자체가 남북관계였으며 '접촉의 시대'를 상징하는 공간이다.

햇볕정책:
접촉을 통한 변화

강풍이 아니라 햇볕이 나그네의 옷을 벗겼다. 김대중 정부는 대북정책을 설명하기 위해 이솝우화에 나오는 햇볕의 힘을 빌려 왔다. 강풍에 빗대어지는 냉전시대의 대북정책과 확실히 다른 이 정책을 영어로는 'Sunshine Policy', 중국에서는 '陽光政策', 일본에서는 '太陽政策'이라고 불렀다. 북한은 처음부터 '햇볕정책'이라는 단어에 반발했다. 강풍이든 햇볕이든 정책 수단과 관계없이 자신들의 옷을 벗기려는 의도를 경계했다. 김대중 정부는 김영삼 정부가 남긴 부정적 유산을 물려받았고, 장기간의 남북관계 악화로 상대에 대한 불신도 깊었기에 우선 대북정책의 철학부터 가다듬었다.

'접촉의 시대'를 연 포용정책

북한의 반발도 있었지만, 햇볕이라는 표현의 모호함 때문에 김대중 정부는 대북정책의 공식 명칭을 '포용정책'으로 변경했다. 영어로는 'engagement policy'로 표기했다. 이 개념은 당시 미국 클린턴 정부의 대외정책의 원칙이던 개입과 확장engagement and enlargement policy의 의미와 비슷했다. 개입해서 영향력을 확대한다는 클린턴 정부의 대외정책은 햇볕으로 북한을 변화시킨다는 김대중 정부의 햇볕정책과 공통점이 있었다. 다만 'engagement'를 어떻게 번역할 것인지를 둘러싸고 논란이 있었다. '개입'은 너무 공격적이고, '관여'는 다소 어렵고, '참여'는 맥락이 달라서 최종적으로 선택한 단어가 바로 '포용'이었다.

포용정책은 한마디로 '접촉을 통한 변화' 정책이다. 여기서 변화는 교류와 협력을 통해 북한을 개혁과 개방으로 이끈다는 의미도 있지만, 냉전적인 남북관계를 탈냉전으로 전환한다는 뜻이기도 하다. 접촉으로 서로 변한다는 개념은 분단국이었던 서독의 대동독 정책과 공통점이 있다. 서독의 빌리 브란트 정부는 1960년대 후반 동독을 고립시키는 정책에서 동독과 접촉하는 정책으로 전환했다. 신동방정책의 핵심이 바로 '접근을 통한 변화'Wandel durch Annäherung[1]다.

이 개념은 서베를린 시장을 역임했던 빌리 브란트의 경험에서 우러나왔다. 1963년 소련과 동독이 냉전의 섬이었던 서베를린을 봉쇄해 베를린 위기가 발생했다. 케네디 대통령이 서베를린을 방문해 '나도 베를린 시민입니다'라는 명연설을 하며 지지를 약속했다. 그해 브란트 시장은 크리스마스를 맞아 장벽의 동쪽과 서쪽으로 헤어진 이산가족의 만남을 추진했다. 교류의 성과로 맺어진 동서독 통행협정은 상호 이해로 나아가는 문이었다. 그때 서베를린 시장인 빌리 브란트의 외교정책 참모이자 공보실장이었던 에곤 바르는 통일을 '어떤 역사적인 결정을 통해 실현되는 일회적 행위가 아니라, 많은 작은 걸음과 단계를 거쳐야 하는 과정'이라고 말했다.[2] 한마디로 '작은 발걸음으로 접근하는 정책'이다.

김대중 정부도 '분단의 현실을 인정해야 분단을 극복할 수 있다'고 판단했다. 이는 에곤 바르가 '상당 기간 현상을 변화시키기 위해 우선 이 현상으로부터 출발해야 하며, 동독에서 자유의 발전은 새로운 정책의 전제가 아닌, 거기서 기대되는 결과'임을 강조한 맥락과 같다.[3] 김대중 정부는 먼 미래의 통일이 아니라, 지금 현재의 남북관계를 변화시켜 서로 오가고 평화롭게 협력해 통일이 이뤄진 상태나 마찬가지인 '사실상의 통일'de facto unification을 이루자고 강조했다. 김대중 정부는 법적인 통일이 아니라 사실상의 통일이, 결과로서의 통일이 아니라 과정으로서의 통일이 더욱 중요하다고 강조했다.

김대중 정부의 '안보를 튼튼히 하면서, 남북관계를 개선하겠다'는 대북정책의 원칙 또한 마찬가지다. 분단의 현실을 인정하면서 변화를 추구하겠다는 입장이다. 이 개념 역시 국내 보수여론을 의식한 정치적 발언만은 아니다. 이 발언은 1963년 에곤 바르의 투칭 연설, 즉 '군사적으로 현상을 유지하면서, 정치적으로 그것을 극복하는 것'이라는 표현과 비슷하다. 김대중 정부는 빌리 브란트의 신동방정책의 교훈을 강조했고, 정책설계자인 임동원과 에곤 바르는 몇번의 만남에서 포용정책과 동방정책의 공통점에 관해 의견을 나눴다.

포용정책은 남북관계에서 '접촉의 시대'를 열었다. 접촉은 오해를 이해로 바꾸고, 차이를 인정하며 공존으로 나아가게 한다. 앨빈 토플러Alvin Toffler가 지적했지만, 한반도가 직면한 근본적인 과제는 남과 북의 시간의 충돌이다. 가장 빠른 시간을 살고 있는 남한과 가장 느린 시간을 살고 있는 북한의 시간적 모순은 통일 과정에서 극복해야 할 근본문제다.[4] 시간의 차이로 생긴 오해와 이질성을 극복하는 가장 확실한 방법이 바로 접촉이다.

포용정책은 유화정책이 아니다

햇볕정책은 오랫동안 국내정치의 소용돌이 한가운데에 있었다. 과거 냉전시대의 시각을 가진 사람들은 북한과의 접촉 자체를 비판했다. 그들의 시각에서 북한은 대화 상대가 아니고, 화해와 협력의 대상도 아니며, 단지 붕괴의 대상이자 적대의 대상이었다. 보수세력은 북한을 인정하고 화해하고 대화하고 협력하겠다는 햇볕정책을 받아들이지 않았다. 햇볕정책은 진보와 보수를 가르는 이념 갈등의 원천이었고, 정치적 선호에 따라 지지층과 반대층이 분명하게 갈라졌다. 김대중 정부를 지지하는 사람들은 햇볕정책을 지지했고, 반대하는 사람들은 햇볕정책도 반대했다.

햇볕정책은 김대중 정부 이후에도 오랫동안 정치적 논란의 대상이 되어왔다. 정치적 이해관계에 따라 햇볕정책에 대한 입장이 정해졌고, 국내 정치적 의도로 '햇볕정책의 공과를 구분하자'는 주장도 있다. 안타깝게도 이른바 햇볕정책 혹은 포용정책은 구체적인 정책이 아니라, 대북정책의 철학 혹은 접근법에 해당한다. '접근을 통한 변화' '현상의 인정을 통한 현상의 변화' '사실상의 통일' 같은 포용정책의 핵심 개념에 동의하거나 반대할 수 있다. 그러나 공과 과로 구분하기는 어렵다. 공과론은 철학이 아닌 정책을 평가할 때 적용된다. 어떤 정부의 대북정책도 잘한 부분과 잘못한 부분이 있기 때문에, 당연히 계승할 부분과 극복할 부분이 있다. 따라서 대북정책의 공과 과를 구분하자는 말은 성립할 수 있다. 그러나 햇볕정책은 실제 정책보다 추상적이고 원칙적이기 때문에 그러기 어렵다.

포용정책에 대한 평가에서 가장 중요한 오해는 '북한을 어떻게 볼 것인가'라는 인식과 '그런 북한을 어떻게 다룰 것인가'의 방법을 구분하지 않는 데서 비롯한다. 포용정책에서 북한에 대한 인식은 경험적이다. 선입관이나 희망적 사고로 북한을 보는 것이 아니라 '있는 그대로의 북한'을 보고자 한다. 1999년 5월 클린턴 정부의 대북정책 조정관 자격으로 북한을 방문했던 페리William J. Perry 전 국방장관이 말했듯 "희망적 관측을 버리고, 있는 그대로의 북한정부"North Korean government as it is, not as we might wish to be를 상대해야 한다. 해당 구절은 1999년 10월 미국 상원에 제출한 '페리 보고서'에서 가장 강조한 부분이다.

포용정책의 북한 인식도 마찬가지다. 북한이 바람직한 방향으로 변화할 가능성을 전제하기는 어렵다. 북한의 현실과 미래 사이에는 다양한 변수가 있고 발전과 퇴보, 개혁과 후퇴의 가능성이 공존한다. 북한이 놓인 대외환경 역시 적대의 현실과 변화할 미래가 공존한다. '튼튼한 안보'를 대북정책의 원칙으로 강조한 것은 이중적 현실을 인정한 것이다.

'있는 그대로의 북한'을 인식의 대상으로 삼으면, 다시 말해 경험적 시각에서 북한을 보면 시각의 차이가 크지 않다. 포용정책 역시 선입관을 배제하자는 입장이기 때문에 북한의 현실을 정확하게 파악하면 된다. 물론 '그런 북한에 어떻게 대응할 것인가'라는 방법에서 얼마든지 차이가 발생할 수 있다. 방법론은 주어진 상황에서 목표를 달성하기 위해 자신이 가진 수단의 효용성을 검토하는 것이다. 북핵문제를 해결하기 위해 '무엇이' 가장 효과적인지, 한반도의 평화정착을 위해 '무엇이' 가장 효과적인지, 북한의 변화를 촉진하기 위해 '무엇이' 가장 효과적인지를 선택하는 것이다.

포용정책을 비판하는 사람들은 대부분 인식과 방법을 구분하지 않는다. 북한에 대한 인식은 과거의 선입관을 버린다면 서로 다르지 않은데, 방법론의 차이를 인식론으로 둔갑시켜 비판한다. 포용정책에 대한 가장 대중적인 왜곡은 '유화정책'appeasement policy으로 보는 것이다. '유화'는

'달래다'라는 뜻의 'appease'라는 단어에서 유래했다. 유화정책은 '공격적인 상대의 요구를 들어주는' 혹은 '분쟁을 피하기 위해 적국에 양보하는' 정책이란 뜻으로, 특정한 시기의 외교정책을 가리키는 용어다. 바로 1930년대 후반 영국의 체임벌린Arthur N. Chamberlain 내각의 외교정책, 구체적으로 1938년 뮌헨 협정을 지칭한다. 히틀러의 전쟁 의도를 간파하지 못하고 일시적인 평화에 집착해 2차대전을 막지 못한 정책을 '유화정책'이라고 부른다.

2차대전 이후 유화정책은 전쟁 개입을 정당화하기 위한 명분으로 활용되었다. 1950년 트루먼이 한국전쟁에 참전할 때, 1965년 존슨이 베트남 전쟁을 시작할 때, 1990년 조시 H. W. 부시가 걸프 전쟁을 시작할 때, 2000년 조지 W. 부시George W. Bush가 아프가니스탄 전쟁을 시작할 때 놀랍게도 똑같은 말을 발견할 수 있다. 유화정책의 상징인 뮌헨 협정을 맺은 체임벌린의 오류를 되풀이하지 않겠다고 하면서 전쟁을 시작한 것이다. 전쟁을 시작하는 사람들이 자신의 행위를 정당화하기 위해 자신과 구별짓고자 하는 대상이 바로 유화정책이다.

유화정책이라는 개념은 1938년의 뮌헨 협정을 일방적으로 비난하기 위한 강경파들의 개념이다. 그러나 당시 체임벌린의 외교정책에 대해서는 상반된 평가가 존재한다. 체임벌린의 외교를 '국력의 상대적 하강 국면에서 재무장의 시간을 벌기 위한 의도'로 해석하는 수정주의 시각도 있다. 2차대전이 1938년이 아니라 1939년에 일어났기 때문에 히틀러가 패배했다는 주장도 존재한다.[5]

특정 시기, 특정 상황의 외교정책인 유화정책을 일반화하는 것은 그야말로 특정한 의도 때문이다. 여기서 '유화'라는 단어를 '온건한' 혹은 '부드러운'이라는 일반적 의미로 사용할 수 없다. '전쟁을 두려워하는 겁쟁

이'라는 뜻이고, 그 말을 사용하는 가장 우선적인 목적은 바로 전쟁을 정당화하기 위해서다.

　포용정책은 유화정책과 다르다. 무엇보다 유화정책은 현상유지를 추구하지만, 포용정책은 현상타파를 추구한다. 포용정책은 평화를 추구하고, 북한의 경제개혁을 유도하고, 북핵문제를 해결해나간다는 점에서 현실 추수, 갈등 회피, 문제 봉합 등과는 정반대의 정책이다. 포용정책은 또한 북한에 양보하는 정책이 아니다. 협상이란 줄 것은 주고 받을 것은 받는 것이다. 준 것의 댓가로 얻어낸 성과를 종합적으로 평가할 필요가 있다. 다만 주고받는 것에 시차가 있을 수 있다. 일반적으로 하나 주고 하나 받는 기계적인 상호주의로는 남북관계를 변화시키기 어렵다. 포용정책을 설명할 때 선공후득先供後得, 즉 '먼저 베풀고 나중에 얻는다'라는 표현을 근거로 북한에 '퍼주었다'고 비판하기도 하지만, 그것은 왜곡이다.

　포용정책은 북한에 수세적으로 대응하는 것이 아니라 먼저 행동하고action, 북한의 반응을 유도하는reaction 것이다. 그래야 상황을 주도할 수 있다. 유화정책은 수동적이지만, 포용정책은 능동적이다. 포용정책은 대북접촉을 통해 한반도의 냉전질서를 항구적인 평화상태로 전환하고, 호혜적인 경제협력을 통해 남북경제공동체를 형성하고, 이산가족 문제 해결을 비롯해 사회·문화적 공동체를 형성하기 위한 방법론이다.

　포용정책으로 안보가 약화되었다는 주장 역시 설득력이 약하다. 김대중 정부 시기 햇볕정책은 '튼튼한 안보'를 바탕으로 추진되었다. 군사안보분야에서 안보가 약화되었다는 주장은 국방비 증액이나 군사력 현황을 살펴보면 사실이 아니다. 더 중요한 것은 안보 개념의 변화다. 김대중 정부는 전통적인 군사안보를 중시하던 데서 정치·경제·환경·인권 등 다양한 영역의 '포괄안보'를 추구했다. 김대중 정부는 국제통화기금IMF의 구제금융 사태 직후 출범했고, 그래서 경제안보를 아주 중요하게 생각했다. 당시 한반도 정세의 안정적 관리는 경제에 매우 중요했고, 국제신용평가기관은 국가신인도國家信認度 평가에서 한반도의 안보환경을 중요하게 평가했으며, 외국인 투자자들 역시 한반도의 안보환경에 주목했다.

포용정책은 퍼주기가 아니다: 쌀 차관의 이유

'퍼주기'는 포용정책을 비판하는 가장 대중적인 용어다. 그러나 퍼주기는 정치적 선동이지 사실에 근거한 비판이 아니다. 일반적으로 남북관계에서 넓은 의미의 경제협력은 인도적 지원, 민간 경제협력, 그리고 정부의 공적 투자로 구성되어 있다. 하나하나가 퍼주기에 해당하는지 검토해보아야 한다.

어떤 문명국가에서도 인도적 지원을 퍼주기라고 하지 않는다. 인도주의는 한 사회의 품격을 반영한다. 1984년 10월 레이건 대통령은 "배고픈 아이는 정치를 모른다"라고 말했다. 그 직전까지 미국은 '배고픈 아이는 독재정치의 산물'이라고 생각해서 대량기아에 직면한 에티오피아를 사회주의 독재국가라는 이유로 지원하지 않았다. 미국은 식량지원을 늦추면 더 많은 아사자가 발생해 민중봉기가 일어날 것으로 기대했다. 식량은 정치의 도구였다. 그러나 오히려 에티오피아의 독재정권은 기아를 반정부세력을 학살할 기회로 판단했다.

레이건의 생각을 바꾼 것은 제재의 역설이다. 독재정권을 타도하기 위해 식량지원을 하지 않았는데, 결과가 예상과 정반대였던 것이다. 1984년 9월 미국 방송들은 에티오피아의 아사현장을 보도했다. 침묵을 지키던 정치권과 시민단체들도 나섰다. 레이건 정부는 식량을 원조하기로 했다. 주민과 정권을 분리해서 보자는 의견도 있지만, 실제로 지원을 하려면 그

1995년 6월 26일 쌀을 싣고 북한으로 떠나는 씨아펙스호

1995년 김영삼 정부는 인도적 차원에서 북한에 쌀 15만 톤을 무상으로 지원했다. 북한은 1994년부터 홍수 피해와 경제위기가 겹치면서 심각한 식량난을 겪었다. 이때부터 국제사회와 국내 민간단체의 대북 인도적 지원이 시작되었다.

김대중 정부 이후로는 쌀 지원이 인도적 지원에서 상업적 의미의 차관 방식으로 전환했다. '퍼주기'라는 일부 비판이 있으나, 차관은 공짜로 주는 것이 아니기 때문에 이는 사실이 아니다. 쌀 차관의 조건은 '10년 거치, 20년 분할 상환, 연 이자율 1퍼센트'였다. 제3세계에 대한 공적 개발원조 중 유상차관 조건과 동일하다. 그러나 2000년부터 시작한 쌀 차관의 10년 거치 기간이 끝나고 분할 상환 시기가 도래했음에도, 남북 관계 악화로 논의조차 이루어지지 않았다. 쌀 차관의 상환은 북한의 광물자원으로 상환하는 방식을 검토할 수 있다.

런 구분 자체가 현실적으로 어렵다. 레이건 정부는 에티오피아에 식량지원을 할 때 하역비용으로 톤당 12달러를 독재정부에 주었다.

북한에 대한 국제사회의 인도적 지원은 북한의 식량위기가 본격화된 1995년부터 시작되었다. 유엔 산하기관인 세계식량계획^{WFP}이 국제사회에 대북지원을 호소했을 때, 미국을 비롯한 대부분의 국가는 핵문제와 분리해서 이 사안을 수용했다. 김대중 정부도 유엔 기구의 대북지원 호소에 참여했고, 민간의 인도적 지원을 인도주의 원칙에 따라 허용했다.

민간기업의 경제협력 역시 퍼주기로 볼 수 없다. 돈을 주고 물건을 사는 무역이나, 임금을 주는 위탁가공과 직접투자(개성공단)에 퍼주기라는 개념을 적용할 수 없다. 비용에 비해 이익이 비교할 수 없을 정도로 큰데, 경제학에서 투자행위를 퍼주기라고 하지는 않는다. 민간기업의 경제협력은 경제논리에 따라 이루어진다.

김대중 정부에서 퍼주기로 비판받은 것은 쌀 지원이다. 북한에 쌀을 지원해야 한다고 처음 주장한 이들은 농촌지역의 국회의원들이다. 2001년 9월 한나라당 김만제金滿堤 정책위원회 의장이 국내산 쌀 200만섬(30만 톤)을 지원할 것을 제안했다. 당시 남는 쌀은 심각한 문제였다. 쌀 생산량은 늘어나는데 소비량은 줄어들고, 여기에 우루과이협정에 따라 의무수입이 늘어나면서 2002년 후반기에 남아도는 쌀이 1318만섬에 이를 것으로 예측되었다. 100만섬 기준으로 창고보관비는 연간 450억원에 달했다.

당시 농림부는 네가지 처리방법을 제시했다. 해외원조, 사료, 주정酒精, 대북지원이다. 100만섬 기준으로 비용을 계산해보면, 해외원조 3396억원(주로 운송비), 사료 2590억원, 주정 2527억원, 대북지원 2422억원 순이었다.

김대중 정부는 국내 여론을 고려하는 동시에 대북 쌀 지원을 남북관계 개선의 수단으로 활용하고자 했다. 김대중 정부는 대북 쌀 지원을 이산가족 문제 해결, 그리고 남북 국방장관 회담의 조기 개최와 연계해 협상했다. 그러나 처음에는 국내의 남는 쌀을 지원하지 않았다. 정부는 10월 태국산 쌀 30만 톤과 중국산 옥수수 20만 톤을 차관 방식으로 북한에 지원하기로 결정했다. 여기에 국제적인 대북지원을 총괄하는 세계식량계획에 외국산 옥수수 10만 톤을 무상지원하기로 했다. 북한에 들어가는 식량은 모두 합해 60만 톤이고, 금액으로는 1억 100만 달러 정도였다. 쌀을 공짜로 준 것이 아니라 차관계약을 맺고 판매했다는 점이 중요하다. 차관 조건은 10년 거치 20년 분할 상환이었으며, 차관의 이자율은 대외경제협력기금 차관에 적용되는 연 1퍼센트로 정했다. 분배의 투명성과 관련해서는 현장접근을 허용했고, 쌀 포대에는 영어로 대한민국Republic of Korea을 명시했다.[6]

국내 쌀 수급을 고려하면, 이때 국내산 쌀을 지원했어야 옳았다. 그러나 김대중 정부는 당시 '적은 돈으로 최대한 많은 곡물을 구입해 가급적 빨리 지원하는 것'을 원칙으로 삼았다. 이런 원칙을 정한 이유는 여러가지가 있을 수 있으나, 그중 하나가 1995년 쌀 지원 사례와의 차별화였다. 1995년 당시 김영삼 정부는 국내산 쌀을 무상으로 원조했다. 가격으로 치면 2억 3700만 달러어치였다.[7] 2000년 보수야당이 퍼주기 주장으로 공격하는 상황에서 김대중 정부는 1995년보다 적은 비용으로 더 많은 양의 식량을 보내고자 했다. 그런 원칙이라면 외국산 쌀을 보낼 수밖에 없었다. 2000년 당시 국내산 쌀은 톤당 1500달러 정도였지만, 태국산은 톤당 200~250달러에 불과했다. 그리고 당시 정부는 '양은 60만 톤 정도이지만, 김영삼 정부 때와 비교해서 비용은 절반 수준'이라는 점을 강조했다. 퍼주기 주장에 대응하려는 정부 차원의 논리였다.

만일 2000년에 국내산 쌀을 보냈다면 어땠을까? 2001년 쌀 파동은 일어나지 않았을 것이다. 그리고 퍼주기라며 비판하던 한나라당이 여당보다 먼저 나서서 30만 톤의 쌀을 북한에 지원해야 한다는 주장[8]을 하지도 않았을 것이다. 2001년 국내 쌀 재고는 적정재고의 두배가 넘는 159만 톤이 되었다. 그해 부시 행정부가 등장하면서 남북관계가 주춤했고, 쌀 지원을 할 수 있는 환경도 아니었다. 비료나 보건의료 등 다른 인도적 지원으로 분류되는 품목과 달리 쌀은 남북관계 상황에 영향을 많이 받는다. 지원방식이 차관이기 때문에 장관급 회담이 열려야 하고, 식량차관을 합의하는 실무회담도 열려야 한다.

그때나 지금이나 농촌지역에서 대북 쌀 지원을 주장하는 이유가 있다. 쌀 재고가 쌓이면 쌀값이 떨어지고, 수매량이 줄고, 수매가도 낮아진다. 농민들의 불만은 높아진다. 농촌지역 출신 의원 입장에서는 대북지원이라도 해서 재고를 줄여야 한다. 결국 정부는 2002년 8월 국내산 쌀 40만 톤을 지원했다. 더이상 국내 쌀 수급을 관리할 수 없을 정도로 남는 쌀이 쌓였기 때문이다.

2002년부터 노무현盧武鉉 정부 때까지 남북관계 상황에 따라 차이는 있지만, 그래도 매년 30만 톤에서 50만 톤 정도의 국내산 쌀을 북한에 차관으로 제공했다. 대북 쌀 지원은 그동안 남북관계에서 이산가족 문제를 비롯해 핵심 현안을 해결하기 위한 경제적 수단으로 활용되었다. 이는 무엇보다 국내 쌀 수급에 숨통을 터준다는 점에서 중요했다.

차관은 공짜로 주는 것이 아니다. 보수세력은 차관이라는 형식과 관계없이 대북 쌀 지원이 회수 가능성이 없다고 생각하지만 공적 차관의 상환방식은 다양하다. 북한으로부터는 광물자원으로 상환받을 수 있고, 장기적으로 미상환 차관을 다양한 수단으로 활용할 수 있다. 무상지원과 차관은 근본적으로 다르고, 차관을 퍼주기라 부를 수는 없다.

2000년,
남·북·미 삼각관계의 선순환

김대중 정부의 대북정책 환경은 김영삼 정부의 '잃어버린 5년'이라는 부정적 유산에서 출발했다. 악화된 관계를 개선하고, 불신을 신뢰로 전환하기 위해서는 노력과 시간이 필요하다. 김대중 정부는 1998년 집권했지만, 남북관계를 개선하는 데 상당한 시간이 걸렸다. 1998년과 1999년 차관급 회담을 열기도 하나 결렬되고 후속 대화로 이어지지 못했다.

운전석에 앉은 김대중 정부

남북관계는 국제환경의 영향을 직접적으로 받는다. 한반도 정세에서 가장 중요한 국제적 변수는 미국이다. 미국은 한국전쟁의 주요 당사자였고 휴전협정에 유엔군을 대표해 서명했으며, 여전히 한반도 군사질서에서 차지하는 비중이 높기 때문에 한반도 평화정착 과정의 핵심 당사자다. 북핵문제가 발생한 이후에는 북핵 협상에서 미국의 대북정책은 중요한 비중을 차지한다. 또한 미국은 한국전쟁 이후 북한에 대해 강력한 경제제재를 취하고 있기 때문에 북미관계의 수준과 범위가 남북 경제협력에 포괄적으로 영향을 미친다.

그래서 남·북·미 삼각관계의 구조와 작동방식이 매우 중요하다. 남·북·미 삼각관계를 구성하는 세개의 양자관계 중 하나라도 악화 혹은 교착 상태에 들어가면, 다른 양자관계에 부정적 영향을 미친다. 예를 들어 북미관계의 악화는 남북관계의 진전에 걸림돌로 작용하고, 반대로 남북관계가 진전되지 않은 상황에서 북미관계가 앞서게 되면 한미 간의 대북정책을 둘러싼 갈등이 벌어진다.

한반도 정세에서 '평화문제'의 진전을 이루기 위해서는 남·북·미 삼각관계의 선순환이 필요하다. 선순환을 이루는 과정에서 중요한 것은 한국의 적극적 역할이다. 김대중 정부 시기의 외교안보 정책을 평가할 때 가장 중요한 것은 남·북·미 삼각관계에서 한국이 주도적 역할을 발휘했다는 점이다. 1998년 6월 한미 정상회담에서 김대중 대통령은 한국의 대북정책을 설명했고, 클린턴 대통령은 대북정책의 운전대를 한국에 넘기기로 약속했다.

그러나 그 한마디 말로 한국이 운전석에 앉을 수는 없었다. 한미 양국의 대북정책은 공통점도 있었지만 차이도 적지 않았다. 특히 1998년 11월 미국 민주당이 중간선거에서 패배하고 공화당이 의회의 다수를 차지하면서, 클린턴 정부는 보수적인 공화당의 대북정책을 무시할 수 없었다. 그동안 공화당은 클린턴 정부의 대북정책을 비판하며 발목을 잡았다. 1994년 제네바 합의에 따라 미국은 매년 중유 50만 톤을 북한에 제공하기로 했으나, 공화당은 중유 예산을 삭감하거나 지연시키면서 클린턴 정부가 합의를 지킬 수 없는 상황을 만들었다.

클린턴 대통령은 1998년 11월 23일 대북정책 조정관으로 윌리엄 페리 전 국방장관을 임명했다. 민주당에서 가장 강경파였기에 공화당의 지지를 얻을 수 있는 인물이었다. 페리는 초당적 협력을 위한 적임자였다. 12월 페리는 한국을 방문해 김대중 대통령과 임동원 외교안보수석을 만났다. 이듬해 1월에는 임동원 수석이 미국을 방문했다. 당시 김대중 정부는 북핵문제를 '한반도 냉전체제의 산물'로 보았고, 북핵문제를 해결하려면 한반도의 냉전체제를 해체해야 한다고 주장했다. 페리는 한국 측의 구상을 처음 들었을 때 '내 생각과 너무 달라 어안이 벙벙했다'고 훗날 털어놓았다.

한미 양국은 초기의 차이에도 불구하고, 서로 긴밀하게 협의해 '페리 보고서'를 만들었다.[9] 1998년부터 시작된 이른바 '페리 프로세스' Perry Process 국면은 남·북·미 삼각관계의 선순환을 이루면서, 남북 정상회담과 북미대화의 긍정적 상호 보완관계를 가져왔다. 미국의 적극적인 포용정책 추진이 남북 정상회담의 환경을 조성했고, 남북 정상회담이 2000년 북미대화의 활성화로 이어졌다.

첫번째 정상회담과 6·15남북공동선언

남북관계의 역사는 정상회담 이전과 이후로 구분할 수 있다. 그 이전에도 남북한의 주요 합의가 적지 않았지만, 남북 정상회담을 계기로 합의의 시대에서 실천의 시대로 전환했다. 남북 정상회담은 김대중 대통령의 남북관계 개선에 대한 의지와 지속적인 노력으로 가능했다. 접촉이 없던 상황에서 불신이 깊었기에 처음에는 중재자를 통해 의사를 타진했고, 비공개접촉으로 서로의 입장을 조율했다. 2000년 3월과 4월 초에 박지원朴智元 문화부 장관이 밀사가 되어 중국 상하이와 베이징에서 북한의 송호경宋浩景 아시아태평양위원회 부위원장과 만나 정상회담을 합의했다. 정상회담을 원칙적으로 합의한 후, 국정원(국가정보원)이 실무협상을 맡았다.

임동원 국정원장은 김정일 위원장이 어떤 인물인지를 파악하라는 김대중 대통령의 지시를 받고 5월 말과 6월 초 두번 비공개로 방북했다. 당시 정상회담을 앞두고 가장 핵심적인 문제는 김일성 주석의 시신이 안치되어 있는 금수산기념궁전 방문이었다. 북한은 방문을 강력히 요구했고,

2000년 남북 정상회담을 기념하는 북한 우표

1996년 미국의 중간선거에서 공화당이 다수당을 차지하자, 클린턴 정부는 초당적 대북정책을 추진하기 위해 윌리엄 페리 전 국방장관을 대북정책 조정관으로 임명했다. 페리는 김대중 정부와 긴밀하게 협의하고 북한을 직접 방문해 '페리 보고서'를 작성했다. 여기서 그는 '있는 그대로의 북한'을 상대해야 하며, 한반도의 냉전구조를 해체하는 것이 북핵문제의 해법임을 강조했다.

2000년 남북 정상회담은 북미관계와 남북관계의 개선이 서로 긍정적 영향을 미치면서 가능했다. 남북 정상회담 이후 북한과 미국은 고위급 대화를 이어갔다. 조명록 차수가 미국을 방문해 북미 공동선언을 합의했고, 매들린 올브라이트 국무장관이 북한을 방문해 클린턴 대통령의 방북을 추진했다. 그러나 2000년 11월 대선에서 공화당의 부시 후보가 승리하면서, 북미관계는 더이상 진전되지 못했다.

남측은 국민정서를 이유로 거부했다. 6월 초 임동원 원장이 두번째로 방북했을 때, 김정일 위원장은 '김 대통령이 하노이를 방문했을 때 호찌민 묘소를 참배한 적도 있는데, 왜 우리는 안 되느냐'며 완강한 입장을 내비쳤다.

김대중 대통령이 평양을 방문했을 때에도 이 문제를 매듭짓지 못했다. 평양에 도착하자마자 다시 한번 임동원 원장은 김정일 위원장에게 메시지를 전달했다. '참배 문제가 정상회담의 걸림돌이 되어서는 안 되며, 앞으로 남북 경제협력을 해나가기 위해서는 국회에서 예산 승인을 받아야 하는데, 금수산을 방문하면 예산 확보가 어려워질 것이며, 따라서 너무 참배문제를 고집하지 말아달라'는 내용이었다. 그리고 마침내 김정일 위원장이 만찬장에서 임동원 원장에게 귓속말을 속삭였다. 당시 이 장면은 방송과 신문에 대대적으로 보도되었다. 귓속말의 정체에 대해 많은 추측이 있었다. 임동원 원장은 몇년이 흘러 2004년 언론사 인터뷰에서, 김정일 위원장이 "충분히 이해했습니다. 내가 차로 이동 중에 김 대통령에게 방문하지 않아도 된다고 이야기했습니다. 임 원장이 이겼어요"라고 말했다고 밝혔다.[10]

6·15 정상회담은 다양한 시각에서 평가할 수 있지만 가장 중요한 부분은 공존의 약속이다. 서로가 체제를 인정하고 공존하며, 공동번영을 위해 노력하기로 합의했다. 특히 6·15남북공동선언 2항에서 남측의 '남북연합'과 북측의 '낮은 단계의 연방제' 안의 공통점이 있음을 인정하고, 서로 협의해나가기로 합의했다. 2항의 합의를 두고 보수세력은 김대중 정부가 북한의 연방제 통일방안에 합의한 점을 비판했다. 그러나 북한이 남측의 통일방안에 합의한 점도 무시할 수 없다.

통일방안 합의에서 가장 중요한 것은 양측 통일방안의 공통성이다. 남북은 통일 과정의 중요성, 즉 '과도적 과정' 혹은 '중간단계'가 필요함을 인식하고 점진적·단계적으로 통일을 추구할 것을 약속했다. 통일을 지향하면서도, 당장의 통일보다는 평화공존과 화해·협력을 통해 평화통일의 기반을 구축해나가자는 합의이기도 하다.

남북 양측의 통일방안은 차이도 분명했다. (높은 단계의) 남북연합과 낮은 단계의 연방제는 내용적으로 접근할 수 있지만, 국제법적으로 연합confederation과 연방federation은 다른 개념이다. 남측의 연합제는 '2국가 2체제 2정부'를 의미하지만, 북측의 연방제는 낮은 단계라 하더라도 '1국가 2제도 2정부'를 의미한다. 다시 말해 연합은 주권이 구성국 각자에게 있지만, 연방은 연방국가가 보유하는 것이다.

그러나 연합과 연방은 현실세계에서 다양한 형태로 존재할 수 있다. 또한 연합제와 연방제를 '하나의 연속적 과정'으로 보는 시각도 있다.[11] 역사적으로 연합에서 연방으로 진화한 사례가 있다. 대표적으로 미국의 경우 1776년부터 새로운 연방정부가 수립된 1789년까지 13개 주가 연합규약The Article of Confederation에 의해 국가연합 형태를 유지하다 연방으로 전환했다. 1990년 동서독이 통일을 완성하기 직전 국가조약으로 성사시킨 '통화·경제·사회연합'Währungs- Wirtschafts- und Sozialunion도 국가연합의 형태다.[12] 독일의 통일 역시 일시적인 연합을 유지하다 동독이 연방제도에 편입하는 방식으로 이루어졌다.

남북 양측은 6·15남북공동선언 2항에서 '통일은 과정이다'라는 점을 합의했다. 일반적으로 독일은 '통일을 말하지 않았기에 통일을 이룰 수 있었다'고 한다. 결과로서의 통일이 아니라 과정으로서의 통일을 강조하는 이유는, 현재 분단 상황에서 교류와 협력, 평화공존이 중요하기 때문이다. 그런 점에서 남한의 역대 정부가 강조해온 '남북연합'을 제도적 구속력이 있는 개념이라기보다는, 통일 과정의 역동성을 표현하는 개념으로 재해석할 필요가 있다. 1992년 통일원은 한민족 공동체 통일방안을 설명하는 과정에서 '남북연합'을 '통일을 지향하는 과도체제로서 국제법적으로 부분적으로 국가연합의 성격'이며, 그러나 '주권국가 간의 관계를 상정하는 국가연합과는 다른 특수성'을 지녔다고 평가했다. 다시 말해 '남북연합'을 '공존공영의 통일 과정을 상징적으로 나타내는 정치적 표현'으로 해석했다.[13]

통일 과정의 제도적 수준은 2000년 6·15남북공동선언 합의 이후 남북한이 발전시켜온 분야별 협의체의 자연스러운 진전을 가정할 수 있다. 정치분야에서는 남북 총리급 회담을 총괄회담체로 하고, 분야별 장관급 회담을 정례화·제도화하는 것이 필요하다. 남북 국방장관 회담을 정례화하여 군사적 신뢰구축을 비롯한 한반도 평화체제를 논의하는 중심적 대화기구로 발전시키고, 경제협력분야에서는 '남북경제협력추진위원회'를 정례화하고 실무기능을 결합해 상설화하는 것이 필요하다. 사회·문화 분야에서는 '사회문화공동위원회'를 가동해 남북 사회·문화 교류를 제도적 측면에서 발전시킬 필요가 있다.

이러한 분야별 교류·협력과 평화정착의 성과를 반영해 '남북연합'의 제도적 수준을 점진적으로, 단계적으로 발전시켜나가야 한다. 각 분야별 발전수준이 호혜적이고, 남북관계의 기본 성격이 냉전체제에서 탈냉전체제로 전환할 경우 '사실상의 통일' 상태는 실현될 것이며, 이는 자연스럽게 '법적·제도적 통일'의 기회를 부여할 것이다.

부시 행정부의 등장과 평화회랑

2000년 11월 미국 대선에서 민주당의 앨 고어Al Gore는 득표수에서 앞

섰지만, 결국 더 많은 선거인단을 확보한 조지 W. 부시가 대통령에 당선되었다. 미국의 정부가 바뀌면서 대북정책도 달라졌고, 한·미·일 삼각관계의 작동방식도 달라졌다. 부시 행정부는 북한에 대한 강경정책을 예고했고, 세계적인 미사일 방어망MD, Missile Defence 사업을 추진하기 위해 북한의 미사일 위협을 적극적으로 강조했다. 부시 행정부의 등장으로 북미관계는 악화되었고, 대북정책을 둘러싼 한미 간의 의견 차이가 발생했으며 결국 남북관계에도 부정적 영향을 미쳤다.

2001년 3월 김대중 대통령과 부시 대통령의 정상회담은 재앙 수준이었으며, 포용정책의 시련을 예고했다. 부시 행정부는 공개적으로 포용정책을 지지하지 않았다. 그러나 김대중 정부는 포기하지 않은 채 인내심을 갖고 부시 행정부를 설득했다. 2002년 2월 부시 대통령이 한국을 방문했을 때, 남북관계의 특수성을 설명하며 왜 접촉이 필요한지 설득하고 또 설득했다. 마침 그때 남북 철도 연결을 위해 남측에서 지원하는 철도 침목에 시민들의 희망이나 소감을 쓰는 행사를 진행할 때였다. 김대중 대통령은 부시 대통령을 도라산역으로 초청했다. 부시 대통령은 판문점에서 남북관계의 과거를 보았지만, 남쪽의 마지막 역이자 북으로 향하는 첫번째 기차역인 도라산역에서 남북관계의 미래를 보았다.

김대중 정부는 마지막 1년 동안, 부시 행정부의 흔들리는 대북정책과 신보수주의자(네오콘)neo-conservatism들의 강경한 북한 인식에도 개성공단, 철도·도로 연결, 금강산 육로 관광 등 이른바 '평화회랑'을 만들었다. 철도·도로 연결은 2000년 7월에 개최된 1차 남북 장관급 회담과 8월에 열린 2차 남북 장관급 회담에서 경의선 철도(서울-신의주) 및 도로(문산-개성) 연결이 합의돼 본격적으로 추진되었다. 또한 2002년 8월 7차 남북 장관급 회담 및 남북경제협력추진위원회 2차 회의에서 개성공단 건설의 착공에 합의했다. 평화회랑은 저절로 만들어지지 않았다. 김대중 정부는 어려운 조건 속에 부시 행정부를 설득해 평화로 가는 길을 만들었다.

6·15 정상회담을 추진함에도 대북정책의 국내정치적 환경은 어려웠고 보수야당은 지속적으로 이념적인 색깔공세를 펼쳤다. 2001년 10월 임동원 통일부 장관의 해임은 가장 극적인 사건이었다. 민간 대표단의 일원으로 북한을 방문했던 강정구 동국대 교수가 김일성 주석의 생가인 만경대를 방문했을 때, 방명록에 '만경대 정신 이어받아 통일위업 이룩하자'라고 썼고, 마침 그 장면을 목격한 기자가 이를 보도했다. 김대중 정부는 그때까지 김종필이 이끄는 자민련과 연립정부를 유지하고 있었다.

보수야당은 만경대 방명록 사건의 책임을 물어 임동원 통일부 장관의 해임을 요구했다. 자민련은 임동원 장관 해임을 김대중-김종필 연합(DJP연합)을 깨는 계기로 활용했다. 결국 자민련이 연합에서 이탈하며 국회는 여소야대로 전환했다. 포용정책의 국내 기반이 약화되는 과정에서 발생한 이 사건은 '증오와 광기'의 또다른 한풀이였다. 국내 보수세력의 강력한 반발은 대북 협상에서 협상력을 강화하는 측면도 있었으나, 협상수단을 효과적으로 활용하는 데 걸림돌로 작용했다.

노무현 정부와
9·19공동성명

김대중 정부의 마지막 장관이자 노무현 정부의 첫번째 장관인 정세현 통일부 장관의 사례는 대북정책에서 김대중 정부와 노무현 정부의 연속성을 상징한다. 그러나 노무현 정부 출범 초기에 불거진 대북송금 특검이 남북관계 악화의 원인이 되었고, 부시 행정부가 북한의 농축우라늄 의혹을 제기하면서 북핵문제의 새로운 위기도 발생했다.

노무현 정부는 남북관계와 북핵문제의 병행 해결 원칙을 정하고, 한국의 주도적 역할을 선언하기만 한 것이 아니라 현실에서 실천했다. 2007년 2차 남북 정상회담이 이루어지는 과정은 북핵문제 해결의 환경을 조성하는 과정이기도 했다.

9·19공동성명 채택과 북미 불신

부시 행정부는 대화를 보상으로 생각했기 때문에, 북한과의 양자협상을 거부했다. 물론 북한은 일관되게 미국과의 양자협상을 고집했다. 2002년 10월 북한의 고농축우라늄 의혹으로 시작된 2차 북핵위기를 해결하기 위한 대화 국면은 쉽게 이루어지지 않았다. 미국은 국제사회의 대화 요구에 양자협상이 아닌 다자협상으로 응답했다.

부시 행정부가 처음으로 생각한 다자협상은 P-5 플러스 5(유엔 안전보장이사회 상임이사국 5개국과 한국·북한·일본·호주·EU)였다. 북한은 미국과의 양자협상을 요구하면서, 다자협상을 거부했다. 이후 파월Colin L. Powell 미 국무장관은 미국·중국·일본과 남북한을 포함하는 5자회담을 중국이 조직하고 초청해줄 것을 제안했다. 2003년 1월 초 중국의 첸 지천 전 외교부장이자 당시 부총리가 북한을 방문해 이 제안을 전달했다. 북한은 다시 거부했고, 첸 지천은 즉석에서 미국·중국·북한의 3자회담을 제안했다. 북한은 중국의 제안을 북미 양자접촉을 위한 것으로 해석했다. 그러나 부시 행정부는 양자대화를 회피할 목적으로 3자회담에 응했다. 3자회담이 열렸지만 3국 모두 생각이 달랐기에 실질적인 논의는 못 하고 신경전만 벌이다 헤어졌다.

이후 다자회담의 형태는 러시아 측의 강력한 요구로 6자회담이 되었다. 7월 중국의 다이 빙궈戴秉国 외교부 부부장이 나서서 3자회담, 5자회담, 6자회담의 다양한 형태를 조율하는 과정에서 북한이 6자회담을 받았다. 우여곡절을 거치고 돌고 돌아 2003년 8월 6자회담 1차 회의가 베이징에서 열렸고, 중국이 의장국을 맡았다.

6자회담은 사실 '북미 양자협상 우선' 노선을 강조하는 북한의 입장과 양자협상을 거부하는 미국이 타협한 결과였다.[14] 부시 행정부는 '비확산' 문제 해결 과정에서 중국·한국 등 역내 국가들의 적극적인 참여와 해결 노력을 요구했다. 부시 행정부가 다자주의를 고집했기 때문에 자연스럽게 중국이나 한국의 역할이 중요해졌다.

6자회담이 열렸지만 미국과 북한의 입장 차이가 커서 성과를 기대하기 어려웠다. 중국과 한국은 어떻게 해서든지 미국과 북한이 서로 대화를 나눌 수 있도록 분위기를 조성했지만, 미국은 북한과의 대화에 소극적이었다. 성과 없이 1차 6자회담이 끝나고, 중국 측 수석대표였던 왕 이王毅 부부장은 6자회담의 걸림돌이 무엇이냐는 기자들의 질문에 '미국의 대북정책'이라고 답했다. 노무현 정부는 6자회담의 유용성을 평가하고, 한국이 역할을 할 수 있는 공간을 마련하기 위해 노력했다.

6자회담이 교착에 빠지거나 북한이 대화에 소극적일 때, 남북대화는 북핵문제 해결을 촉진하는 유용한 수단으로 작용했다. 미국은 자신들의 입장을 북한에 설명하고 동시에 북한을 설득해줄 것을 남측에 부탁했고, 북한 또한 남북대화에서 미국의 의도와 의지를 확인하고 싶어했다. 남북대화가 이루어졌기 때문에 미국과 북한 모두 남측의 역할을 인정하며 도움을 요청했다.

1차에서 3차까지의 6자회담은 변변한 협상도 하지 못하고 문을 여닫기에 급급했다. 본격적인 협상은 4차 6자회담부터였다. 4차 6자회담의 성사 과정에서 한국은 중요한 역할을 했다. 세차례의 6자회담이 성과 없이 끝나자 북한은 2005년 2월 핵보유 선언을 했다. 이후 9월 19일 공동성명을 채택할 때까지 한국은 적극 나서서 북한을 설득했다. 결정적인 전환점은 평양에서 열린 6·15 기념식에 정부 대표단이 참여하고, 이 기회를 활용해 6월 17일 정동영 통일부 장관이 김정일 위원장과 만난 것이다. 여기서 북한으로부터 7월 중 6자회담에 참여하겠다는 의사를 확인했고, '한반도 비핵화는 김일성 주석의 유훈'이라는 김정일 위원장의 말을 이끌어냈다. 마침 미국 내에서도 변화가 있었다. 라이스Condoleezza Rice가 국무장관이 되었고, 크리스토퍼 힐Christopher R. Hill이 동아시아·태평양 담당 차관보가 되면서 6자회담 대표를 겸직했다. 미국 내에 협상팀이 구축된 것이다. 한국은 6·17 면담 결과를 갖고 미국을 방문했고, 정동영－체니Dick Cheney 면담을 통해 4차 6자회담을 열기로 한미 양국의 공감대를 형성했다. 한국은 남북관계를 통해, 죽어가는 6자회담을 다시 살려냈다.

두차례에 걸친 4차 6자회담은 그 이전의 회담과 달리 실질적인 협상이었다. 비로소 미국은 북한과 진정한 양자협상에 적극적으로 임했고, 그런 노력을 통해 9·19공동성명이 채택될 수 있었다. 6자회담의 기본 정신은 9·19공동성명에 집약되어 있다. 9·19공동성명은 처음부터 어려운 문제를 다루는 입구전략이 아니라, 쉬운 문제부터 어려운 문제로 나아가는 출구전략을 선택했다. 복잡하고 민감한 현안이 많지만, 일단 출구를 확인하고 하나하나 해결해나가자는 전략이다.

9·19공동성명의 특징은 세가지다. 첫째는 포괄적 접근이다. 북한은 핵을 포기하고, 5개국은 북한의 핵 포기 환경을 조성하기 위한 상응조치를 취한다. 구체적으로 미국과 일본은 북한과 외교관계를 정상화하고, 에너

지 경제지원을 하며 한반도와 동북아에서 평화체제를 구축한다. 다시 말해 북한의 핵 포기 환경, 즉 동북아에서 전후질서를 청산하고 평화체제를 만들자는 것이다.

둘째는 병행적 해결이다. 그동안 북한의 핵문제 해법을 둘러싸고 '선先 핵폐기론'과 '병행 해결론'이 대립해왔다. 부시 행정부 초기 이른바 '대담한 접근'bold approach은 북한이 핵을 포기하면 과감한 경제지원을 하겠다는 구상이었다. 그러나 대담한 접근은 북한의 거부로 곧바로 폐기되었다. 북한은 불신이 존재하는 상황에서 먼저 핵폐기에 나서지 않겠다는 입장을 분명히 했다. 9·19공동성명은 '공약 대 공약, 행동 대 행동'이라는 동시병행 원칙으로 이루어져 있다.

셋째는 단계적 접근이다. 쉬운 문제부터 우선 해결하고, 민감하거나 어려운 문제는 상호 신뢰를 바탕으로 점차적으로 해결해나간다는 구상이다. 불신이 깊기에 하나의 단계에서 다음 단계로 이행이 지체되면 얼마든지 다시 불신의 늪에 빠지기 쉬웠다. 북핵문제를 돌이켜보면, 언제나 산을 넘으면 그보다 높은 산이 기다리고 있었다. 협상 국면에서의 탄력을 활용해 다음 국면의 현안을 해결하는 전략이 매우 중요하다.

BDA 제재, 강경파의 굴욕

9·19공동성명이 채택되던 시점에 북한과 미국의 관계는 불안정했다. 양국의 불신은 2005년 9월 19일 크리스토퍼 힐 대표의 종결발언부터 드러났다. 비공개 관행에도 불구하고 미국 국무부는 이 발언을 며칠 후 공개했다. 미국은 북한의 완전한 핵폐기와 조속한 핵확산금지조약 복귀, 그리고 국제원자력기구 안전조치 이행을 촉구하면서, 핵문제 외에도 북한의 인권문제, 생화학무기, 테러리즘 그리고 불법행위 등을 논의할 것이라

는 점을 밝혔다. 공동성명에서 모호하게 처리했던 북미 양자 현안에 대한 미국의 원칙적 입장을 장외에서 공개적으로 밝힌 이유는 강경파의 압력 때문이었다.

북한 역시 9월 20일 외무성 대변인 담화를 통해 미국의 강경한 입장에 대한 자신들의 입장을 밝혔다. 경수로를 제공해야 핵확산금지조약에 복귀하겠다는 입장이었다. 북한은 '적절한 시기'에 경수로 제공 문제를 논의할 것이라는 9·19공동성명의 합의 내용을 자신들에게 유리하게 재해석해서 미국 측의 '장외 발언'에 대응했다.

그런 위태로운 상황에서 부시 행정부 내부의 대북 강경파들이 주도한 북한에 대한 금융제재가 새로운 악재로 등장했다. 미국 재무부는 9·19공동성명이 채택되기 직전이었던 9월 16일 마카오의 방코델타아시아BDA 은행을 돈 세탁 우려 대상으로 지정했다. 또한 이 은행 계좌 중 북한 소유로 의심되는 약 2500만 달러를 인출 금지 대상으로 지정했다. BDA 은행과 거래하던 일반 예금주들이 돈을 인출하기 시작하면서, 은행은 망한 것이나 다름없었다. 금융제재의 효과는 컸다. 대부분의 은행들은 북한 돈을 취급하다 미국의 제재 대상이 될 수 있다는 우려 때문에 북한과의 금융거래를 피하기 시작했다.

11월에 재개된 5차 6자회담은 북미 양국의 불신을 재확인하는 자리였다. 북한은 미국의 금융제재가 공동성명 위반이라고 주장했다. 5차 회담은 다음 날짜를 잡지도 못한 채 그렇게 3일 만에 끝났다. 당시 김계관金桂寬 북측 대표는 회담 후 기자회견에서, "북미 양국이 앞으로 회담을 열어, 금융제재 문제를 논의하기로 했다"고 밝혔다. 그러한 북측의 발표는 성급한 것이었고, 워싱턴의 분위기가 경색되는 데 빌미를 제공했다. 결과적으로 힐 대표가 워싱턴에 도착하기도 전에 언론에 보도된 '합의'는 힐 대표를 더욱 위축시키는 결과를 가져왔다.

2006년 3월 7일 뉴욕에서 열린 북미 양국의 접촉 결과는 북한의 '희망적 생각'과 달랐다. 북한은 위폐 문제 해결을 위한 정보 교류와 합동 협의기구 설치를 제안했지만, 미국은 "불법행위는 협상의 대상이 아니다"라는 점을 분명히 했다. 당시의 접촉에서 미국은 의도적으로 6자회담 관련자들을 배제함으로써, 협의가 아니라 '범죄사실'을 설명하는 자리임을 분명히 했다. 북한의 좌절감이 컸다.

4월 중순 토오꾜오에서 진행된 비공식 6자회담 대표 회동의 결과는 북미 양국의 평행선을 다시 한번 확인하는 자리였다. 2005년 하반기 이후 몇차례 비공식 회동이 추진되었다. 중국은 선양瀋陽 등에서의 비공식 회동을 제안했고, 한국 역시 제주도 회동을 제안하기도 했다. 그렇지만 미국은 '6자회담의 틀 내에서 양자접촉'을 고수했고, 북한 역시 미국의 금융제재 문제가 해결되지 않는 한, 6자회담에 나갈 수 없다는 입장을 고수했다. 어렵게 성사된 토오꾜오 회동은 북미 양국의 엇갈린 고집으로 아무런 진전도 없이 끝났다.

2006년 7월 북한은 장거리 미사일인 대포동 2호를 발사하고, 10월 1차 핵실험을 했다. 1년 동안의 '협상의 실종'은 북핵문제를 더욱 어렵게 만들었다. 북한은 뉴욕 접촉과 토오꾜오 회동에서 느꼈던 좌절감을 핵능력을 고도화하는 동력으로 사용했다. 미국과 일본은 북한이 미사일을 발사하자, 준비된 봉쇄전략을 곧바로 실행에 옮겼다.

북한의 핵실험 직후인 11월 미국의 중간선거에서 부시 행정부는 패배했다. 당시 이란 핵문제도 악화되면서 중동에서의 핵 확산 움직임이 가시화되고 있었다. 이란과 북한의 핵개발 움직임이 빨라지면서, 부시 행정부는 비확산 체제의 위기가 세계적 차원으로 번지고 있음을 인식했다. 부시 행정부는 대북정책의 초점을 정권교체론에서 북핵문제 해결론으로 변경하고, 2007년 1월 독일 베를린에서 북한과의 양자접촉을 시작했다. 부시 행정부는 도덕적 접근을 버리고 현실적 접근으로 돌아와, '있는 그대로의 북한'을 상대하기 시작했다.

이윽고 2월 13일 베이징에서 북한과 미국은 핵문제에 대한 중요한 합의에 도달했다. 합의의 핵심은 60일 내에 북한이 핵시설을 '폐쇄'하면 미국이 중유 5만 톤을 제공하고, 이후 '불능화' 조치를 취할 경우 중유 100만 톤을 제공한다는 것이었다. 닫혔던 협상의 문이 이른바 2·13합의로 다시 열렸다.

북한과 미국은 2·13합의에서 BDA 문제를 30일 내에 해결할 것에 대해서도 합의했다. 대북 강경파들은 BDA 제재를 가장 효과적인 금융제재의 상징으로서 강조했지만, 북한이 BDA 제재 해제를 6자회담의 재개 조건으로 들고 나오면서, 이는 오히려 강경파들의 굴욕의 상징으로 변했다. 미국은 6자회담의 재개를 위해 북한의 요구를 들어주기로 했고, 그야말로 다양한 방안을 검토했다. 그러나 북한은 단순히 자금의 인출이 아니라, 정상적인 금융망을 통해 돈을 돌려받기를 원했다. 단지 동결된 계좌의 돈을 달라는 것이 아니라, 금융제재의 해제를 원한 것이었기 때문에 해법은 쉽지 않았다. 미국은 동결된 북한 자금을 돌려주기 위해 다양한 기술적 방법을 검토했다. 중국은행을 통한 계좌이체는 결국 중국은행의 거부로 성사되지 못했고, 한국이 중재에 나서는 방안도 검토했으나 은행들의 회피로 무산되었다. 결국 BDA에 있던 북한 계좌의 돈은 미국 연방준비은행에서 러시아 국영은행으로, 그리고 그곳에서 러시아 극동상업은행의 북한 조선무역은행 계좌로 이체되었다. BDA 사태는 한때 대북 강경파들이 발견한 북한의 급소로 알려졌으나, 결국 굴욕으로 끝났다.

2007년 정상회담과
한반도 평화정착

2007년 남북 정상회담은 남·북·미 삼각관계의 선순환 속에서 가능했다. 부시 대통령은 2006년 11월 하노이에서 열린 한미 정상회담에서 "김정일 체제를 인정하겠다"고 했다. 나아가 핵을 포기하면, 노무현 대통령을 포함해 3자가 평화협정을 맺자고 제안했다.[15] '정권 교체'regime change '악의 축' '폭정의 전초기지' 등 초기 부시 행정부의 대북 인식과 비교해본다면 엄청난 변화였다. 부시 행정부는 이후 북한과 양자협상에 나섰고 북핵문제도 2007년 2·13합의를 계기로 진전했다. 그런 상황에서 남북 정상회담이 추진되었다.

2007년 남북 정상회담에서 가장 중요한 합의는 한반도 평화정착에 관한 약속이다. 평화를 만드는 과정은 갑자기 이루어진 것이 아니다. 노무현 정부는 임기 초부터 서해에서의 우발적 충돌을 방지하고 휴전선에서의 긴장완화 조치를 꾸준히 추진했다. 이에 정상회담에서 종전선언에 합의하며 한반도 평화체제를 함께 만들어갈 것을 약속했다.

확성기 방송의 중단

노무현 정부에서 남북한의 군사적 충돌은 한번도 발생하지 않았다. 초보적이지만 군사적 신뢰를 구축하기 위해 노력한 결과였다. 2000년 남북 정상회담 이전에는 한차례도 없었던 남북 군사대화가 그 이후로 2007년 12월까지 44회 열렸다. 이들 회담은 국방장관 회담(2회), 장성급 군사회담(7회), 군사실무회담(35회) 등으로 구성되며, 2000년 남북 정상회담 이후 남북 군사대화는 전체 남북대화(226회)의 19.5퍼센트에 해당한다. 노무현 정부에 들어와서 군사분야 남북대화는 총 28회 있었는데, 이 가운데 2007년에만 11회의 군사회담이 열렸고 이는 연도별 기준으로 가장 많은 군사회담 횟수다.

노무현 정부에서 군사충돌이 발생하지 않은 이유는 2004년 6월 4일 2차 남북 장성급 군사회담에서 우발적 충돌 방지에 합의했기 때문이다. 1999년과 2002년 서해에서 군사충돌이 벌어진 이유는 오해와 오판 때문이다. 꽃게잡이 철에 기본 장비도 갖추지 않은 북한 배가 길을 잃고 남하하면 북한 경비정이 따라 내려오고, 그러다가 충돌이 벌어졌다. 그런 충돌을 막기 위해서는 의사소통이 필요했다. 남북 함정 간 무선통신망이 운용되고 해군 당국 간 긴급연락체계를 마련한 이후 북한은 어선을 데려가기 위해 내려온다거나, 기관 고장으로 표류한다거나, 안개 때문에 방향을 잃었다는 점을 알렸다. 왜 내려오는지를 사전에 알았기 때문에 과거처럼 긴장할 필요가 없었고, 접근 과정에서 더이상 우발적으로 충돌할 이유가 사라졌다.

당시 남북한은 서해에서의 우발적 충돌 방지와 더불어 군사분계선에서의 비방을 중단하기로 합의했다. 2004년 6월 15일부터 남북 양측은 아주 오랫동안 대결의 시대를 상징해온 휴전선의 확성기 방송을 중단하기로 했다. 14일 밤 양측은 고별방송을 내보냈다. 155마일 휴전선 곳곳에 달린 확성기를 통해 남쪽에서 마지막 말을 전했다. "조국의 평화적 통일을 기원하면서 그동안 우리 자유의 소리 방송을 들어준 인민군 여러분께 진심으로 감사드리며 무궁한 행운을 빕니다." 그렇게 대결의 시대는 역사 속으로 사라졌다. 북쪽 역시 11시 넘어 "통일의 그날 우리 만납시다"(남성), "꿈결에도 바라던 통일의 그날, 기쁨과 감격에 울고 웃으며 서로 얼싸

안읍시다"(여성)라면서 고별방송을 했다. 2005년 8월 13일로 군사분계선 지역에서 선전수단이 모두 철거되었다.

휴전이 아니라 종전을 선언해야 하는 이유

2007년 남북 정상회담의 핵심은 바로 한반도 평화체제에 대한 약속이다. 물론 그 이전에도 한반도 평화체제를 위한 논의는 있었다. 한국전쟁 이후 다양한 계기로 평화협정의 필요성을 강조하는 주장이 있었지만, 처음으로 당사자들이 모인 것은 1990년대 중반이다. 1996년 4월 16일 김영삼 대통령과 클린턴 대통령은 제주도 정상회담에서 '한반도 평화체제 구축을 위한 4자회담'을 제의했다. 남북한과 미중이 함께 모여 평화체제를 구축하자는 제안이었다.

당시 한미관계는 최악이었고 클린턴 대통령이 일본에서 한국을 들르지 않고 바로 중국으로 넘어간다고 하자, 김영삼 정부는 클린턴 대통령의 발목을 붙들 묘책이 필요했다. 그렇게 궁리를 거듭하다 나온 것이 4자회담이다. 미국은 한반도 평화체제의 필요성을 거부할 수 없었고, 북한 역시 북미대화의 공간으로 활용할 수 있다는 계산으로 이를 받아들였다. 1997년 3월 5일 4자회담 공동성명회가 뉴욕에서 남북한과 미국이 참여한 가운데 열렸고, 그해 8월부터 11월까지 3차례의 예비회담, 그리고 12월부터 이듬해 6월까지 6차례의 본회담이 열렸다.

물론 김영삼 정부 시기 남북관계가 악화된 때에 열린 4자회담은 성과를 거두지 못했다. 4자회담이 열린 제네바에서 남북한은 신경전만 펼치고 실질적인 대화를 하지 않았다. 4자회담 제안 직후 북한은 한국 측의 공동성명 참여를 거부했고, 예비회담 과정에서도 북한은 남북 간에 이미 불가침 합의가 있기 때문에 북미 평화협정을 체결해야 한다는 기존의 방침을 되풀이했다. 북한은 4자회담을 식량지원[16]을 얻어낼 명분을 얻고 북미관계를 진전시키는 계기로 활용했다.

그런 한계에도 1998년 10월 20일부터 24일까지 개최된 3차 본회담에서 평화체제 구축 분과와 긴장완화 문제를 논의하기 위한 분과 구성에 합의한 점은 성과로 평가할 수 있다. 또한 한·미·중 3국은 긴장완화 및 신뢰구축의 중요성과 이행 실천이 쉬운 것부터 접근하자는 원칙에 의견을 같이했다.[17]

이후 한반도 평화체제에 관한 논의는 2005년 9·19공동성명에 다시 등장했다. 당시 한국은 평화체제가 북핵문제를 해결하는 데 매우 중요한 구성요소라는 점을 인식했고, '한반도 평화체제 논의를 위한 별도 포럼'을 개최한다는 내용을 9·19공동성명에 포함시켰다. 동시에 동북아의 다자간 평화협력을 논의하기 위한 실무그룹을 만든 것도 의미가 있다. 이후 4자회담은 한번도 열리지 않았다.

2007년 열린 남북 정상회담 1차 회의에서 노무현 대통령은 이렇게 제안했다. "남과 북이 주도해서 평화체제 협상을 시작하기로 했다는 것을 전세계에 공표하게 될 수 있으면 좋겠습니다. 그리고 가급적 빠른 시일 내에 한반도 평화체제 포럼을 출발시키는 것이 필요하며, 협상 개시에 도움이 된다면 부시 대통령이 제안한 방식대로 3국 정상이 만날 수도 있을 것이라고 생각합니다." 이에 김정일 위원장이 답했다. "조선전쟁에 관련 있는 3자나 4자들이 개성이나 금강산 같은 데서 분계선 가까운 곳에서 모여 전쟁이 끝나는 것을 공동으로 선포한다면 평화문제를 논의할 수 있는 기초가 마련될 수 있다고 이렇게 생각합니다. 그래서 노무현 대통령께서 관심이 있다면 부시 대통령하고 미국 사람들과 사업해서 좀 성사시켜보는 것도 나쁘지 않지 않는가 이렇게 생각합니다."[18]

이런 논의를 토대로 2007년 남북 정상회담에서는 한반도 평화체제 형성 과정에서 남북 당사자 관계의 구축과 잠정적인 조치로서 종전선언에 합의했다. 휴전은 전쟁을 일시적으로 중단한다는 뜻이고, 종전은 전쟁이 끝났다는 뜻이다. 종전선언은 사실 매우 간단한 것으로, 종전, 즉 전쟁이 끝났음을 선언하기만 하면 된다. 그러나 선언이 미칠 '사실상의 효과'는 적지 않다. 우선 휴전관리체제에서 종전관리체제로 전환해야 한다. 당시 휴전관리의 주체는 형식적으로 유엔사령부였다. 그래서 판문점 공동경비구역JSA 관리 업무도 유엔사령부가 맡고 있었다. 종전이 선언되면 유엔사령부의 지위와 역할이 바뀌어야 한다. 휴전관리체제의 법적 근거가 사라지기 때문이다. 당연히 유엔사령부의 지위와 역할이 변경되면 유엔군사령관을 겸직하는 주한미군사령관의 지위도 달라지고, 주일미군 중에서 유엔사령부 소속 부대의 주둔과 작전에 관해 미국은 일본과 새로운 협의가 필요하다. 종전선언은 법적으로 매우 간단하나, '사실상의 평화'de facto peace라는 관점에서 보면 상당한 현상 변화를 요구한다.

종전관리체제의 가동 역시 중요하다. 종전관리체제는 평화체제로 가는 과도기 형태이지만, 휴전관리체제와 결정적으로 다르다. 종전선언은 남북한과 미국·중국에서 하더라도, 종전관리체제는 한반도에 실질적으로 군대가 주둔하고 있는 남·북·미 3자구도로 진행할 필요가 있다. 비무장지대 관리를 비롯한 실질적인 군사적 신뢰구축 조치는 '남북군사공동위원회'에서 논의하고 미국이 이를 보장하는 형식이 바람직하다. 남북 당사자 중심의 종전관리체제는 항구적인 평화관리체제가 시작될 때까지 과도기 국면을 관리해야 한다.

남북군사공동위원회의 역할은 크게 두가지다. 하나는 남북 군사문제를 논의하고 신뢰구축 조치의 구체적 이행방안을 마련하는 것이다. 다른 하나는 군사적 신뢰구축 조치의 이행 여부를 감독하고 조정하는 것이다.[19] 특히 군사적 신뢰구축 조치는 매우 중요하다. 대체로 신뢰구축은 운용적 군비통제operational arms control와 구조적 군비통제structural arms control의 일부로 여겨졌으나,[20] 1975년 헬싱키 안보협력회의에서 신뢰구축 단계의 중요성을 강조하며 별도의 개념으로 강조하고 있다. 헬싱키 협정(유럽안보협력회의 최종의정서)에서는 특히 군사훈련의 사전 통보를 중요한 신뢰구축 조치로 강조한다. 군사훈련의 사전 통보, 참관단 초청, 주요 군사이동의 사전 통보 등에 관한 내용을 '군축 관련 사항'과 분리해 기술하고 있다.[21]

남북군사공동위원회는 우선적으로 쌍방 군사 당국자 간 직통전화의 운영, 대규모 부대이동 및 군사연습의 사전 통보, 연례적인 군사력 현황 교환 및 상호 제공된 군사력 현황에 대한 평가, 재난 시 공동협력을 제도화하는 것으로 시작할 수 있다. 대부분 남북기본합의서의 불가침 부속합의서에 포함된 군사적 신뢰구축 조치에 들어 있는 내용이다.

서해, 냉전의 바다에서 평화의 바다로

2007년 남북 정상이 합의한 10·4선언(남북관계 발전과 평화번영을 위한 선언)은 당시의 남북관계에서 분야별로 협력할 수 있는 내용을 상세하게 정리했다. 그중 '서해평화협력특별지대' 구상은 한반도 평화정착에서 중요한 의미를 지닌다. 서해 평화협력에서 가장 쟁점이 되었던 부분은 북방한계선, 즉 NLLNorthern Limit Line 문제였다.

NLL은 유엔군사령관이었던 클라크Mark W. Clark 장군이 1953년 8월 30일 동해 및 서해에서 우발적 무력충돌을 방지하기 위해 설정한 해상경계선이다. 앞서 7월 해상경계선에 관한 규정을 포함하지 않은 채 정전협정이 체결되었기 때문이다. 북한은 1955년 12해리 기준으로 자신들의 영해를 선포하고, 이후 간헐적으로 NLL을 침범했으며 NLL을 둘러싼 남북 갈등이 지속되었다. 1999년 남북 간 무력충돌 사태인 연평해전, 2002년 서해교전(제2연평해전)이라는 불행한 사태가 발생했다.

2007년 남북 정상회담에서 합의한 서해평화협력특별지대 구상은 해상 경계선이라는 민감한 문제를 건드리지 않고, 경제협력을 통해 서해에 평화를 정착시키려는 남쪽의 구상이다. 북한이 이 제안을 수용했다. 노무현 대통령은 서해에 평화를 만들면서, 해주특구를 개발하고 인천~해주 항로를 활성화하며, 공동어로를 통해 바다에서 호혜적 경제구조를 만들고, 한강하구를 공동으로 개발하자고 제안했다. 해주는 북한의 해군기지가 있는 곳으로, 정상회담에서 노무현 대통령이 해주특구를 제안하자 김정일 위원장은 국방위원회 관계자를 불러 해주를 열어도 되느냐고 물었다고 한다. 군사적으로 민감한 해주를 받아들인 것은 서해의 평화정착에 대한 북한의 의지로 해석할 수 있다.

또한 한강하구로 배가 다니면 분단의 강 임진강이 평화의 강이 되고, 서울은 바다로 통할 수 있다. 어쩌면 한강 선착장에서 쾌속유람선을 타고 백령도로 인당수로 장산곶으로 여행을 떠날 수 있을 것이다. 서해가 안보관광지가 아니라 평화관광지, 생태관광지로 진화할 수 있을 것이다.

1999년과 2002년 서해에서 일어난 군사충돌의 원인은 꽃게였으므로, 남북은 서해평화특별협력지대를 만들어 충돌의 원인을 해결하고 공동어로를 하기로 합의했다. 남북 정상회담 이후 공동어로 방안에 대해 남북한은 입장 차이를 보였다. 남쪽은 공동어로 수역을 NLL 기준으로 각각 남과 북의 동일 수역을 제시했고, 북쪽은 NLL 이남 지역을 주장했다. 2007년 정상회담 이후 국방장관 회담이 열렸지만 공동어로 수역에 대한 입장 차이를 좁히지 못했다.

수산자원이 풍부하고 물범과 저어새 등 각종 보호생물종이 서식하는 백령도 인근 해역을 해양생태공원으로 만들자는 제안도 주목할 만하다. 이는 중동 평화에서 핵심적 구실을 했던 홍해 해양평화공원의 사례에서 착안한 것이다. 이스라엘과 요르단은 중동 평화를 위해 양국의 접경수역에서 긴장을 완화하고, 산호 등 해양생태환경을 보존하기 위해 관광협력지대를 묶어서 홍해 해양평화공원을 만들었다. 당시 서해 해양평화공원을 구상할 때 홍해의 경험은 매우 중요한 시사점을 주었다. 공동어로 수역과 해양평화공원을 묶어 평화수역을 만들면 바다에 비무장지대가 만들어진다. 군함은 들어갈 수 없고 해상재난이 발생하면 구조선이 들어가며, 해양생태계를 보호하고 관리하는 탐사선이 오가는 곳이다. 서해가 평화의 바다가 되면 남과 북의 어부들이 함께 뱃노래를 부를 수 있으리라 기대했다.

금강산, 개성, 철도: 경제협력의 3대 사업

2000년 남북 정상회담 이후 남북한의 교류·협력은 획기적으로 진전했다. 6·15 정상회담에서 남북 경제협력에 관한 부분은, 제반 분야에서 남북 간 교류·협력을 증진해나가는 것이 민족 전체의 발전과 이익에 부합한다는 내용의 추상적 문구가 전부였지만, 이후 장관급 회담과 경제협력 추진위원회를 통해 다양한 분야에서 구체적으로 이행되었다.

남북 경제협력의 제도적 장치와 관련해 남북한은 4개의 투자 관련 합의서를 발효했으며 원산지 증명, 직교역체제의 정비, 무역사무소 개설 등에 합의했다. 양적 지표를 보더라도 1989년 남북 교역이 시작된 초기에는 2000만 달러에 못 미치던 교역규모가 2002년 6억 달러에 이르렀고, 2002년부터 남한이 중국에 이어 북한의 제2교역상대로 부상했다. 김대중·노무현 정부 10년 동안 남북 경제협력분야에서 가장 주목할 만한 성과는 3대 사업이라 부르는 금강산 관광 사업, 개성공단 조성, 그리고 철도·도로 연결이다.

이산가족과 금강산 관광

김대중 정부가 출범한 직후인 1998년 6월 16일 판문점에서는 감동적인 행위예술이 펼쳐졌다. 정주영 현대그룹 명예회장이 소떼를 몰고 판문점의 돌아오지 않는 다리를 건넜다. 64년 전, 열여덟 나이에 아버지의 소 판돈 70원을 갖고 남으로 내려온 아들이 성공한 기업인이 되어 소떼를 몰고 분단의 경계선을 넘었다. 정주영 회장은 세계가 주목한 그날의 잊지 못할 퍼포먼스의 의미를 새기며 "이제 그 한마리가 천마리의 소가 되어 그 빚을 갚으러 꿈에 그리던 고향산천을 찾아간다"라고 말했다.

소떼가 분단의 경계선을 거슬러 올라간 이후 동해에서 금강산으로 배가 떠날 수 있었다. 금강산 관광 사업을 가장 열렬히 환영한 사람들은 이산가족들이었다. 1998년 11월 18일 첫 배를 탄 일반 관광객 835명 가운데 45퍼센트가 이산가족이었다. 21일 밤 9시 금강호가 장전항을 빠져나올 때 마침 싸락눈이 내리기 시작했다. 배가 점점 멀어지자 모두들 갑판에 나와 아쉬움을 달랬다. 이산가족의 심정이야 오죽했겠는가. 우는 사람이 적지 않았다. 누군가 멀어져가는 어둠을 향해 '어머니'라고 목 놓아 불렀다. 깜깜한 바다, 차디찬 파도에 진하디 진한 눈물이 떨어졌다. 금강산은 그렇게 이산의 한을 달래는 출구였다. 2000년 정상회담 이후부터는 실제로 이산가족 상봉 행사가 금강산에서 이루어졌고, 2005년 8월 착공한 이산가족 면회소는 2008년 초 완공되었다.

또한 금강산 관광 사업은 외환위기를 극복하는 데 큰 도움이 되었다. 1998년은 외국인 투자가 절실하던 시점이다. 투자를 검토할 때 가장 중요한 것은 안정성이다. 그해 김대중 정부가 들어섰을 때 한반도의 군사적 긴장은 매우 높았다. 김영삼 정부 5년이 남긴 불신과 대립도 여전했다. 8월부터는 '금창리 지하 핵시설 의혹'이 제기되고 북한은 대포동 미사일을 발사했다. 북미관계도 악화되었고, 한미 양국의 강경파들은 '정밀폭격'을 주장하던 때였다. 한반도가 전쟁 직전까지 갔던 1994년 6월의 악몽이 되살아나는 어려운 시기였다.

이런 상황에서 김대중 정부는 금강산 관광 사업을 승인했다. 임동원 당시 외교안보수석은 그 결정을 '일종의 모험'으로 생각했다고 한다. 안보위기와 경제위기라는 이중의 위기상황을 돌파하기 위한 결단이 필요했다.[22] 그렇게 길이 만들어졌다.

11월 20일 저녁 클린턴 대통령이 한미 정상회담을 위해 서울에 도착했다. 그리고 신라호텔에 머물며 두번째 금강산 관광선 봉래호가 떠나는 장면을 TV에서 보았다. 21일 정상회담에서 클린턴 대통령은 그 모습이 아름다웠노라고, 깊은 감명을 받았다고 말했다.

이후 10년 동안 금강산은 모진 풍파를 헤치고 한반도 평화의 상징이자 이산가족 만남의 장으로, 사회·문화의 실험장으로 굳건하게 살아남았다. 물론 위기도 있고 사건도 적지 않았다. 1999년 6월 15일 연평해전이 발생했다. 김대중 정부는 계획된 관광선을 출항할지 결정해야 했다. 관련 부처들의 입장은 부정적이었다. 그러나 임동원 당시 통일부 장관은 대통령에게 전화를 걸어, '나의 책임 아래 출항시키겠다'고 보고했다. 북한이 사건 직후 현대를 통해 "금강산 관광 사업은 민족문제이므로 정상적으로 추진하자"는 입장을 전달해 왔고, 북측 지역에 체류하는 국민들의 안전을 위해서는 중단하기보다 출항시키는 편이 낫다고 판단했다. 다행히 예약했던 관광객들은 한명도 취소하지 않고 전원이 관광선에 올랐다.[23]

그러나 며칠 후 금강산 관광객이었던 민영미閔泳美 씨 억류사건이 발생하면서 사업은 처음으로 45일간 중단되었다. 민영미 씨가 북쪽의 환경감시원에게 남한으로 온 탈북자들이 잘살고 있다는 말을 했다는 이유였다. 북한은 관광객이 북한을 자극하는 발언을 한 데 대해 '시범 사례'를 선택했다. 남과 북의 체제가 다르고, 더 자유로운 입장에서 관광을 즐기는 남쪽 사람들이기에 문제 발언은 계속되었다. 2000년 남북 정상회담 이후에도 금강산에서 사건·사고는 끊이지 않았다. 더욱이 2003년 4월 사스SARS 발생으로 한달 반 이상 관광이 중단되었고, 2005년 8월 김윤규金潤圭 현대아산 부회장이 퇴출되자 관광 일정이 축소되기도 했다. 인민군을 차량사고로 사망케 하는 사건도 있었고, 북한에 귀순 요청을 한 사람들이 추방당하기도 했다.

1999년과 2002년 서해에서 교전이 발생했을 때 보수적인 사람들은 당장 관광을 중단해야 한다고 주장했다. 2006년 북한이 핵실험을 했을 때에도 금강산 관광 중단 목소리가 컸다. 그리고 결국 이명박李明博 정부 시기, 2008년 7월 발생한 관광객 총격사건으로 금강산 관광이 중단되었다.

금강산의 문이 닫히면서 남북 이산가족 상봉도 중단되었다. 남북 이산가족 상봉은 2000년 6·15남북공동선언에서 남북 이산가족 상봉 등 인도적 문제의 조속한 해결에 합의한 이후 지속적으로 이루어졌고, 2000년부터 2007년까지 16차례의 대면 상봉과 7차례의 화상 상봉을 실시했다.

구분	연도	1985	2000	2001	2002	2003	2004	2005	2006	2007	총계
당국 차원	생사 확인	65	792	744	261	963	681	962	1069	1196	6579
	서신 교환	–	39	623	9	8	–	–	–	–	679
	방남 상봉	30	201	100	–	–	–	–	–	–	331
	방북 상봉	35	202	100	398	598	400	397	594	388	3112
	화상 상봉	–	–	–	–	–	–	199	80	278	557

출처: 『통일백서 2008』(통일부 2008), 206면에서 인용

이산가족 상봉의 틀에서 국군포로와 납북자 해결을 위한 노력도 했다. 정부는 2006년 4월에 있었던 18차 남북 장관급 회담에서 처음으로 '전쟁 시기와 그 이후 소식을 알 수 없게 된 사람들의 문제를 실질적으로 해결하기 위해 협력'하기로 합의함에 따라 국군포로와 납북자 문제 해결의 토대를 마련했다. 2007년에도 3월 2일 20차 장관급 회담, 4월 13일 8차 적십자회담, 11월 16일 총리회담, 11월 30일 9차 적십자회담 등 총 4차례에 걸쳐 이 문제에 대한 합의를 이끌어냈으나 북측의 미온적 태도로 가시적인 성과를 거두지는 못했다.

다만 이산가족 상봉 행사 때 생사 확인 의뢰자 명단에 납북자·국군포로를 일부 포함시켜, 부분적으로 생사 확인과 가족 상봉이 이루어졌다. 2000년 남북 정상회담 이후 16차례의 이산가족 상봉에서 전후 납북자 16가족 73명, 국군포로 20가족 78명이 금강산에서 가족 상봉을 가졌다.

열린 성, 개성이 성을 열다

개성으로 가는 길, 그곳에 첫 발자국을 남긴 사람은 정주영 현대 명예 회장이었다. 물론 처음부터 개성이 공단 후보지는 아니었다. 군사분계선에서 8킬로미터 떨어진 군사요충지, 한국전쟁 당시 북한군 탱크가 넘어

오던 그곳에 누가 공단을 만들 생각을 했겠는가? 1998년과 1999년 정주영 명예회장의 역사적인 방북이 이루어지면서 공단 조성 문제가 본격적으로 협의되었다. 현대 측은 처음에 해주를 원했지만, 북한은 신의주를 추천했다.

개성이 후보지로 부각된 것은 2000년 6·15 남북 정상회담 때문이었다. 정상회담 이후인 6월 29일 원산 동해함대 해군기지에서 정주영 명예회장은 정몽헌 회장과 함께 김정일 위원장을 만났다. 그곳에서 김정일 위원장이 개성을 공단 후보지로 제시했다. 그때 정주영 회장은, '공단에 약 35만 명의 노동자가 필요한데, 개성시 인구는 어림잡아 20만명 정도다. 나머지 인력을 어떻게 채울 것인가?'라고 물었다. 김정일 위원장이 대답했다. "그때가 되면 군대를 옷 벗겨서 공장에 투입하면 되지 않겠습니까?" 덧붙여 군인을 노동자로 만들기 위해서라도 한반도 평화와 이를 위한 군축이 필수적이라고 언급했다.

그런 환경에서 개성이 공단 후보지로 확정되었다. 분단의 세월 동안 굳게 닫혀 있던 통문이 열렸다. 지뢰가 걷히고 길이 났다. 공단을 만드는 과정 자체가 남북한의 신뢰형성 과정이었고, 군사적 긴장을 완화하는 과정이었다.

개성은 역사의 도시다. 고려의 500년 수도였다. 상상력을 자극하는 전설이 있고 찬란했던 고려인의 문화적 숨결이 남아 있는 도시다. 개성은 경제도시다. 역사적으로 개성상인들은, 괴테가 인간의 지혜가 낳은 가장 위대한 발명이라고 했던 복식부기 방식을 서양보다 200년이나 앞서 사용했다. 또한 개성은 분단의 도시다. 한국전쟁 때 이 도시의 역사적 상징성 때문에 필사적으로 공격과 탈환의 대상이 되었다. 그리고 1951년 7월부터 약 4개월간 최초의 휴전협상이 열리면서 개성은 분단과 탈분단을 상

2007년 1월 24일 개성공단에서 일하는 북한 노동자들

개성공단은 현대그룹 정주영 명예회장과 김정일 국방위원장의 합의로 시작되었고, 2000년 남북 정상회담으로 구체화되었다. 공단의 입지 조건상 원자재를 남쪽에서 조달하고 북한 노동자를 고용하려면 물류 비용을 최소화해야 했다. 그래서 경의선 도로로 연결되고 군사분계선에 인접한 개성을 택했다. 전기는 남한에서 송전하는 방식이었다.

개성공단의 입주기업은 중소기업들로, 섬유·봉제 사업이 70퍼센트를 차지했다. 노동집약적 업종이 중심인 이유는 경제제재 때문에 첨단 기술과 부품이 들어갈 수 없고, 북한의 노동력을 활용하기 위해서였다. 개성공단의 임금은 초기 계약 시 최저임금 57.5달러, 연간 임금상승률 5퍼센트 이하로 합의했다. 박근혜 정부가 2016년 2월 개성공단을 폐쇄할 당시, 수당을 포함해서 평균 임금은 145달러 수준이었고, 입주기업은 125개, 북한의 고용노동자 수는 5만 4000명 정도였다.

징하는 도시가 되었다. 비록 4개월 동안 귀머거리 대화와 기싸움으로 아무런 성과 없이 협상 장소를 판문점으로 넘겨주었지만, 개성은 전쟁 발발 이후 최초의 중립지대였다. 만남이 있었고 대화가 이루어졌다. 그후 오랫동안 냉전시대 협상의 기원이 되었다.

개성을 공단으로 만드는 과정은 순탄하지 않았다. 제일 어려운 걸림돌은 미국과의 협의였다. 개성에 공장을 짓기 위해서는 설비가 들어가야 하는데, 북한은 미국에 의해 테러지원국으로 지정되어 있었다. 미국산 부품·기술·로열티가 10퍼센트 이상 포함된 물자를 테러지원국에 반출하기 위해서는 미국 상무부의 심사를 거쳐야 했다. 2004년 8월 정동영 통일부 장관이 이 문제를 풀기 위해 미국을 방문했다.

미국 국방부 장관실에서 럼즈펠드 Donald Rumsfeld 장관이 기다리고 있었다. 네오콘으로 분류되던 그는 한반도 인공위성 사진 한장을 보여주었다. 남쪽의 빛과 북쪽의 어둠이 선명하게 인쇄된 사진을 가리키며 어떻게 생각하느냐고 물었다. 그때 정동영 장관은 개성공단이 성공하면 풍경이 달라질 것이라고, 빛과 어둠의 대비가 아니라 함께 공동번영의 시대를 열 수 있을 것이라고 대답했다.

개성공단을 처음 시작할 때 임금 규정은 월 최저임금 50달러, 임금의 15퍼센트에 해당하는 금액의 사회보험료, 연 5퍼센트 이하의 임금인상률로 정해졌다. 여기에 가급금으로 야간작업이나 초과노동, 공휴일 수당 등을 지급할 수 있으며, 미약하나마 상금도 지급할 수 있다. 개성공단의 휴가, 산재처리, 노동보호 규정 등은 대부분의 경제특구에서 시행하는 제도와 크게 다르지 않다.

개성공단 같은 경제특구는 단계적으로 진화하는 경향이 있다. 중국의 대표적 경제특구인 선전深圳은 1980년대 초반만 해도 인구 3만의 어촌이었다. 처음에는 홍콩의 관광업자와 중소기업이 터 잡고 섬유·신발 등 노동집약 업종부터 시작해 오늘날 전자산업분야에서 '세계의 공장'이 되었다.

개성공단은 장점과 단점이 뚜렷하다. 확실한 장점은 역시 '양질의 저렴한 노동력'이다. 그 정도 저임금을 주고서 봉제를 하고 신발을 만들 수 있는 곳은 이제 지구상에 거의 존재하지 않는다. 중국의 산업구조가 바뀐 지는 오래되었고, 동남아시아도 달라지고 있다. 개성에 진출해 있는 대부분의 기업은 해외투자 경험이 있다. 중국이나 인도, 동남아에서도 투자 경험이 있지만 개성공단 정도면 할 만하다는 것이 그들의 대체적인 평가다.

개성공단의 단점도 뚜렷하다. 가장 중요하게는 개성공단은 직접투자 지역임에도, 임금을 노동자에게 직접 지불하기 어렵다는 점이다. 진출기업 입장에서 임금의 직접지급은 중요한 노동생산성 향상의 수단이지만, 북한정부 입장에서는 환율제도의 차이와 북한 원화의 가치 때문에 국내와 명확히 구분해 현금 임금제를 전면적으로 실시하기는 어렵다. 특히 달러의 실질가치와 공식 환율로 계산된 북한 원화의 가치는 매우 큰 차이가 발생한다. 북한 원화의 불안정한 가치는 향후 북한 경제개혁에서 중요한 불안요인이며, 개성공단을 비롯한 경제특구에서도 중요한 개선과제라 할 수 있다.

철마의 꿈

도라산(都羅山), 고향이 그리운 사람이 찾는 망향(望鄕)의 땅이다. '도라'라는 말의 유래부터 그렇다. 신라의 마지막 임금 경순왕이 고려에 귀순하고, 송도(현 개성) 궁궐 동쪽에 살았다. 세월이 흐를수록 고향에 대한 그리움은 더욱 커지고, 그때마다 경순왕은 송도 남쪽 임진강변에 솟아오른 봉우리에 올라 남쪽 멀리 어디쯤에 있을 신라를 그리워하며 눈물 흘렸다. 해발

156미터에 불과한 이 봉우리의 이름을 도라산, 즉 '신라 도성(을 그리워했던) 메'라고 지은 이유다.

도라산, 지금도 고향을 잃은 사람들이 찾는다. 북쪽에 고향을 둔 많은 어르신들이 임진각보다 더 북쪽인 도라산역에 간다. 도라산역에는 '평양 205km' '서울 56km'라고 적힌 큼지막한 이정표가 있다. 2002년 2월 20일 부시 대통령이 도라산역을 방문해 철도 침목에 서명했다. "이 철로가 한국의 이산가족을 재결합시키기를"May this railroad unite korean families, 그렇게 썼다. 이 침목은 김대중 대통령이 2000년 9월 18일 서명한 침목과 함께 도라산역에 전시되어 있다. 김대중 대통령은 "평화와 번영의 한반도 시대"라고 썼다. 그날은 경의선 철도·도로 복원공사를 시작한 날이었다. 두 대통령의 서명을 복사한 침목은 문산에서 도라산으로 가는 철로에 놓여 있다.

남북한이 공식 회담에서 철도 연결에 합의한 것은 오래전이다. 이미 1972년 7·4남북공동성명 3항에서 "쌍방은 끊어졌던 민족적 연계를 회복하며"라는 표현을 통해 철도와 도로 연결에 합의했다. 그리고 1984년부터 1985년까지 이어진 경제회담에서 남북 철도 연결에 합의하고, 철도 실무자 간의 접촉을 갖기로 했다. 이후 1991년 남북기본합의서에서 이를 재확인했다. 문서 합의가 아닌 실질적 이행의 계기는 2000년 남북 정상회담이다. 그해 8월 언론사 사장단이 방북했을 때, 김정일 위원장은 남북이 경의선 착공날짜를 합의하는 대로 '38선 분계선에 있는 2개 사단 3만 5000명을 빼내서 즉시 착공하겠다'고 약속했다.

정상회담 이후 20차례의 장관급 회담, 13차례의 남북경제협력추진위원회 회의를 거치며 몇번이고 반복적으로 합의를 했다. 열차 시험운행은 합의하고도 5차례나 지키지 못했다. 남북 정상회담 이후 철도 연결을 위해 실무대화를 포함해 61차례의 회담을 했고, 시간으로는 196일 동안 대화를 했다.

2007년 5월 17일 오전 11시 30분, 철마는 달렸다. 남쪽 열차가 문산역을 출발해 북으로 향했고, 같은 시각 금강산역의 북쪽 열차가 남으로 출발했다. 경의선은 1951년 6월 12일 마지막으로 운행한 지 56년 만이고, 동해선은 전쟁 이후 57년 만이었다. '철마는 달리고 싶다.' 그날 철마의 꿈이 실현되었다. 아주 오래전 경의선을 몰았던 늙은 기관사의 추억을 싣고, 서울역에 가서 평양행 기차표를 내놓으라고 외치겠다는 문익환의 꿈을 싣고, 이산가족의 오래된 소망을 싣고 그렇게 끊어진 24킬로미터를 달렸다.

철도는 상상력이다. 1906년 개통된 경의선 기차를 타고 일제강점기 독립군들은 만주로 갔다. 경성역(현 서울역)은 국제 역이었다. 당시 자료를 보면 경성역에서 파리 혹은 런던까지 가는 기차표를 살 수 있었다고 한다. 분단되고 전쟁이 나면서, 한반도에서 육상교통은 끊겼다. 외국으로 가기 위해서는 항공이나 선박을 이용해야 했다. 대륙을 향한 상상력도 사라졌다. 철도가 다시 연결되면 만주, 시베리아를 거쳐 모스끄바로, 나아가 유럽까지 상상력도 함께 달릴 수 있다. 유라시아를 넘나드는 새로운 상상력의 시대가 우리를 기다리고 있다.

접촉의 시대가
남긴 과제

김대중·노무현 정부의 대북정책 추진 과정에서 반성적으로 봐야 할 부분도 적지 않지만, 이명박·박근혜 정부의 남북관계 퇴행 상황이 역설적이게도 김대중·노무현 정부 10년의 성과를 재확인해주고 있다. 평화의 중요성은 위기의 상황에서 빛난다. 남북관계의 악화는 긴장을 가져오는 한편, 현대적 안보 개념인 '포괄안보'의 중요성을 재인식하는 계기를 제공할 것이다.

북핵문제 해결을 위한 포괄적 접근은 바로 한반도의 냉전구조를 해체하고 항구적인 평화체제를 구축하는 것이다. 2005년 9·19공동성명이 현재까지 제시된 북핵문제의 국제합의라는 것을 인정한다면, 북핵폐기에 상응하는 외교관계 정상화, 에너지 경제지원도 중요하지만 한반도 평화체제가 무엇보다 중요하다. 노무현 시대가 남긴 과제 가운데 가장 중요한 것이 바로 한반도 평화체제에 대한 미래 비전이다. 언제쯤이 될지는 예측이 어려운 상황이지만, 향후 북핵폐기 협상과 관련해 평화체제의 이행 과정을 단계적으로 진전시킬 필요가 있다. 우선 종전선언이 필요하다. 한반도 평화 프로세스의 시작을 의미한다는 점에서, 또 정전협정에서 평화협정의 과도기를 관리할 수 있는 잠정적 약속이라는 점에서 필요하다.

동북아 협력안보의 범위와 내용은 결국 한반도 평화체제의 수준에 달려 있다. 동북아는 유럽과 달리 여전히 과거사 문제, 대립적 외교관계, 군비경쟁의 구도를 지속하고 있다. 한반도 평화체제가 동북아의 협력안보가 정착할 수 있는 계기가 되어야 할 것이다. 한반도 평화체제는 동북아에서 군비경쟁의 명분을 약화시킬 것이며, 나아가 지역 내 평화정착의 기회가 되어야 할 것이다.

또한 남북 경제협력분야에서 제도화 역시 여전히 극복해야 할 과제다. 남북 경제협력에서는 단기적으로뿐 아니라 중장기적으로도 정부의 공적 역할이 매우 중요하다. 정부의 역할은 경제협력에 필요한 제도적 장치를 마련해주고, 기업들의 투자를 활성화하는 데 필요한 사회간접자본 시설을 공적 투자를 통해 갖추는 것이다.

민주정부 10년의 남북관계에서 가장 불안정한 부분이 국민적 합의 형성이다. 물론 대북정책의 국내정치화라는 현상은 냉전에서 탈냉전시대로 진입하는 과정에서 발생할 수 있는 후폭풍이라 볼 수 있다. 한국의 보수세력이 자신의 정체성을 여전히 '냉전반공주의'에 의존하는 한 이런 현상은 지속될 가능성이 크다. 그러나 사회적으로 민주적 공론의 장들이 형성돼 있는 현재 상황에서 '역사의 퇴행'은 공감을 얻기 어렵다.

대북정책에 대한 합리적 보수의 지지를 구하고 초당적 협력을 위한 노력을 게을리하지 말아야 하며, 미래지향적 남북관계의 비전에 대한 설득력을 갖출 필요가 있다. 특히 한국의 대북정책이 국내외적인 정당성을 확대하기 위해서는 북한 인권문제 해결에 대한 진전된 논의가 불가피하다. 물론 대북정책에서 북한 인권문제를 둘러싼 지나친 이념적 대립은 바람직하지 않으며, 북한의 열악한 인권 상황을 어떻게 개선할 것인가라는 방법론에 집중해 정부의 역할과 시민사회의 역할이 적절하게 분담되어야 할 것이다. 인권 개선 노력이 결국 북한의 체제 전환을 위한 수단으로 해석된다면, 대화를 통해 평화적인 방식으로 인권을 논의하기는 어려울 것이다.

7

제재의 시대

이명박·박근혜 정부의 남북관계

'통일부를 폐지하겠다'라는 말이 앞날을 예고했다. 2008년 1월 16일 이명박 대통령 당선인 인수위원회가 통일부를 폐지하고 '외교통일부'를 신설하겠다고 했고, 이틀 뒤인 18일 이동관 인수위원회 대변인이 통일부 폐지가 대통령 당선인의 지시라고 밝혔다. 처음에는 모두가 농담인 줄 알았다. 대한민국이 생긴 이래로 통일의 필요성을 공식적으로 부정하는 정부는 없었다. 평화통일을 지향하는 것이 헌법정신이며 대통령의 가장 중요한 의무 중 하나였다. 통일부가 김대중·노무현 정부 때 만들어진 것도 아니었다. 1969년 국토통일원이 생긴 이래 보수와 진보를 막론하고 통일부의 존재 자체를 부정하는 최초의 정부가 등장했다.

통일부 폐지 결정은 이명박 정부의 정체성을 드러냈고 대북정책의 방향을 예고했다. 이명박 대통령은 남북관계가 '통일을 지향하는 특수 관계'라는 점을 부정하고 외교부의 업무로 포함시키려 했다. 김대중·노무현 정부로부터 벗어나겠다는 의지가 강했다. 대통령직인수위원회의 대북정책이나 통일부의 대통령 업무보고에서 핵심은 과거 정부의 합의를 부정하는 것이었다. 2007년 10·4남북정상선언은 남북관계의 분야별 현안을 망라해 사업별로 40여가지나 되는데, 그것을 부정해버리면 할 일은 없다.

2008년 통일부의 대통령 업무보고를 보면 과거 부정의 의지가 드러난다. 사리원에 양묘장을 만들겠다는 계획은 과거 합의를 부정하다 도달한 엉뚱한 귀결이었고, 한강하구 나들섬에 경제협력단지를 만들겠다는 구상은 개성공단의 의미를 부정하는 것이었다. 이전 정부의 공도 있고 과도 있을 것이다. 공은 계승하고 과는 개선하면 된다. 2007년 10·4선언도 마찬가지다. 합의 사항 중에는 실태조사가 필요한 사업도 있고 실무협의를 통해 구체화할 부분도 적지 않았다. 이명박 정부 스스로 우선순위를 가려 역점을 둘 사업과 문제사업을 구분하고, 실무협의 과정에서 충분히 조정할 수 있었다. 그러나 그렇게 하지 않았다. 이명박 정부는 6·15공동선언과 10·4선언을 부정했다.

대북정책의
단절과 부정

북한은 2007년 12월 남쪽의 대선 결과에 즉각적인 반응을 보이지 않았다. 2008년 신년사에서는 6·15공동선언과 10·4선언의 이행에 대한 기대감도 표시했다. 이명박 정부가 출범한 뒤에도 새 정부에 대한 평가를 유보했다. 북한의 대남 비난이 시작된 것은 이명박 정부가 출범한 지 한달이 지난 시점부터다. 2008년 3월 24일 북한은 개성의 남북경제협력협의

사무소의 남측 당국자들을 철수시킬 것을 요청했다. 김하중金夏中 통일부 장관이 19일에 한 발언 때문이었다. 김하중 장관은 개성공단 입주기업들에게 '북핵문제가 타결되지 않으면 개성공단 확대가 어렵다'고 말했다. 24일은 통일부의 대통령 업무보고가 있던 날이다. 이날 2007년 10·4선언에서 합의한 내용이 모두 누락되었고, 대신 '비핵·개방·3000' 구상이 주요 내용을 차지했다. 그뒤로 개성과 금강산에서 당국자들이 철수하고, 북한의 대남 비난이 본격적으로 시작됐다.

비핵·개방·3000과 그랜드 바겐

이명박 정부의 대북정책은 '비핵·개방·3000' 구상으로 요약된다. 대통령선거 당시의 구호를 집권 이후 대표 정책으로 내세웠다. 이 구상은, 북한이 핵을 폐기하면 1인당 국민소득을 3000달러 수준으로 올려주겠다는 제안이다. 정책이 아니라 정치적 구호에 가까운 일방적 주장이었고, 우선 통계부터 틀렸다. 당시 시점에서 북한의 1인당 국민소득은 300달러에서 500달러 수준이었다. 한국은행이 발표한 북한의 1인당 국민소득은 1000달러가 넘지만 실질 경제수준에서는 그렇게 볼 수 없었다. 당장 북한의 국민소득을 베트남보다 높다고 할 수 없기 때문이다. 500달러로 추정하더라도 10년 안에 3000달러가 되려면 연평균 17~20퍼센트 정도의 성장이 필요한데, 현실적으로 불가능했다. 한국전쟁의 폐허 속에서 동아시아의 기적으로 우뚝 선 한국 경제, 고속성장을 거듭해온 중국 경제도 고속성장 시기에 성장률이 10퍼센트대 초반, 13퍼센트를 넘지 않았다. 더군다나 10년 연속 그 정도 성장을 지속할 수 없다. 북한의 국민소득이 지금보다 10배는 되어야 하지 않을까 하는 대통령의 의견에 따라 3000이라는 숫자가 나왔다고 하지만, 그것은 주먹구구로도 성립이 어려운 숫자였다.

비핵·개방·3000은 북핵문제의 국제적 합의 정신과도 충돌했다. 6자회담은 '병행 해결론'에 입각해 있다. 북한의 핵폐기에 따른 상응조치, 즉 외교관계 정상화, 에너지 경제지원, 한반도 평화체제 등이 동시병행적으로 제공된다. 비핵·개방·3000은 북한이 핵을 폐기하면 경제협력을 하겠다는 '선 핵폐기론'이다. 정부 출범 이후 핵폐기를 단계적으로 구분하여 접근하고 있지만, 병행이 아니라 선후라는 기본 인식은 변하지 않았다.

당연히 이명박 정부는 인도적 지원을 비롯한 모든 현안을 핵문제 해결과 연계했다. 모든 현안을 핵문제와 연계할 때 북한의 입장에서는 남북관계의 효용성이 떨어진다. 6자회담만 진행하면 남쪽에서 받을 실리를 챙길 수 있는데, 대남관계를 지속할 이유가 없어진다. 언제나 연계론은 기다리는 전략이며, 소극적이고 수동적인 전략이다.

비핵·개방·3000 구상은 일방적이기도 하다. 북한의 1인당 국민소득을 올려주겠다는 발상은 내정간섭이자 흡수통일론의 시각이기 때문에 당연히 북한의 반발을 샀다. 예를 들어 이 구상은 국제적으로 400억 달러의 투자자금을 모으겠다는 계획을 포함한다. 일본이 북한에 지불할 예정인 전후배상금 100억 달러 이상, 그리고 국제 금융기구들의 공적 차관, 국제 민간자본까지도 포함했다. 북한은 이명박 정부가 자기 돈도 아니면서 생색낸다고 비판했다. 일반적으로 정책이란 목표와 수단, 방법을 갖추고 구체적으로 실행할 수 있는 것이어야 한다. 그러나 이 구상은 기대만 있지 수단과 방법이 없었고, 북핵문제와 남북관계에 대한 철학의 부재를 드러내는 정치적 구호에 불과했다.

이명박 정부의 대북정책은 한마디로 '진지함의 부족'이다. 비핵·개방·3000 구상은 이후 '그랜드 바겐'grand bargain이라는 이름으로 진화했다. 이명박 대통령은 2009년 9월 21일 미국에서 그랜드 바겐을 제안하며

'과거의 패턴을 탈피해야 한다' '지난 20년의 전철을 되풀이해서는 안 된다'라고 강조했다.[1] 지금까지의 협상은 가짜이고, 북핵문제를 한방에 해결하는 진짜 협상을 해야 한다는 주장이었다. 이명박 정부가 그랜드 바겐을 제안하자 미국의 고위 당국자들은 불쾌감을 표시했고, 중국에서는 우려의 목소리가 흘러나왔다.

이명박 정부의 네오콘이라 할 만한 신보수주의적 사고를 가진 이들은 기존 합의를 '북한과의 당당하지 못한 거래'라고 했다. 그래서 '2~3년을 협상하더라도 제대로 된 합의를 해야 한다'고 주장했다. 이명박 정부는 2007년 부시 행정부가 나서서 만들었던 2·13합의조차도 '비핵화 조치의 퇴보'라며 비판했다. 이명박 정부는 9·19공동성명, 2·13합의라는 초기 이행조치, 2007년 10·4선언 등 단계별 합의를 부정해버렸다. 시간이 걸리더라도 한방에 해결하겠다는 '원샷 딜'은 그동안의 북핵문제에 대한 국제 합의를 부정하기 때문에, 국제사회는 당황했다. 미국 국무부 대변인은 그랜드 바겐에 대해, "그의 말, 그의 정책"이라고 논평했다.[2]

한방에 해결하겠다는 생각은 제재와 압력을 전제로 한다. 강력한 제재로 북한의 항복을 받아내겠다는 생각은, 제재를 협상의 수단으로 생각하는 국제사회의 합의와 거리가 있었다. 국제사회는 제재를 계속하면서 대화하고 협상을 시작하면, 제재를 완화할 수 있다는 입장이지만 이명박 정부는 달랐다. 한방, 즉 북한이 핵을 포기할 때까지 밀어붙여야 한다고 주장했다. 이런 생각이 놓치는 결정적인 대목은 바로 북한의 핵능력이 동결되어 있지 않고 여전히 진전되고 있다는 사실이다. 북한의 박길연朴吉淵 외무성 부상은 2009년 9월 28일 유엔 총회 기조연설에서 "대화에는 대화로, 제재에는 핵억지력으로 대처하겠다"라고 말했다. 이명박 정부의 '한방' 선언은 작은 협상에 연연해하지 않겠다는 입장이지만, 협상이 늦어질 수록 북한의 핵능력이 강화된다는 점을 보지 못했다.

북한의 행동을 확인해야 무엇을 줄 수 있다는 입장은 수동적으로 기다리는 태도다. 동북아 관련국 모두 비핵화라는 최종 목표에 이르는 과정이 늘어지기를 원치 않는다. 북한도 마찬가지일 것이다. 관계 정상화, 한반도 평화체제, 에너지 경제지원 같은 것이 이명박 정부의 말처럼 한방에 이루어질 수 있다면, 북한도 한방에 핵을 폐기할 것이다. 한방에 평화협정을 맺고 군대를 줄이고 공격형 무기를 일정 수준으로 감축하면, 북한도 한방에 플루토늄과 핵무기를 제3국으로 이전할 수 있다. 미국이나 일본의 여론이 한방에 변해 하루아침에 관계 정상화를 이룰 수 있다면 북한의 핵도 한방에 해결된다. 현실적으로 불가능한 주장이다. 북핵문제의 해결을 진지하게 고민한다면 이렇게 주장할 수 없다.

북한 붕괴론과 '결과로서의 통일'

이명박 정부에서 '과정으로서의 통일' 정책은 없고, '결과로서의 통일' 정책만 있는 이유는 '북한 붕괴론' 때문이다. 북한이 붕괴할 것이라고 가정하면 대화나 협상은 무의미하다. 붕괴를 촉진하기 위해 제재를 강화하거나, 아니면 붕괴 이후 상황인 흡수통일에 대한 국내적 정당성에 주력하는 것이 대북정책의 전부일 수밖에 없다.

이명박 정부는 북한에 제재와 압박을 가하면 북한 경제가 무너질 것이라고 예측했다. 그러나 북중 경제관계가 남북 경제협력을 대체하면서, 북한 경제의 총량적 지표는 악화되지 않았다. 북핵문제에서도 제재의 실패는 명확하다. 북한은 국제적인 제재 상황에서도 우라늄 농축 시설을 만들었다. 북한의 우라늄 농축 시도는 과거에도 있었으나, 북한이 공개한 시설이 2009년 4월부터 짓기 시작했다는 점을 고려하면 제재는 효과적이지 않았다는 것이 증명된다.

또한 북한 붕괴론이라는 정책적 가정은 현안에 대한 능동적 개입의 필요성을 부정한다. 남북한의 정치·군사적 대화로 군사적 긴장을 완화하고 남북 경제협력을 통해 영향력을 확대하는 대신, 북한의 태도 변화를 기다리는 소극적 방관정책을 선택할 수밖에 없다. 그 결과는 정치적 대화의 실종, 군사적 긴장의 격화, 경제협력에 대한 제재, 민간교류의 금지로 나타났다.

나아가 김영삼 정부와 마찬가지로 이명박 정부의 북한 붕괴론은 대북정책의 실패를 합리화하기 위한 핑계였다. 남북관계 악화의 책임을 북한의 도발로 돌리고, 도발의 원인을 남북관계의 성격이 변화한 데서 찾는 것이 아니라 북한 내부의 혼란이나 체제 불안에서 찾는 것이다. 두 정부 모두 북한의 후계체제 이행기와 맞물렸다는 공통점도 있다. 김영삼 정부에서는 김일성 사망 이후, 이명박 정부에서는 김정일 건강악화 이후 후계체제의 혼란 가능성에 주목했다.

이명박 대통령은 '통일은 도둑처럼 온다'고 주장하며, 2010년 8·15 광복절 기념식에서 '통일세' 신설을 제안했다. 북한의 조기 붕괴를 염두에 두고 통일 준비의 구체적 방안을 밝힌 것이다. 정부의 정책이 통일비용이 늘어나는 급변통일을 추구하면서, 국민에게 통일비용을 부담시키는 방안은 설득력을 얻기 어려웠다. 같은 해 8월 발표된 대통령 직속 미래기획위원회의 통일비용 추산에 따르면, "북한이 순조로운 경제발전 과정을 거쳐 통일에 이를 경우 급격히 붕괴할 때보다 남쪽 정부가 부담해야 할 통일비용이 7배 줄어들 것"이라고 한다.[3] 교류·협력의 실종은 경제력 격차를 늘려 결국 한국이 지불할 통일비용을 높인다는 설명이다.

이명박 정부에서 '과정으로서의 통일' 비용인 남북협력기금은 사문화되었다. 2010년 남북협력기금 집행률은 3퍼센트에 불과했다. 남북협력기금은 대북 인도적 지원, 사회·문화적 교류 지원, 공적 협력을 통한 통일 이후 산업인프라 건설이 목적이며, 여야 합의로 심의하고 집행 과정에서도 기본적으로 국회 의결을 거친다. 지금 당장 남북협력기금을 거의 사용하지 않으면서 미래의 통일을 대비하기 위해 통일세를 신설하자는 주장은 논리적으로 모순이었다.

이명박 정부는 2012년 7월 북한 붕괴론에 대비하기 위해 '통일항아리'를 만들자고 주장했다. 남북협력기금법을 개정해 협력기금 불용액을 이른바 통일항아리라고 하는 특별 계정에 적립하고, 여기에 민간·정부의 출연금, 기타 전입금 등을 끌어 모아 향후 20년 동안 55조원가량의 통일 재원을 마련하겠다는 계획이었다. 대북 강경정책 때문에 남북협력기금을 집행하지도 못하면서, 통일 이전에 사용할 수 없는 기금을 쌓아두자는 발상은 얼마나 황당한 주장인가? 통일항아리를 제안한 2012년 7월부터 2013년 말까지 항아리에 모인 돈은 이명박 대통령이 낸 돈을 포함해 7억 5000만원에 불과했다.[4]

공존을 부정하는 흡수통일론은 대외적 긴장을 조성해 북한 기득권층의 체제유지에 정치적 명분을 제공하고, 남북관계의 대립을 격화시켜 분단체제를 고착화하며, 결과적으로 통일을 멀어지게 했다. 잘못된 가정으로 협상의 기회를 놓친 기회비용도 크다. 북핵문제 해결의 적정 시점을 놓쳤고, 이산가족은 대부분 고령인데 이산가족 문제 해결의 시기도 놓쳤으며, 남북 경제협력의 기회도 잃었다. 북한 붕괴론에 입각한 흡수통일론은 한마디로 '아니면 말고'all or nothing식 접근이며, 서독의 신동방정책 설계자인 에곤 바르의 표현대로 '평화전략으로서 무의미한 것'이다.

공든 탑이 무너지다:
금강산 관광 중단과 5·24조치

한순간에 공든 탑이 무너졌다. 이명박 정부는 과거 정부의 남북합의를 부정했고, 기존의 남북협력을 계승할 생각이 없었다. 금강산 관광객의 사망으로 금강산 관광이 중단되고 이산가족 상봉도 어려워졌다. 시험운행을 마친 경의선과 동해선 철로에는 다시 잡초가 자라나고, 개성공단은 바람 앞 촛불처럼 흔들렸다. 2010년 5·24조치는 남북관계 악화의 산물이자, 아주 어두운 제재의 터널로 들어가는 또다른 입구였다.

금강산 관광의 중단

2008년 7월 11일 새벽, 금강산 관광객 박왕자 씨는 해 뜨는 풍경을 보러 바닷가로 나갔다. 안타깝게도 가로등이 켜진 산책로가 아니라 철조망이 쳐진 어두운 쪽으로 방향을 잡았다. 하필이면 백사장 근처에 철조망이 없었다. 어두워 보이지 않았지만 그곳은 북한군 초소가 있는 지역이었다. 동트기 전이라 초소의 북한군은 모두 졸고 있었다. 첫번째와 두번째 초소옆을 지나 세번째 초소 근처까지 걸어갔을 때 초병이 인기척에 놀라 소리질렀다. 놀란 박왕자 씨는 발걸음을 돌려 숙소 쪽으로 뛰기 시작했고, 졸다가 깨어난 첫번째와 두번째 초소의 북한군은 북쪽에서 남쪽으로 뛰어오는 검은 물체를 향해 경고사격을 했다.

북한군의 총탄에 맞아 관광객이 사망했다. 처음 있는 일이기에 국내적 충격은 더욱 컸다. 이명박 정부는 금강산 관광을 중단하고 북한 측의 사과와 재발방지, 신변안전 보장 조치를 요구했다. 우여곡절을 거쳐 1년여가 지난 2009년 8월 16일 현정은玄貞恩 현대그룹 회장이 김정일 위원장을 만났다. 이 자리에서 김정일 위원장은 유감을 표시하고 앞으로 이런 일이 일어나지 않도록 하겠다는 재발방지 약속을 했다. 남측 정부가 주장한 사과와 재발방지 요구를 수용한 것이다.

이명박 정부는 김정일 위원장의 말이 아니라 제도화된 문서 형식을 요구했다. 그러자 북한은 지도자의 말이면 충분하다고 주장했다. 8월 22일 김대중 전 대통령의 조문을 위해 북한의 특사단이 서울을 방문했고, 임동원 전 통일부 장관을 비롯한 남측 인사들과 만났다. 그 자리에서 문정인文正仁 연세대 교수가 금강산 관광 재개와 관련해 김정일 위원장이 현정은 회장에게 말한 내용, 즉 지도자가 이미 말한 내용을 문서화하는 것이 가능하지 않겠느냐는 의견을 제시했다. 이에 대해 김양건金養建 통일전선부장은 긍정적으로 대답했다. 이명박 정부의 협상의지가 있었다면 국민들도 납득할 만한 사과, 재발방지, 신변안전 보장의 문서화가 가능했다. 재발방지의 구체적 방안과 새로운 관광규정은 사업자인 현대아산이 나서면 해결할 수 있었고, 정부 또한 제도 개선의 계기로 활용할 수 있었다.

그러나 이명박 정부는 그렇게 생각하지 않았다. 금강산 관광 실무회담에서 이명박 정부는 현장조사를 비롯해 북한이 받아들이기 어려운 주장을 반복했다. 2010년 2월 8일 금강산에서 열린 금강산 관광 재개를 위한 실무회담에서 남측은 현장조사와 책임자 처벌을 비롯한 선결조건을 주장했고, 북측은 조기 재가동을 주장했다. 금강산 관광 재개를 위한 실무협상은 더이상 진전하기 어려웠다. 당시 회담에서 북한은 선결조건을 거부한 것이 아니라 김정일 위원장과 현정은 회장의 면담을 통해 그 문제가 이미 해결되었다는 입장을 고수했다.[5] 이명박 정부는 관광 재개 자체에 부정적이었기 때문에 재개조건에 대해 유연성을 발휘하지 않았고, 선행

과제에 대한 강경한 협상태도를 유지했다.

남북관계에서 금강산 관광이 차지하는 의미는 중요했다. 금강산은 이산가족 상봉의 장소였고, 남쪽의 예산을 들여 이산가족 면회소가 들어설 예정이었다. 금강산 관광이 중단되면서 이산가족 상봉의 동력도 사라졌다. 남북 이산가족 상봉은 2000년 6·15남북공동선언에서 합의한 이후 2007년까지 16차례의 대면 상봉과 7차례의 화상 상봉이 이루어졌지만, 이명박 정부에서는 2차례의 일회적 상봉만 이루어졌다. 금강산 관광은 남북 교류·협력의 상징사업이기도 했다. 그야말로 남북관계에서 정치·군사, 경제협력, 인도적 현안을 포괄하는 대표사업이었다. 그러나 이명박 정부는 기본적으로 금강산 관광 대금이 북한의 핵개발 자금으로 전용된다고 판단했다. '퍼주기론'에 입각해 금강산 관광 재개에 부정적이었기 때문에, 관광 재개를 위한 노력을 기울이지 않았다.

냉전의 바다가 5·24조치를 낳다

2010년 서해에서 '북한의 어뢰공격'으로 천안함이 침몰했다. 김대중 정부 시기였던 1999년과 2002년 두번 서해에서 우발적 충돌을 겪었지만, 이후 노무현 정부는 보복의 악순환이 아닌 서해 평화정착을 선택했고 2007년 10·4 정상회담에서 포괄적인 서해평화협력특별지대에 합의했다. 이명박 정부가 10·4선언을 부정하면서 남북관계가 악화되자 서해는 다시 긴장의 바다, 냉전의 바다로 돌아갔다.

정부는 천안함 사건 이후 개성공단에 대한 신규투자를 금지하고, 그밖의 모든 남북 경제협력을 중단했다. 이 제재조치인 '5·24조치'의 주요 내용은 ①북한 선박의 우리 해역 운항 전면 불허 ②남북 교역 중단: 모든 교역의 반출과 반입 금지 ③우리 국민의 방북 불허: 제3국 접촉 제한 ④북한에 대한 신규투자 불허 ⑤ 대북 지원사업 원칙적 보류 등이다.

5·24조치로 일반 교역, 그리고 남쪽에서 원자재를 제공하면 북쪽에서 조립·가공하는 위탁가공이 중단되었다. 교역과 위탁가공은 1988년 노태우 정부의 7·7선언으로 시작되었다. 교역 품목으로는 주로 고사리 같은 농산물과 바지락이나 명태 같은 수산물이 많이 들어왔다. 위탁가공의 주요 업종으로는 의류·봉제 분야가 60~70퍼센트를 이뤘고, 신발과 단순 가전제품 등이 그 뒤를 이었다.

남북 경제협력 통계를 시작한 1989년 이후 남북관계는 가다 서다를 반복했고, 정부 차원의 대화가 중단되거나 때로는 군사적 충돌을 겪었지만 한번도 교역과 위탁가공을 중단한 적은 없었다. 그동안 위탁가공 사업이 지속된 것은 낮은 가공비용에 비해 북한의 기술력이 뒷받침되었기 때문이다. 한마디로 경제적 이익이 크기 때문에 삼성과 LG 등 대기업도 의류·봉제와 단순 전자조립 분야의 위탁가공을 오랫동안 유지했다. 동시에 노동집약 산업의 해외투자 환경이 악화되어 생산기지로서 북한의 가치는 매우 높았다. 2011년 이후 남북 교역 통계를 보면, 개성공단을 중심으로 반출과 반입이 이루어지면서 전체적인 남북 교역 통계와 개성공단 반출입 통계가 일치하는 현상이 발생했다. 결국 개성공단만 남았다.

위탁가공 중단 이후 북한의 대중국 섬유 수출이 큰 폭으로 증가했다. 북중 양국의 임금격차가 벌어지면서 중국 기업들도 북한의 낮은 임금을 매력으로 여겼다. 우리 기업이 제공한 설비를 이용해(설비 제공형 위탁가공) 우리 기업이 십수년 이전한 기술로 북한이 중국과 위탁가공 사업에 나섰다. 결과적으로 이명박 정부는 우리 기업의 자산과 기술을 중국에 넘겨준 셈이었다.

5·24조치는 북한을 제재하기 위한 것이었다. 그러나 대북 제재 효과는

조사기관	피해액	비고
대한상공회의소 (2010.9, 500개 기업 대상)	• 피해규모 59억 5000만 달러 • 간접피해 포함 149억 달러 • 고용차질 규모: 6만 4000명	
현대경제연구원 (2011.2, 연구조사)	• 직접 경제손실 45억 달러 −8만 7000명 일자리 감소 • 북한 직접 손실 8억 달러 (남한의 19.3% 수준)	이명박 정부 출범 이후 3년 간접손실 고려하지 않음
남북 경제협력 업체 자체조사 (2011.1∼3)	• 금강산 참여기업 30만 1178억원 • 전체 기업: 4030억원	• 경협·교역업체 154개 중 −102개 업체 일시 중단 −19개 업체 완전 중단
외교통상통일위원회 남북 경제협력 실태조사단 (2011.9, 백서 발간)	• 직접손실: 45억 달러 • 간접손실 포함: 124억 달러	이명박 정부 출범 이후 3년

자료: 각종 발표자료 취합

제한적인 반면, 우리 기업은 막대한 타격을 입었다. 북한이 입은 피해(8억 달러)는 남측 기업의 직접 피해액 45억 달러의 19.3퍼센트에 불과하다.

남북 경제협력 중단으로 중국만 웃다

북한과 중국의 경제협력 성격이 달라진 것은 2009년 9월경이다. 이때 중국의 대북정책 방향이 결정되었다. 후 진타오胡錦濤 정부 내부적으로 그동안 대북정책을 둘러싼 갈등이 있었다. 국제사회에서 중국의 달라진 위상을 고려해 대북정책에 변화가 필요하다는 변화론과 북중협력이 중국의 전략적 이해에 부합한다는 지속론이 대립했다. 후 진타오 정부는 변화론이 아니라 지속론을 중국의 공식 입장으로 결정했다. 2009년 10월 원자바오溫家寶 총리의 방북 이후 2010년 5월 초 김정일 위원장의 방중까지, 양국은 빈번한 고위급 접촉을 가졌고 이 과정에서 경제협력 논의를 구체화했다.

1990년대 후반 이후 북중 경제협력이 꾸준히 증가한 이유가 있다. 첫째는 중국산 소비재와 생산재의 가격경쟁력 때문이다. 북한의 구매력 수준이 낮기 때문에, 비싼 한국산이나 일본산이 아니라 저렴한 중국산이 소비재 시장을 장악했다. 한국은 5000원짜리 운동화를 만들 수 없지만, 중국은 가능했다. 생산재 시장도 마찬가지다. 북한은 설비 현대화를 추진했지만, 제한된 외화로 값싼 중국산 기계를 살 수 밖에 없었다. 2000년대 초반만 하더라도 북한의 공장을 방문하면 간혹 일본제 기계를 발견할 수 있었으나, 점차 북한의 공장 설비는 중국산 기계로 채워졌다.

둘째는 지리적 이점 때문이다. 중국의 동북 3성은 북한과 국경을 맞대고 있다. 이 지역에 조선족이 살고 있다. 보따리무역을 할 수 있는 인적 네트워크가 존재하는 셈이다. 북한에 살고 있는 화교 역시 중요한 역할을 했다. 과거 문화대혁명 시기 전후로 북한 지역에 흘러들어 온 화교들은 중국의 개혁·개방이 본격화되는 1980년대 후반 이후 중국산 소비재의 북한 내 유통을 담당하는 일종의 도매상 역할을 했다. 신의주 지역에서 시장을 움직이는 큰손은 대부분 화교라는 것이 탈북자들의 증언이다. 2000년대 중반 이후 철광석·무연탄 등 북한의 광물자원 거래 역시 육상 물류이기에 확실히 경제성이 있다.

셋째는 북중 경제협력이 정치·군사적 변수에 크게 영향받지 않는다는 점이다. 2000년 이후 북한의 대 중국·한국·일본의 교역 비율을 보면 명확히 알 수 있다. 핵문제 등으로 남북 교역이 감소하거나 2002년 일본인 납치 문제 때문에 북일 경제관계가 급감하는 현실에서, 북중 경제협력은 증가했다. 북한산 농수산물이 남쪽으로 오지 못하면 결국 중국으로 간다. 남북관계 악화로 남북 경제협력이 위축되면 중국의 중계업자들이 참여하는 남·북·중 삼각무역이 활성화될 수밖에 없다.

2009년 9월경부터 북중 경제협력은 자연발생적 증가가 아니라 전략적 협력 단계로 전환했다. 중국은 북중 경제협력을 동북 3성 발전계획과 연결했다. 동북 3성은 과거의 낙후한 중화학공업지대에서 새로운 변화를 모색했다. 우선적으로 교통·물류 분야가 달라졌다. 다롄大連에서 시작해 헤이룽장성黑龍江省의 하얼빈哈爾濱까지 뻗은 동변도 철도가 2011년 완공되고, 고속도로망이 갖추어졌다. 그러나 동북 3성 발전에서 핵심적 장애는 동해로 향하는 출구가 없다는 점이다. 중국의 동북경제권이 남부경제권과 연결되기 위해서는 중국에서 가장 발전된 연해지역을 통과해야 하지만, 시간과 비용이 많이 든다.

중국의 입장에서 나진항이라는 동해 출구는 매우 중요하다. 1860년 기울고 있던 청나라는 러시아에 연해주를 내주었고, 그때 중국의 국경이 두만강 철교가 지나는 방천防川 근처에 그어졌다. 중국은 동해로 나가는 출구를 잃었다. 그동안 중국은 동해 출구를 확보하기 위해 다양한 노력을 했다. 1990년대 중국은 두만강 개발계획을 통해 두만강에 내항을 만들고 두만강하구를 준설해 동해로 나가려 했다. 그러나 북한과 러시아가 통행료를 요구하면서 성사되지 못했다. 중국은 2009년 이후 계획을 변경해 나진항을 장기적으로 임차하고, 훈춘琿春에서 나진까지 육상도로를 포장하여 드디어 동해 출구를 확보했다. 동북지역은 철도와 도로망이 해운물류를 만나면서 날개를 달았다.

북한은 동북 3성의 원료기지이기도 하다. 동북 3성의 발전소와 제철소에 필요한 무연탄·철광석 등을 북한에서 조달했다. 북한은 과거 '동방의 엘도라도'라고 불렸을 만큼 풍부한 광물을 매장하고 있다. 마그네사이트의 경우 세계적인 매장량을 갖고 있으며 흑연·텅스텐·우라늄 등 전략적 가치가 높은 광물자원도 적지 않았기 때문에, 중국의 대북 투자의 대부분이 광물자원과 관련되었다. 그리고 북한은 동북 3성의 생산기지다. 중국에서 인형·의류·봉제·신발 등 노동집약적 분야가 임금 상승으로 어려움에 처하자 중국 기업들은 북한을 중요한 생산기지로 인식했다. 압록강에 새로 다리를 건설하고 황금평에 중국의 위탁가공 단지를 만들 계획을 논의했다.

물론 북한은 중국에 대한 경제의존도가 높아지는 것을 걱정하지만 다른 선택지는 없었다. 1980년대 후반에 나타난 이른바 '조조합영朝朝合營', 즉 북한과 조총련의 경제협력은 1990년대 들어 시들해졌고, '조조무역' 역시 2002년 일본인 납치 문제로 일본의 독자적인 대북 제재가 시작되면서 흔적을 찾을 수 없을 정도로 급감했다. 5·24조치로 남북 경제협력의 시대도 끝났다. 2007년경 북한은 베트남과 경제협력을 추진했지만 미국의 대북 경제제재가 유지되고, 핵문제가 답보상태인 이상 베트남이 움직이기 쉽지 않았다. 중국 말고는 외자유치를 할 나라가 없고, 의지와 관계없이 중국에 의존할 수밖에 없는 상황이었다.

구조적으로 심화될 수밖에 없는 북중 경제협력은 대북 제재의 구멍을 의미한다. 한국이 아무리 제재를 강조해도 중국이 참여하지 않는 제재란 아무런 효과가 없기 때문이다. 국제사회의 제재 결의안 내용 가운데 유권해석이 필요한 부분도 마찬가지다. 이명박 정부는 인프라 사업은 말할 것도 없고 관광 사업도 중단했지만, 중국은 북중 경제협력이 유엔 안전보장이사회의 제재 결의안에 해당하지 않는다고 해석한다. 남한이 북한을 이념으로 바라볼 때, 중국은 북한을 경제로 바라보았다. 이념은 대결을 부르고, 경제는 협력을 불렀다.

불신을 생산한
'한반도 신뢰 프로세스'

박근혜朴槿惠 정부는 이명박 정부의 대북정책을 그대로 계승했다. 특히 2012년 대선은 이명박 정부의 특성을 박근혜 정부로 이식하는 징검다리였다. 박근혜 후보 측은 남북 정상회담 대화록을 공개하며, 노무현 정부가 NLL을 양보했다고 주장하는 '북풍'으로 대선을 치렀다. 박근혜 정부는 '분단의 국내정치'로 대선에서 승리했고, 대북정책을 국내정치에 활용한 이명박 정부의 유전자를 물려받았다. 북한 붕괴론도 흡수통일론도 말만 바꾸며 지속했고, 대화를 보상으로 여겨 제재와 압박에 매달리면서, 북한이 핵을 포기하기를 기다렸다.

김정은 체제, 남북관계의 미래를 기대하다

북한의 김정은金正恩 정권은 박근혜 정부가 들어서자 대북정책이 달라지기를 기대했다. 북한의 기대감은 2013년 신년사에 드러났다. 북한의 지도자가 신년사를 육성으로 직접 발표한 것은 19년 만이었다. 정치분야의 담론들은 기존의 전통적 논리를 강조했다. 김일성-김정일주의라고 명명하는 유훈통치를 다시 강조하면서 선군논리, 즉 군을 앞세우는 군사우선노선을 재확인했다. 경제분야에서 자립적 민족경제나 인민생활 향상을 강조한 것, 그리고 이른바 광명성 3호 발사를 자랑하며 과학기술분야를 강조한 것은 새로운 일이 아니다.

주목할 만한 표현은 '경제 관리의 개선과 완성'을 추구하면서 '창조된 경험들을 일반화'하겠다는 대목이다. 김정은 시대로 전환하며 북한의 경제정책이 변화했다. 특히 눈에 띄는 것은 농업분야다. 실제로 2012년 북한의 농업분야 성과는 주목할 만하다. 유엔 산하기관인 식량농업기구FAO 및 세계식량계획의 현장조사 결과를 바탕으로 한 2012년 식량 작황은 정곡 기준으로 490만 톤이었다. 북한의 식량 수요를 정곡 기준으로 총 543만 톤이라 추정할 때, 부족분은 50만 7000톤에 불과하다. 자체 수입 목표인 30만 톤을 제외하면 실질 부족분은 20만 7000톤이다.[6] 참고로 북한의 곡물 수입 필요량은 1990년대 중반 이후 100만 톤을 상회했고, 2000/2001년 양곡년도의 경우는 200만 톤 이상으로 치솟기도 했다. 2012년의 식량 생산은 전해에 비해 10퍼센트 이상 늘었고, 1994년 이전 수준을 회복했다.

2012년 식량 생산이 증가한 것은 우선 상대적으로 기후조건이 양호했기 때문이다. 북한 자체적으로 생산한 인산비료와 칼륨비료 등이 4배 이상 증가하는 등 생산조건도 향상되었다. 수매가격이 인상되어 그만큼 수매량이 늘어난 것도 이유가 될 것이다. 그러나 그것만으로 해석할 수 없다. 구체적인 정보의 부족으로 정확하게 분석하기 어렵지만 생산성 향상을 가져온 정책의 변화도 중요하게 작용했다.

북한 경제는 중국이나 베트남처럼 질적 전환 방식이 아니라 장기적이고 단계적으로 조금씩 변화했다. 정치체제의 한계도 있고 대외환경의 불안정성도 작용했으며, 자원의 배분 방식을 획기적으로 전환하기도 어려웠다. 외부 관측자들의 기대감과 북한의 느린 변화 사이의 격차는 분명하고, 때로는 성급한 추측과 과도한 실망감이 충돌하면서 착시를 일으키기도 했다.

김정은 체제는 남북관계 개선에 대한 기대감을 나타냈다. 2013년의 신년사에서 '남북 사이의 대결상태 해소'를 제시했고, 남북 공동선언의 존중과 이행을 강조했다. 이명박 정부 시대에는 항상 남한정부를 비판했지만, 박근혜 정부 출범을 앞둔 2013년 신년사에서는 절제된 표현으로 긍정적 미래를 강조하며 박근혜 정부와의 새로운 관계 설정을 기대했다. 물론 북한은 미래지향적 관계 재정립의 출발이 6·15선언과 10·4선언 이행이라는 점을 강조했다.

박근혜 정부 출범 당시 한반도 질서는 안정을 찾아가고 있었다. 북한에서는 김정은 후계정권이 출범했고, 러시아에서는 뿌찐Vladimir V. Putin이 귀환했고, 대만에서는 마 잉주馬英九 정권이 재선에 성공했으며, 중국의 시진핑習近平 체제는 외교정책에서 영향력을 늘려가고 있었다. 일본에서 자민당 정권의 재집권과 아베安倍晋三 내각의 출범이 동북아의 불안을 증폭시킬 가능성을 배제할 수 없었지만, 오바마Barack Obama 2기의 동북아 외교도 존 케리John Kerry가 국무장관으로 임명되어 기대감을 높였다.

국정원, 정상회담 대화록을 공개하다

2013년 6월 박근혜 정부의 국가정보원은 2007년 남북 정상회담 대화록을 전격 공개했다. 정보기관 스스로 공개적으로 당당하게 비밀문서를 폭로한 황당한 사건이었다. 남재준南在俊 국정원장은 2012년 대선의 주요 쟁점인 '노무현 대통령이 북한에 NLL을 양보했다'라는 정치공세의 증거를 제시하고자 했다. 그러나 정상회담 대화록은 비밀문서이고 정부의 정해진 절차에 따라 일정 시간이 지나야 공개할 수 있는데, 정보기관이 스스로 비밀규정을 어겼다.

그러나 정상회담 대화록의 내용은 정치공세를 뒷받침하지도 않았다. 국정원은 대화록 내용이 NLL 포기를 말하고 있다고 주장했지만, 맥락을 보면 오히려 정반대였다. NLL과 북한이 주장하는 해상경계선 사이를 평화수역으로 만들자고 주장한 사람은 김정일 위원장이었고, 그곳에 공동어로구역을 두자고 주장한 사람도 김정일 위원장이었다. 노무현 대통령은 김정일 위원장의 요구에 분명하게 '반대'를 표했고, 기존 관할구역을 존중한다는 남북기본합의서의 합의를 거론하기도 했다. 국정원은 정상회담 대화록 내용 일부를 고의적으로 누락하고 정보를 왜곡했다.

해상경계선 문제에 대한 대화를 평가하려면 전후 맥락을 봐야 한다. 정상회담에서 해상경계선 문제는 합의되지 않았다. 이것은 해석이 아니라 사실이다. 그래서 남북 정상회담 이후 열린 국방장관 회담에서 공동어로구역을 논의했으나 남쪽은 NLL을 기준으로 제시하고, 북한은 좀더 남쪽해역을 주장하면서 최종적으로 합의하지 못했다. 정상회담 전 우리 정부의 협상전략, 대화록의 내용, 그리고 후속조치를 종합적으로 판단하면 북한에 NLL을 양보했다는 주장을 할 수 없다.

남북 정상이 합의한 서해평화협력특별지대는 NLL을 지키면서도 얼마든지 가능했다. 국정원은 이 내용을 이해하지 못했다. 북유럽에서, 지중해에서, 남아시아에서 수많은 초국경 협력이 이루어지고, 특히 해양분야에서 접경수역 협력 사례가 적지 않았다. 공동어로를 하고, 해양평화공원을 만들고, 초국가적 해양공단을 만든다고 해서 영해가 무력화되거나 해상경계선이 사라지는 것이 아니다.

박근혜 정부의 국정원은 과도하게 이념지향적인데다 노골적으로 정치편향적이었다. 당연히 남북관계에 대한 고려가 없었다. 김정은 정권은 6·15와 10·4 선언의 이행을 강조했지만, 박근혜 정부는 정상회담 대화록 공개로 응답했다. 정보기관의 기본에서 벗어난 국정원의 과도한 국내정치화 현상은 국제사회와의 정보 협력을 어렵게 했고, 정보 판단 기능을 마비시켰으며, 이념적 대북정책을 예고했다.

'어떻게'가 없는 신뢰 프로세스

박근혜 정부는 출범 이전부터 대북정책을 '한반도 신뢰 프로세스'라고 불렀다. 한반도 신뢰 프로세스는 여러 요소가 혼재되어 있다. 군사적 억지에 대한 상세한 내용이 있는가 하면, 북방경제론의 필요성이나 동북아 안보협력에서 한국의 적극적 역할 등 긍정적 내용도 포함되었다. 전략적 방향은 일관성이 없었고 세부 정책은 서로 충돌했다.

북핵문제의 해법은 북한의 강화된 핵능력만큼이나 복잡해졌고, 이런 상황에서 박근혜 정부는 이명박 정부의 '선 핵폐기론'을 계승했다. 당연히 남북관계에서 어떻게 신뢰를 회복하고 현안을 해결할지에 대한 방법이 없었다. 한반도 신뢰 프로세스에는 북한의 대량살상무기에 대한 제재는 상세하지만, 남북관계의 재정립 방안에 관한 고민은 처음부터 존재하지 않았다. 한마디로 한반도 신뢰 프로세스에서는 '어떻게'가 생략돼 있었다.

한반도 신뢰 프로세스의 문제는 심각했다. 첫째로 정부 내의 신뢰가 존재하지 않았다. 효율적인 정책조정을 위해서는 전략적 방향이 분명해야 하고, 정책의 충돌을 피해야 한다. 정부 내부에서 정책의 신뢰를 유지하고 강화하기 위해서는 정책조정을 효율적으로 운영할 수 있는 제도도 중요하지만, 더 중요한 것이 있다. 정책조정의 중심에 있는 대통령이 전략 방향에 관한 확고한 의지, 철학 그리고 관심이 있어야 한다. 박근혜 대통령은 그러지 못했다.

둘째로 말과 행동이 달라 국민의 신뢰를 잃었다. 대북정책에 관한 국민의 신뢰를 형성하는 것은 매우 중요하다. 신뢰는 휘발성 있는 여론을 그때그때 따라간다고 해서 생겨나지 않는다. 정책이 만들어지는 과정에서 국민의 신뢰를 얻고, 정책의 결과를 국민이 신뢰할 수 있어야 한다. 박근혜 정부에서 한반도의 위기가 발생했을 때, 금융시장은 위기 자체 때문이 아니라 국민들이 정부의 위기 극복능력을 신뢰하지 못하게 되면서 불안 해졌다. 박근혜 정부는 북한의 행동에 대해 강경한 말만 쏟아냈지 위기를 어떻게 극복할 것인지 제시하지 못했다. 박근혜 정부는 언제나 다수 국민 이 아닌, 자신들의 보수지지층만 생각했다.

셋째로 북한과 국제사회의 신뢰를 잃었다. 박근혜 정부는 북한과의 대 화를 보상으로 생각했고, 소통의 부재를 걱정하지 않았으며, 중요한 쟁점 에 대한 전략적 입장이 없었다. 북핵문제의 해법과 남북관계의 구상이 있 어야 남북대화를 할 수 있고 국제사회와 협력할 수 있다. 박근혜 정부는 정책이 아닌 이념으로 북한을 바라보았다. 남북관계를 통해 해결해야 할 현안이 산적해 있는데, 이명박 정부처럼 박근혜 정부는 남북관계 악화를 북한의 책임으로 돌렸다. 결국 북핵문제도 북한 인권문제도 국군포로와 납북자 문제도 해결하지 못했다.

신뢰를 어떻게 만들어갈 것인지에 관한 구체적 방법론이 없는 '한반도 신뢰 프로세스'는 당연히 작동하기 어려웠다. 신뢰는 주어지는 것이 아니 라 만들어가는 것이기에, 결과가 아닌 과정이 중요하고 수동적인 것이 아 니라 능동적이어야 했다. 그러나 박근혜 정부는 지극히 수동적인 이명박 정부의 '기다리는 전략'을 반복했다.

대북정책, 철학의 부재와 제도적 혼란

박근혜 정부가 출범하면서 '국가안보실'이 만들어졌지만, 처음부터 문 제가 많았다. 국가안전보장회의를 부활시켰지만, 단순한 위기관리 기능 만 강화하고 부처 간 총괄조정 기능을 마련하지 않았다. 외교안보수석실 은 또 그대로 존치했다. 외교안보수석실은 단기적 현안을 담당하고 국가안보실은 중장기적 안보 현안을 다루는 곳으로 구분했지만, 이는 현실적으로 불가능할뿐더러 혼선을 예고했다. 요컨대 청와대의 국가안보실은 과거보다 덩치가 더욱 커졌는데, 부처 간 조정은 사라지고 외교안보수석실과 국가안보실의 기능이 중첩됐다.

박근혜 정부의 출범 초기부터 문제가 생겼다. 가장 대표적인 사례는 장성택張成澤 사건에 대한 정보 판단이다. 초기에 국정원장, 국방부 장관, 통일부 장관의 말은 서로 달랐다. 중요한 정보 판단에 관해서는 당연히 정부의 공식적 정보 판단이 있어야 한다. 부처 간 정보를 공유하고 협의해 정부의 공식 입장을 정리해야, 국회에 가서 부처의 개별 의견이 아닌 정부의 입장을 말할 수 있다.

그러나 각 부처는 서로 조율하지 않은 채 정보 판단을 쏟아냈다. 박근혜 정부가 중요한 외교안보 현안에 대한 언론공개지침PG, press guidance을 작성하지 않는다는 점을 확인시켜주었다. 부처별 정책 협의의 부재는 반복적이고 구조적이었다. 한러 정상회담에서 나진-하산Khasan 사업에 우리 기업이 참여할 것이라고 발표했을 때, 언론은 상식적으로 러시아의 화물이 나진을 통해 우리 항구로 들어오도록 5·24조치의 일부가 당연히 해제될 것으로 전망했다. 왜냐하면 5·24조치는 남북 해운물류를 금지하고, 남북 물류뿐 아니라 중국과 러시아의 통과화물까지도 제재 대상에 놓기 때문이다. 정상 차원의 발표이므로 당연히 5·24조치 해제를 전제해 발표한 것으로 판단했지만, 사실은 그렇지 않았다.

외교안보 부처의 조정체계에서 제도보다 중요한 것은 대통령이다. 미국의 외교안보 역사에서 백악관의 국가안전보장회의가 중요한 역할을 한 때는 바로 대통령이 외교안보에 대한 확고한 철학과 의지가 있을 때였다. 키신저나 브레진스키Zbigniew K. Brzezinski 같은 전설적인 국가안전보장회의 보좌관은 바로 닉슨과 카터라는 전략가형 대통령을 만났을 때 출현할 수 있었다. 대통령의 외교 철학과 전략적 목표가 뚜렷하면 부처 간 협력체제를 유지할 수 있고, 전략적 목표를 공유하면 정부 내의 혼선을 줄일 수 있다. 박근혜 정부의 대북정책은 말과 행동이 달랐다. 이명박 정부가 대북정책의 제목을 '상생공영'으로 내세우고 내용은 '북한 붕괴론'을 추구했다면, 박근혜 정부는 '한반도 신뢰 프로세스'라고 이름 붙이고 불신을 생산했다. 말과 행동이 다르면 외교 상대의 신뢰를 얻기 어렵고, 정책의 예측가능성은 떨어진다.

박근혜 정부의
통일대박론

박근혜 정부는 이명박 정부와 마찬가지로 '과정으로서의 통일'이 아닌 '결과로서의 통일'을 강조했다. 남북관계의 현안을 어떻게 해결할지에 관한 정책은 없고, 어느 날 갑자기 이뤄질 통일을 강조했다. 박근혜 정부가 들고 나온 '통일대박론'은 모순과 혼돈 그 자체였다.

통일비용을 계산할 수 있을까

통일대박론은 통일비용보다 통일편익이 훨씬 크다고 주장한다. 통일대박론을 경제적으로 제시한 신창민 교수는 통일 후 10년간 통일비용은 GDP의 7퍼센트 내외이지만, 남측만 매년 11퍼센트의 경제성장을 이룰 것으로 추정한다. 통일 후 10년간 남측 국민의 소득 수준은 7만 7000달러, 북측은 3만 8000천 달러로 추정한다.[7]

지금까지 많이 논의된 통일비용은 연구자들마다 편차가 크다. 적게는 500억 달러에서 많게는 5조 달러까지 100배 이상 차이가 난다. 남북한의 소득격차를 어느 시점 기준으로 잡느냐, 또는 소득격차의 해소 수준을 어느 정도로 하느냐에 따라 차이가 크다. 그런 점에서 어쩌면 "구체적으로 예측하기 어려운 미래의 통일에 대해 그 비용을 정확히 계산하기란 불가능"[8]하다는 표현이 정확할 것이다.

물론 통일비용을 계산할 때 국내 민간기업과 외국투자 유치로 정부의 재정 지출을 최소화할 수 있다. 그런 점에서 모든 비용을 재정 지출로 하고, 그것을 국민 1인당 부담액으로 계산하는 것은 바람직하지 않다. 또한 비용 중에는 반드시 소비성 지출만 있는 것이 아니다.[9] 투자성 지출은 단기적으로 비용으로 볼 수 있지만, 장기적으로 편익이 될 수 있다.

통일편익을 계량화하는 것은 더 어렵다. 통일편익에는 경제적으로 계량할 수 없는 무형의 가치가 적지 않다. 정치·외교적 편익과 더불어 사회·문화적 편익도 결코 적지 않다. 경제적 편익과 관련해 성장잠재력의 확충 효과는 무시할 수 없지만, 중요한 것은 적절한 성장전략이 뒷받침되어야 한다는 점이다.

한편 통일의 경제적 편익을 과장하는 주장도 눈에 띈다. 예를 들면 북한 지하자원의 경제적 가치를 논할 때, 일부에서는 북한의 광물자원에서 얻는 수익으로 통일비용의 상당 부분을 충당할 수 있다는 낙관론을 제기한다. 그러나 북한의 광물자원이 풍부하기는 하지만 구체적인 매장량과 경제성에 대해서는 다양한 평가가 존재한다. 무연탄이나 철광석의 경우 품위品位(총 중량 대비 유효금속 중량의 비율)가 낮아 경제성이 떨어지고, 구리·마그네사이트·아연 역시 채취비용 대비 경제성은 높지 않다는 평가도 있다.[10]

표. 통일비용의 추산

연구 출처	방법론	비용의 개념	통일 기대 연도	통일 기간	추정 비용(달러)
황의각(1993)	균등소득	총 투자 (민간부문 포함)	1990	–	3120억
			1995	–	7776억
			2000	–	1만 2040억
연하청(1994)	소득 목표	정부 지출	2000	–	2300억~2500억/10년
이영선(1994)	소득 목표	정부 지출	1990	–	현재 할인가격으로 3300억/ 40~50년
			2003	–	총 240조(GDP의 4%)/10년
배진영(1996)	독일과 비교	정부 지출	1993	–	4880억/5년
박석삼(2003)	–	사회보장제도	–	–	급진적 통일 연간 35조 점진적 통일 연간 8700억
변양균(2005)	독일식 흡수통일	정부 지출	–	–	GDP의 5%(연간 40조), 5년 이상 지원불가
Noland at al (1997)	소득 목표		1990	–	6000억
			1995	–	1만 3780억
			2000	–	3만 1720억
KDI(1991)	균등소득	–	2000	10	점진적 통일 ~2102억 급진적 통일 ~3121억
신창민(1992)	균등소득	–	2000	12	1만 8618억
신창민(2005)	–		2010	–	6161억
			2020	–	8210억
황장엽(2004)			–	–	매년 식량 100만불
Barclays(2003)	–	정부 지출	–	–	매년 GDP의 5%
Pitch(2003)	–	–	–	–	총 240조~600조/10~15년
Goldman&Sachs (2000)	–	–	–	10	총 7700억~3조 5500억
한화경제연구원 (1997)	–	–	2010 흡수통일	–	856조
	균등소득	–	2010~ 20	10	513조
삼성경제연구소 (2005)	–	통일기금 조성	–	10	546조
Rand Corporation (2005)	소득목표 (통일 4년 내 북한 GDP를 2배로 증가)	–	–	–	3% 수준 500억 4% 수준 1860억 5% 수준 6670억

한국은행(2007)	소득 목표	정부 지출	–	–	독일식 통일(22~39년 기간) 3000억~5000억
	(북한 GDP가 1만불 도달)	–	–	–	독일식 통일(22~39년 기간) 5000억~9000억
신동천·윤덕룡 (1999)	–	총 투자액	–	–	887억~2808억

자료: 양운철 「통일비용의 추정과 재원 조달방안」, 『세종정책연구』 2.1, 2006, 51~52면

결국 통일이 우리의 미래가 되려면 통일비용을 줄이고 통일편익을 극대화해야 한다. 그러기 위해서는 통일 과정이 가장 중요하다. 통일의 비용이 편익을 역전하는 지점, 즉 '전환의 계곡'[11]을 줄일 수 있는 방법은 바로 공존과 공영의 과정을 통해 호혜적인 구조를 만들어가는 것이다. 그런 면에서 '통일대박론'의 가장 중요한 약점은 통일 과정을 말하지 않는 점이다. 과정이 아닌 결과로서의 통일을 강조하는 것은 새로운 현상이 아니라 오래된 흡수통일론의 연장선상에 있었다.

보수정부가 통일 이후를 강조하는 이유

이명박 정부 이후 남북관계는 냉전시대의 전통적 대립관계로 전환했다. 박근혜 정부의 대북정책 역시 이명박 정부의 전략을 답습했다. 남북관계가 최악인데 이를 개선할 의지도 없는 상황에서 통일담론을 강조했다. 대북정책이 실패하고 남북관계가 악화되었을 때 정부가 통일론을 제기하는 것은 남북관계의 역사에서 반복된 현상이다.

흡수통일을 공개적으로 주장하는 이유는 남북관계가 악화돼 상대를 의식할 필요가 없어졌기 때문이다. 만약에 남북관계가 정상적으로 유지되고 서로 협상해야 할 현안이 있다면, 일방적인 통일방안을 공개적으로 발표할 수 없다. 그래서 '과정으로서의 통일'은 '결과로서의 통일'과 충

돌한다.

박근혜 정부의 대북정책에서 강조한 사업들은 대체로 남북관계 현실과 무관했다. 실질적인 대북정책은 강경정책을 답습하면서, 미래지향적인 과제를 주장하면 당연히 실현가능성은 멀어진다. 통일대박론을 포함해 비무장지대에 세계평화공원을 만들겠다는 구상, 대륙철도 연결을 포함하는 유라시아 구상은 현안이 아니라 장기적으로 추구해야 할 목표다. 중요한 것은 목표를 실행하기 위한 방법인데, 구체적으로 '어떻게'가 없고 목표에 이르는 과정도 존재하지 않았다.

통일 과정에서 경제적 이익을 극대화하려면 우선 서로 이익이 되는 분야에서 경제협력을 확대해야 한다. 5·24조치로 모든 남북 경제협력을 중단한 상태에서 장기적인 통일의 경제이익을 상상할 수는 없다. 개성공단의 발전과 추가적인 산업공단을 만들기 위해서도 마찬가지다. 나아가 비무장지대에 평화공원을 만드는 과정도 많은 현안을 해결해야 한다.

비무장지대는 역설적으로 가장 군사화된 지역이다. 한국전쟁 이후 남북 양측은 군사분계선을 기준으로 각각 2킬로미터씩 비무장지대로 설정했다. 그러나 냉전시기를 거치며 초소가 전진하고 무기가 반입되어 무장지역으로 변했다. 그래서 많은 전문가들은 이름뿐인 비무장지대를 사실상의 비무장지대로 전환하는 것을 매우 중요한 신뢰구축 조치로 여긴다. 비무장지대에 평화공원을 만들기 위해서는 남북한의 신뢰가 뒷받침되어야 하고, 군사적 신뢰구축 조치가 병행되어야 한다. 남북관계를 개선하지 않고 비무장지대에 평화공원을 만들 방법은 없다. 당연히 북한은 과정 없이 결과만 강조하는 박근혜 정부의 의도를 의심했다. 박근혜 정부의 통일대박론은 실제 남북관계 악화의 근거로 작용했다.

만들어진 '북한 붕괴론'

이명박 정부가 대화와 협상을 불필요하게 본 것은 북한 붕괴론 때문이다. 붕괴를 촉진하기 위해 제재를 강화하거나 아니면 붕괴 이후의 상황, 흡수통일을 대비하는 것이 대북정책의 전부일 수밖에 없다. 북한 붕괴론에 입각한 통일대비론은 박근혜 정부에서도 마찬가지였다.

박근혜 정부는 2016년 8월 태영호太永浩 망명사건을 북한 붕괴론의 증거로 활용했다. 영국에서 망명한 태영호는 빨치산 2세도 아니고 김정은의 비자금 관리인도 아니며 최고위급 탈북자도 아니었다. 그는 공보를 담당한 외교관으로 근무를 마치고 귀국해야 하는 1등서기관급이었다. 박근혜 정부는 태영호 망명을 김정은 체제의 불안정성의 근거라고 주장했다.

김정은 체제는 초기에 장성택 숙청 같은 과격함을 보여주며 불안을 예고했지만, 2016년 36년 만에 7차 당대회를 열어 당의 조직과 인사를 정비했다. 김정은 체제 초기의 잦은 엘리트 교체도 점차 안정화되었다. 박봉주朴奉珠 총리 같은 원로가 여전히 중요한 역할을 하면서도 세대교체가 이루어졌다.

김정은 체제 등장 이후 엘리트층의 탈북이 다소 증가한 것은 사실이다. 외교관도 있고 무역 일꾼도 있다. 그러나 과거와 비교해 고위층의 수준과 수가 급격히 늘어난 것은 아니다. 다시 말해 '이상 징후'로 해석할 근거는 부족하다. 2016년 상반기의 탈북자 수는 749명이다. 2015년 같은 기간 614명에 비해 22퍼센트 늘었으나, 2014년 731명, 2013년 717명과 비교하면 비슷한 수준이다.

태영호 보도가 춤추기 시작한 계기는 대통령의 북한 붕괴론 발언과 통일부의 배경설명이었다. '관계부처'에서 '확인되지 않은 첩보'를 흘리면, 일부 방송은 거의 온종일 북한 이슈를 다루고 정부가 주문·제작한 기사가

2016년 5월 8일 『로동신문』을 읽고 있는 평양 주민

김정은 체제는 수령제라는 북한의 전통적인 정치체제를 지속하면서, 리더십 스타일에서 변화를 보였다. 우선적으로 당의 기능을 정상화해 1980년 6차 당대회 이후 36년 만인 2016년 7차 당대회를 열었다. 군에 대한 당의 영도를 강화하고, 내각의 권한을 부여했다. 인사정책에서는 고모부인 장성택을 처형하고 배다른 형제인 김정남을 암살하기도 했으나, 대체로 원로와 전문관료를 계속 등용하면서 세대교체를 추진했다. 내각총리로 전문 경제관료인 박봉주에게 상당한 권한을 부여하고 있다. 경제정책에서는 기업의 자율성과 분권을 허용하고 시장기능을 활성화시켰다. 그러나 핵무장의 완성에 매달리면서 외교적으로는 고립되었다. 핵무기의 소형화·경량화 기술을 발전시켰고, 운반수단인 미사일의 사거리를 늘리고 다종화를 추진했다. 그때마다 국제사회는 유엔 차원의 제재결의안을 채택했다.

쏟아져 나왔다. 북한 보도의 국내정치적 활용이 도를 지나칠 정도였다.

박근혜 대통령은 북한 주민을 대상으로 직접 남으로 오라고 말했지만, 탈북자에게 남쪽은 더이상 따뜻하지 않다. 2015년 12월 기준으로 사망자 대비 탈북자의 자살률은 12.2퍼센트였는데, 세계 최고 수준인 남한의 자살률 4.8퍼센트의 2.5배에 달했다.[12] 고단한 삶이 자살의 이유다. '따뜻한 남쪽 나라'를 떠나는 탈북자도 적지 않았다. 2012년부터 2016년까지 53명이 제3국으로 다시 떠났고, 19명은 북한으로 돌아갔다.[13]

북한 붕괴론에 입각한 통일대박론은 남북관계 악화의 책임을 북한의 도발로 돌리고, 도발의 원인을 남북관계의 성격 변화가 아니라 북한 내부의 혼란에서 찾으며 북한의 붕괴로 곧 통일이 될 것이라고 선전했다. 예측하기 어려운 미래의 불투명한 시점의 통일비용과 통일편익을 계산하기 위해 국가적 역량을 소모하는 것은 매우 비생산적이다. 나아가 통일비용이 가장 많이 드는 급진적 흡수통일을 추구하면서 통일이 대박이라고 주장하는 것은 논리적 모순이다. 통일대박론은 남북관계에 긴장을 조성함으로써 북한 기득권층의 체제 유지에 '정치적 명분'을 제공했고, 남북관계의 대립을 격화해 분단체제를 고착화하여 결과적으로 통일을 멀어지게 했다.

한편 통일 논의는 초당적 협력과 합의를 중시해야 한다. 통일 논의를 이념적이거나 정파적으로 진행하면 합의를 얻기 어렵다. 독일 통일의 사례에서 보듯이 사회민주당과 기독교민주당의 대동독 정책에서 초당적 협력은 정책의 지속성과 국민적 합의를 이끌어냈다. 하물며 대만에서 대중국 정책을 변경할 때도 국민적 합의를 중시했다. 장 징궈蔣經國의 뒤를 이은 리 덩후이李登輝 총통은 1990년 6월 국시회의國是會議를 개최해 야당과 지식인, 사회 각계 지도자를 모아 시대적 쟁점을 토론하고 합의를 추진했다. 이 회의에서 개헌을 통한 정치민주화와 중국의 정치 실체를 인정하고, 새로운 상호관계를 구축할 것을 결정했다. 같은 해 10월 '국가통일위원회'를 만든 이유도 대중국 정책에서 사회적 합의를 중시했기 때문이다. 총통이 직접 위원장을 맡고 사회 각계 대표가 위원회에 참여했다. 박근혜 정부는 대만과 유사한 '통일준비위원회'를 만들었지만 합의를 이끌어내려는 노력은 하지 않았다.

　무엇보다 통일은 반드시 평화적으로 이루어져야 한다. 그것이 헌법정신이며 국민 다수가 동의하는 통일의 기본 철학이다. 박근혜 정부는 평화를 말하지 않고 통일만 강조했다. '평화적 수단에 의한 평화'만이 지속가능성을 갖는다. 예멘처럼 통일은 했으나 화해와 협력을 추구하지 않아 다시 전쟁이 일어난 사례도 있다. 한반도에서 평화 만들기는 국가적 역량을 집중해 추진해야 할 '시대의 과제'다. 박근혜 정부는 실체도 없는 통일론에 사로잡혀 한반도 평화 만들기의 당면과제를 방기했고, 평화통일을 추구하라는 헌법이 규정한 대통령의 의무를 소홀히 했다.

실패한
제재

　이명박 정부는 5·24조치로 개성공단을 제외한 모든 남북 경제협력을 중단했고, 박근혜 정부는 하나 남은 개성공단의 문을 닫으면서 '남북관계 제로 시대'를 완성했다. 이명박·박근혜 정부는 1988년 노태우 정부의 7·7선언 이후 수십년간 지속되어온 모든 남북 교류·협력을 중단했다. 제재는 북한의 핵 포기라는 목적을 달성하기 위한 수단이다. 그러나 목적은 달성하지 못한 채 관계만 악화시켰고, 결과적으로 북한의 핵억지가 가능한 환경을 제공했다.

협상론과 제재론

북핵문제의 해법과 관련해 두가지 입장이 대비된다. 먼저 협상론에서 제재는 수단이지 목적이 아니다. 협상론에서는 제재를 협상력을 강화하는 하나의 수단으로 본다. 중국은 협상론의 관점에서 제재의 역할을 한정한다. 왕 이 외교부장은 2016년 3월 8일 기자회견에서 "제재는 필요한 수단이고, 안정은 시급한 과제이며, 협상은 근본적 길制裁是必要手段, 维稳是当务之急, 谈判是根本之道"이라고 강조했다.14

중국은 유엔 안전보장이사회의 결의안에 대해서도 한·미·일 3국과 다르게 해석한다. 유엔 안전보장이사회의 결의안은 안전보장이사회 상임이사국(미국·영국·프랑스·중국·러시아)의 만장일치로 결정되고, 이 과정에서 중국과 러시아는 결의안에 자신들의 접근법을 포함시킨다. 유엔의 제재 결의안은 단계적으로 제재의 강도를 높였지만, 동시에 '한반도의 안정' '평화적 해결' '6자회담 재개' '9·19공동성명의 지지'를 언제나 포함한다. 중국이 '결의안의 완전하고 철저한 이행'을 강조하는 것은 제재를 제대로 하겠다는 것이 아니라, 제재하는 만큼 평화적 해법을 모색해야 한다는 뜻이다.

박근혜 정부는 북한 붕괴론의 시각에서 북핵문제에 접근했다. 붕괴론에서 제재는 수단이 아니라 목적이다. 협상론과 붕괴론은 전제도 목적도 다르기 때문에 충돌할 수밖에 없다. 협상론의 입장에서는 협상환경을 조성하는 것이 중요하지만, 붕괴론은 협상을 '정권 연장 조치'로 해석한다. 협상론은 북한을 대화 상대로 인정하지만, 붕괴론은 상대를 인정하지 않는다. 북핵문제와 남북관계, 정치와 경제의 관계에 대해서도 협상론은 분리 혹은 병행의 입장이지만, 붕괴론은 연계론을 채택한다. 북핵문제를 연계해 남북관계를 중단시키고, 남북관계의 정치·군사 분야를 경제협력과 연계하는 것은 붕괴론의 자연스런 귀결이다.

북한 붕괴론은 남북대화에 대한 접근 태도를 결정했다. 박근혜 정부는 2013년 6월 장관급 회담 대표의 격이 맞지 않다며 남북 장관급 회담을 결렬시켰다. 북한이 회담 대표로 통보한 강지영 姜志英 조국평화통일위원회 서기국장이 '장관급'이 아니라는 주장이다. 그리고 통일전선부장이 나와야 한다고 주장했다. 북한은 공개적으로 서기국장의 급이 '장관급'에 해당하는 '상급'이라 주장했고, 과거의 관례도 있으며, 일반적으로 북한의 경우 회담 대표의 실권이 제한적이라는 점에서 격 논란은 박근혜 정부의 회담에 대한 태도를 반영했다.

북한의 통일전선부는 당 기구로 남한의 통일부와 기능이 다르다. 일부에서는 통일부와 통일전선부를 '통통 라인'이라고 부르지만, 그런 소통 방식은 이루어진 적이 없으니 착각에 의한 착시에 불과하다. 남북 회담의 막후협상은 주로 북한의 통일전선부와 남한의 국정원이 했고, 일반적인 남북 장관급 회담을 비롯해 대부분의 공개회담에서의 합의문 작성 과정도 마찬가지다. 기능을 보더라도 통일전선부는 정보 분석과 대남공작 부서를 포함한다는 점에서 국정원과 유사하다.

북한 붕괴론의 가장 큰 문제점은 해결의 기회를 놓친다는 점이다. 상대를 인정하지 않고 협상을 부정하기 때문에 대부분의 문제는 해결되지 않은 채 악화된다. 이명박·박근혜 정부가 북한 붕괴론을 대북정책의 철학으로 삼은 이후 북한의 핵능력은 비교할 수 없을 정도로 강화되었다.

제재의 한계

경제협력은 서로 얽혀 있기 때문에, 제재를 할 때는 기본적으로 자신의 피해를 최소화하는 것이 중요하다. 국제적인 다자제재의 경우도 마찬가지다. 대부분의 국가는 국제사회의 제재에 동참하면서도 자국의 경제적 이익이 침해받는 것을 피하려 한다. 대북 제재의 경우 중국은 북한의 대외무역에서 90퍼센트 이상을 차지하기 때문에 중국이 참여하지 않는 제재는 의미가 없다. 북중 양국의 경제적 상호 의존성 때문이기도 하지만, 중국이라는 영토를 중계지로 하여 북한의 대외무역이 이뤄지기 때문이다.

유엔의 제재 결의안은 '트리거 조항'에 따라 누적적으로 강화되었다. 중국과 러시아가 거부권을 갖지만 이전 제재 결의안보다 제재 내용을 강화해야 한다는 원칙에 따라 점차적으로 제재 강도가 높아졌다. 한국은 북한의 4차 핵실험 이후 남북 경제협력의 상징사업인 개성공단을 양자제재 차원에서 중단했고, 이후 5차와 6차 핵실험이 이어지면서 북한의 광물 수출, 수산물과 의류 임가공도 중단되었으며 원유 공급이 제한되었다.

그러나 제재의 그물망은 완벽하지 않다. 중국과 러시아는 애매한 조항을 포함시켜 재량권을 발휘하고 전략물자에 대한 통제는 강화하겠지만, 정상적인 무역은 허용한다는 것이 기본 입장이다. 중국은 북한의 핵개발을 막아야 한다고 생각하면서도 한반도 정세의 불안정을 원하지 않는다. 한미 양국은 중국의 협력을 기대하면서도 중국이 협력하기 어려운 강경 일변도의 대북정책을 추진했다. 특히 한국이 사드THAAD(고고도 미사일 방어체계) 도입 결정을 내린 이후 중국의 입장에서 북한의 전략적 가치는 더욱 높아졌다. 중국은 북핵 저지와 한·미·일 군사협력 반대 사이에서 흔들리며 북한에 대한 제재정책을 추진하고 있다.

또한 지린성[吉林省]과 랴오닝성[遼寧省] 등 중국의 지방정부가 대북 제재에 소극적이라는 점도 이해할 필요가 있다. 동북지역은 2000년대 중앙정부의 지원으로 고속성장을 했지만 2013년부터 정부 주도의 성장전략이 한계에 직면했다. 성장률이 하락했고 인구가 빠져나갔으며 임금이 상승했다. 단둥[丹東], 훈춘[琿春], 허룽[和龍] 도시가 북한과 '변경 경제 합작구'를 추진하는 이유가 있다. 저렴하고 안정적인 북한의 노동력이 필요하기 때문이다.

제재는 분명 북한 경제에 영향을 미친다. 대외무역이 감소하면 북한의 시장에 외화 유입이 줄어들고, 당연히 소비재 시장을 위축시킨다. 북한은 시장을 활성화해 국내 자원을 원활하게 순환시켜 제재 상황에 대응하려고 한다. 그러나 광물이나 수산물 수출이 막히고 의류 임가공이 중단되고 노동력 송출 사업이 줄어들면 외화 수입이 줄고, 이는 설비 개선을 비롯한 생산재 시장에도 영향을 미친다.

단, 제재가 북한 경제에 상당한 영향을 미친다고 해서, 이것이 핵억지력을 갖춰야 한다는 북한 지도부의 판단에 영향을 미치기는 어렵다. 제재로 민생경제가 어려워져도 북한 지도부는 핵억지력을 강화하는 시도를 계속할 가능성이 높다. 제재로 대외무역이 대폭 축소되고, '부족의 경제'와 '결핍의 경제'가 강화되면 결국 북한 주민의 인도적 상황은 악화된다. 북한 정권과 주민을 분리할 수 있는 '스마트한 제재'는 존재하기 어려우며, 일반적으로 제재는 인도주의와 충돌한다.

개성공단 폐쇄의 경제학

2016년 2월 10일 박근혜 정부는 개성공단의 문을 닫았다. 공단의 문이 닫히자 입주 기업들은 뿔뿔이 흩어졌다. 일부 기업은 해외에서 대체 생산지를 찾았다. 대체로 형편이 좋은 몇몇 기업들이다. 물론 임금과 물류 면에서 상당한 손실을 감수할 수밖에 없다. 국내 지자체를 중심으로 대체 생산지를 제공하겠다는 제안도 적지 않았지만, 성사된 사례는 거의 없다. 문제는 공간이 아니라 임금이고 국내에서 개성공단의 임금 수준을 충족할 곳은 없기 때문이다.[15]

개성공단은 정상적인 폐쇄 절차를 밟지 않았기에 많은 문제를 남겼다. 폐쇄 결정은 국가안전보장회의 같은 공식적 논의 절차를 거치지 않은 채, 대통령의 일방적인 구두 지시로 이루어졌다. 개성공단의 임금이 핵개발 자금으로 전용되었다는 주장 또한 근거가 없었다. 국정원이 작성해 통일부에 넘겨준 문서는 그 자체로 직접적인 증거가 될 수 없고, 내용상으로도 그런 정보를 얻을 만한 위치가 아닌 탈북자의 진술에 기대고 있는데다가 진술 내용 또한 구체적이지 않았다.[16] 정부는 협력사업 취소에 관한 남북 교류·협력법을 지키지 않았다. 협력사업을 취소할 때는 국회의 관련 절차를 거쳐야 한다는 규정이 있음에도 박근혜 정부는 자신들이 만든 폐쇄의 매뉴얼을 무시한 채 무조건 문을 닫는 데 급급했다. 정부는 각종 예민한 서류와 민감한 장비를 회수하지 않았다. 폐수종말처리장의 폐수, 소각장에 쌓인 산업폐기물, 정수장의 각종 화학물질이 그대로 방치되었다. 또한 정부는 기업의 임금과 퇴직금을 정산할 기회를 박탈해 결국 북한에 채권만 안겨줬다.

개성은 그동안 말 그대로 '열린 성'이었다. 남북한의 충돌을 예방하는 완충공간이었으며 통일의 실험장이었다. 개성공단이 처음 가동되던 시점에 남북한 사람들은 체제의 차이로 상당한 갈등을 겪었지만, 10여 년 세월이 흐르면서 더불어 살아가는 지혜를 터득하기도 했다.

개성이 열려 있을 때와 닫혀 있을 때의 한반도는 전혀 다르다. 특히 개성공단의 출입은 군이 맡았다. 군 통신선을 통해 나갈 사람과 들어올 사람의 명단을 교환했다. 군 통신선은 언제나 열려 있었기 때문에, 남북한의 군사적 위기가 고조되었을 때 우발적 충돌을 예방하는 소통의 공간이기도 했다. 개성공단이 닫히면서 군 통신선도 끊겼다. 성을 여는 개성開城이 닫히자, 북한도 남북관계도 한국 경제의 미래로 가는 문도 닫혔다.

한국 경제에서 남북 경제협력이 차지하는 비중은 미미하다. 개성공단이 닫혀도 경제에 미치는 영향은 크지 않다. 그러나 통계에 잡히지 않는 의미도 있다. 개성공단의 124개 업체 중 섬유봉제 기업이 73개다. 한국은 한때 세계 2위의 의류 수출 강국이었다. 2000년대 들어 인건비가 오르자 인력을 구할 길이 없어 해외로 나갔다. 국내의 봉제공장들은 중국으로 인도네시아로 버마로 떠났다. 해외에서 자리를 잡은 기업도 있다. 그러나 인건비는 계속 오르고 금세 현지 기업들에게 따라잡혔다. 돌고 돌아 간 곳이 개성이다. 개성이 닫히면 더이상 갈 곳은 없다.

개성에서 우리가 잃은 것은 북한의 숙련공이다. 국내든 해외든 봉제공장은 열악한 환경 때문에 숙련공을 키우기 어렵다. 지금 세계 어디에서 15만원의 월급으로 안정적인 숙련공을 고용할 수 있단 말인가. 개성공단의 북한 노동자 5만 4000명은 우리 중소기업이 애써 키운 인력이다. 이미 남북 위탁가공 시절에도 확인되었지만, 북한 노동력은 교육수준이 높고 손재주가 있으며 기본적으로 성실하다.

한국의 경우 의류산업의 전후방 업종에서 핵심적인 봉제 생산기지가 없어졌다. 개성의 봉제공장만 망하는 것이 아니다. 의류산업 전체에 타격이 불가피하다. 동대문이나 남대문의 의류·패션 산업에서 가깝고 저렴한 생산지가 사라졌다. 한편 중국은 국내의 임금상승에 따른 의류산업의 전환 국면을 넘길 시간을 벌었다. 의류·봉제 산업에서 한중 간의 격차는 더욱 벌어질 것이다.

개성공단이 중단되면서 국내의 협력업체도 막대한 피해를 입었다. 개성공단의 경우 모든 원자재와 부품을 남한에서 조달했다. 금융과 물류, 영업 관련 일자리도 적지 않았다. 물론 5000여개의 협력업체와 12만 5000명의 일자리만 잃은 것이 아니다. 전방효과도 있고 후방효과도 있다.

한국은 산업구조의 고도화를 이루지 못한 상황에서 중국의 추격에 따라잡히는 위기의 순간을 맞았다. 확고한 기술경쟁력을 갖추지 못한 산업들이 위기의 순간에 직면했을 때, 개성공단은 산업 조정의 완충 역할을 할 수 있었다. 개성의 문이 닫히면서 노동집약 업종의 수많은 중소기업들의 희망도 사라졌다. 북방의 문을 닫고 우리가 어디서 잠재성장률을 높일 수 있을까?

제재와 핵개발의 악순환을 넘어

북한은 제재의 효율성과 관계없이 제재의 의도에 주목한다. 제재의 목적이 북한체제를 붕괴시키는 것이라고 해석하기 때문에, 붕괴 압력에 대응하기 위해 더욱 적극적으로 억지력을 강화하는 것이다. 제재가 강화되는 동안 북한은 우라늄 농축 방식으로 핵물질을 지속적으로 생산하고, 중장거리 미사일에 탑재할 수 있는 탄두의 소형화·경량화도 진전시키고, 운반수단의 성능 개선에도 적극적으로 나섰다. 또한 잠수함발사 탄도미사일SLBM이나 이동식 미사일 등 운반수단의 다양화를 위해서도 노력했다. SLBM의 성공은 한반도의 군사질서에서 중요한 계기로 작용할 수 있다. 잠수함 탐지가 기술적으로 쉽지 않은 상황에서 최대 사거리 2000킬로미터에 달하는 SLBM은 기본적으로 한국이 도입하려는 사드체계를 무력화시킬 수 있기 때문이다.

북한의 핵능력이 강화되었는데, 과연 과거의 방식인 협상으로 북핵문제를 해결할 수 있을까. 강화된 핵능력만큼 협상도 어려워진 것이 사실이다. 그러나 다른 한편 제재만으로 해결할 수 없다는 점도 분명하다. 현재 가장 중요한 것은 악순환의 구조에서 벗어나는 것이다.

우선적으로 북한의 핵능력 강화속도를 늦추고 중단시키는 것이 급선무다. 그런 점에서 미국의 핵 전문가인 헤커 Siegfried S. Hecker 박사가 제안한 북핵문제 해결을 위한 '3 NO' 주장을 참조할 필요가 있다. 그는 No More(북한이 핵물질과 핵탄두의 추가 획득은 물론 더이상의 핵실험과 미사일 시험발사를 중단), No Better(핵탄두의 소형화·경량화를 통한 핵무기의 고도화 중단), No Export(제3국에 대한 핵무기 확산 방지)를 해법으로 제시했다.[17]

북핵문제는 한반도 냉전체제의 산물이다. 당연히 냉전종식에 대한 전략과 비전 없이 북핵문제를 해결할 수 없다. 그렇기 때문에 북핵문제 해결은 하나의 과정이기도 하다. 관계가 개선되어야 북한의 핵억지 필요가 해소되기 때문이다. 서로 핵을 가진 인도와 파키스탄의 사례에서 보듯이 양국 관계의 포괄적 개선이 훨씬 더 중요하다.

북핵문제 해결은 장기간의 과정이지만, 그 출발은 6자회담의 재개다. 일부에서는 6자회담 무용론을 제기한다. 6자회담이 중단된 이후 북한의 핵능력은 비약적으로 발전했고, 북한을 비롯한 참여국들의 회담 참여 의지도 별로 없다. 그러나 '6자'라는 다자적 접근을 대체할 마땅한 형식이 없고, 2005년 9·19공동성명은 여전히 북핵문제를 해결하는 기본합의로 유효하다.

북한이 협상에 참여할 의지가 있는지는 의문이고, 북한의 요구도 국제사회가 수용할 수 있는 수준과 거리가 멀다. 그러나 협상은 주고받는 것이고, 북한을 6자회담 테이블로 데려올 수 있다면 얼마든지 조정할 수 있다. 협상이란 문제를 해결하는 데 목적이 있지만, 서로의 의도를 파악할 수 있는 기회이기도 하다.

제재와 압박을 강조하는 사람들은 '북한의 핵폐기'라는 결과를 강조한다. 그러나 협상은 일방적인 폭력이 아니며, 합의를 만든 뒤 이행에도 과정이 필요하다. 결과가 아니라 과정의 필요성을 이해하는 것이 협상의 출발이다. 상대에 대한 불신이 깊기 때문에 조심스럽게 신뢰를 형성하는 일부터 시작해야 한다. '신뢰 만들기'를 통해 '대결 국면'을 '협상 국면'으로 전환하여, 과감하게 줄 것은 주고 받을 것은 받는 협상의 기본에 충실할 필요가 있다.

이명박·박근혜 정부는 '시간은 북한이 아닌 우리 편'이라고 주장하며 북한에 압박과 제재를 가하면서 기다리자고 했다. 제재와 압박에도 북한의 경제성장률은 높아졌고 핵능력은 고도화되었으며, 북한은 굴복하지도 붕괴하지도 않았다. 그렇게 기회를 낭비하고 세월을 허비한 채 우리는 결국 시간은 우리 편이 아니라는 재앙적 현실에 직면했다.

평화도 통일도 과정이다

한국전쟁 이후 남북관계는 가다 서다를 반복하면서도, 아주 천천히 화해를 이루고 평화를 만들며 미래를 향해 전진했다. 그러나 이명박·박근혜 정부 9년을 거치면서 평화의 공든 탑들이 무너졌고, 남북관계는 다시 '오래된 과거'로 후퇴했다. 이 기간 동안 북핵문제를 해결하기 위한 6자회담은 중단되었고, 북한은 핵억지를 향해 돌진했으며, 북한에 대한 부정적 여론이 증가했고, 군비경쟁의 악순환이 격화되었다.

남북 모두 '안보 딜레마'의 상황에 직면했다. 한쪽에서 안보를 강화하면 상대도 불안을 느껴 안보를 강화하는, 결과적으로 국민의 생명과 재산을 지킨다는 '안전보장'이 불안해지는 역설을 남북 모두 경험하고 있다. 한국전쟁 이후 이미 남북한은 '공포의 균형' 상태로 대결해왔는데, 추가적인 군비경쟁이 '절멸의 공포'를 추가하는 것도 아니다.

'노마식도老馬識途'라는 말이 있다. 『한비자韓非子』에 나오는 말로, 원정에 나간 군대가 길을 잃었을 때 늙은 말을 풀어 길을 찾았다는 뜻이다. 남북관계가 '전쟁'과 '평화' 사이에서 길을 잃은 지금, 남북관계가 걸어온 길을 돌아볼 필요가 있다. 공포의 균형 상태인 한반도에서 얽힌 관계를 한 번에 해결할 방법은 없다. 시간이 걸리더라도 얽히고설킨 실타래를 하나씩 풀어야 하고, 그러기 위해서는 얽힌 매듭을 찾아야 한다. 남북관계의 역사에서 우리는 무엇을 배울 것인가?

평화는 과정이다: '사실상의 평화'

1953년 7월 27일 맺은 정전은 전쟁이 끝났다는 종전도 아니고 평화도 아닌, 단지 일시적인 전쟁의 중단을 의미했다. 정전협정이 체결된 지 64년이 지났는데 정전관리체제는 더이상 존재하지 않고, 그렇다고 평화체제의 전망도 불투명한 '혼란스러운 과도기'가 지속되고 있다. 정전관리체제가 작동을 멈춘 지는 이미 26년여 세월이 흘렀다. 북한은 1991년 3월부터 한국군 장성이 유엔사령부 대표의 일원으로 군사정전위원회에 참여하자, 정전관리체제 자체를 거부했다. 정전체제를 감시하는 중립국감독위원회도 1993년 4월 체코 대표단과 1995년 2월 폴란드 대표단이 철수하면서 기능이 정지되었다. 이후 정전체제를 관리할 수 있는 제도는 존재하지 않는다. 북한과 미국의 장성급 대화와 남북 군사회담이 계기에 따라 열리지만, 그것이 군사정전위원회 체제를 대체할 수 있는지는 의문이다.

한반도에서 불안정한 정전체제를 항구적인 평화체제로 전환하는 것은 시대적 과제다. 그러나 평화체제를 위한 양자(남북), 혹은 다자간 노력(3자회담이나 4자회담)은 장기 교착상태이고, 남북한의 군사적 신뢰구축을 위한 노력도 중단되었다. 북한의 비핵화를 위한 6자회담은 장기 표류하고 한반도의 군사적 상황은 보복능력을 과시해 상대의 선제공격을 무산시키는 '공포의 균형'만이 존재한다. 한반도는 서울과 평양의 거리가 200킬로미터에 불과한 '근접 공간'에 과잉무장상태로 있어, 핵무기가 아닌 재래식 전력만으로도 서로 확실하게 파괴하는 상호확증파괴 MAD, Mutually Assured Destruction가 가능하다. 상호확증파괴를 약자로 'MAD' 라고 부르는 이유는 '미치지 않은 이상 선제공격을 할 수 없다'는 의미에서다.

어떻게 평화를 만들 것인가? 한반도 평화체제에 대한 논의는 역사가 오래다. 주요 쟁점은 당사자 문제, 비핵화와 평화체제의 관계, 평화협정과 평화체제의 관계, 평화체제의 과정 등이다. 한국이 휴전협정 당사자가 아니라는 이유로 평화협정의 당사자 자격을 둘러싼 논란이 있다. 그러나 한국은 서명 당사자는 아니지만 전쟁 당사자이며, '사실상의 평화'를 만들어가는 주체로서 평화협정과 평화체제의 가장 중요한 당사자다. 1997년부터 1998년까지 제네바에서 열린 한반도 평화체제 논의를 위한 4자회담을 미국과 함께 제안하고 주도적으로 참여했으며, 2005년 9·19공동성명을 채택할 때도 '한반도 평화체제 논의를 위한 별도포럼'(사실상 4자회담)을 제안하고, 2007년 남북 정상회담에서 종전선언과 당사자 주도의 한반도 평화체제에 합의했다.

현재까지 한반도 평화체제에 관한 논의는 대체로 '법적인 평화'de jure peace 개념에 치중해 있다. 일반적으로 평화협정은 전쟁 종결, 전후처리 문제, 평화 회복, 평화 관리 방안 등을 포함하는 '포괄적 성격'을 띤다. 그리고 평화협정은 평화체제의 법적·제도적 기초이며 평화체제 구축을 위한 과정의 일부다. 평화협정은 끝이 아니라 또다른 시작이고, '단계적 특성'도 지닌다. 다시 말해 평화협정은 분쟁을 종식하거나 분쟁상황을 근본적으로 전환하기 위한 계약이며, 평화체제는 평화협정 체결 이전 각 단계의 평화 과정과 협정 체결 이후 제도화된 검증을 모두 포괄하는 개념이다.

평화협정, 즉 법적인 평화는 정치적 협상의 결과이며 평화협정을 맺는다고 해서 평화가 저절로 이루어지지는 않는다. 중동의 사례를 보면 언제나 평화협정의 잉크가 마르기도 전에 평화에 대한 약속이 깨졌다. 법적인 평화는 하나의 과정에 해당한다. 다양한 분쟁 사례에서 평화협정은 대체로 합의하기 어려운 민감한 쟁점을 포함하며, 모호하게 처리해 합의 이후의 과제로 남겨둔 경우가 적지 않다. 평화협정을 맺는 시점에 합의하기 어려운 쟁점을 아주 추상적으로 타협하는 '창의적 모호성'은 협정 체결 이후 관계의 성격에 따라 새로운 분쟁의 근거가 되거나, 혹은 상호관계 변화를 통해 구체적으로 이행된다.

법적인 평화보다 중요한 것은 '사실상의 평화'다. 사실상의 평화란 법적·제도적 합의의 이행 과정을 포괄하며, 상호관계의 변화를 통해 분쟁의 원인을 근원적으로 해결하는 일련의 과정을 의미한다. 당연히 분쟁 과정에서 생긴 상처를 치유하는 과정도 필요하다. 평화협정이라는 '법적인 평화'와 실질적 상호관계의 변화를 의미하는 '사실상의 평화'는 역동적인 상호 보완관계다.

평화는 천천히 오고, 평화체제는 하나의 과정이다. 법적인 평화 즉 평화협정은 평화체제를 이뤄나가는 과정의 특정 국면에서 이루어진다. 다만 평화협정을 체결하는 시기는 상황에 따라 다를 수 있다. '사실상의 평화'가 이루어지고 나서 할 수도 있고, 초기에 법적으로 합의한 뒤 '사실상의 평화'를 진전시키는 방안도 있다. 어떤 전략을 선택하느냐에 따라 과정에 대한 이해도 달라진다. 평화협정은 중동 평화협상의 사례처럼 여러 번 맺을 수 있다.

휴전체제에서 평화체제로 가는 길이 너무 멀다면 중간목적지를 설정할 수 있다. 바로 한반도 종전선언이다. 한반도 종전선언에서 중요한 것은 '법적 의미'가 아니라, 그것이 가져올 '사실상의 효과'다. 종전선언은 '한반도에서 전쟁이 끝났다'는 선언적 의미에 불과하지만, 선언 이후 실제로 종전관리체제가 가동되면 남북 평화정착 과정에 질적 전환이 이루어진다. 종전관리체제는 남북한이 중심이 되어 구성돼야 하며, 평화협정이 체결되어 항구적인 평화관리체제가 시작될 때까지 과도기적 국면을 관리해야 한다.

'한반도 평화' 구상은 북핵문제를 해결하기 위해서 반드시 필요하다. 중국은 쌍궤雙軌 병행론, 즉 '비핵화'와 '평화체제'의 두 바퀴를 동시에 굴려야 한다고 주장한다. 새로운 주장은 아니다. 북핵문제 해결을 위한 6자회담의 소중한 합의인 2005년 9·19공동성명의 핵심 합의 사항이기도 하다. 북핵문제는 바로 한반도에서 냉전이 종식될 때 해결할 수 있다. 재래식 군비경쟁이 지속되면, 북한은 핵을 폐기하지 않을 것이다. 그래서 9·19공동성명에서도 북한은 핵을 폐기하는 대신, 상응조치로 외교관계 개선과 경제협력 그리고 한반도 평화체제를 제공하기로 한 것이다.

평화협정이 포괄적이지 않고 부분적이라 하더라도, 사실상의 평화정착 노력을 통해 협정의 모호함을 구체화하는 것이 매우 중요하다. 그래서 우발적 충돌 가능성을 완화하고 신뢰를 구축하며 상호 인식을 협력적으로 전환해서, 법적인 평화의 불완전성을 보완하는 노력이 필요하다.

한반도 평화협정 체결은 한반도 비핵화 협상, 북미관계 정상화, 동북아 평화협력체제 구축 상황에 영향을 받는다. 북한은 북미 평화협정이라는 과거의 주장을 다시 꺼냈지만, 이미 비무장지대의 관리가 유엔사령부에서 한국군으로 사실상 이양되었고, 한국은 전시작전통제권을 환수할 것이기에 남북 당사자의 체결이 훨씬 중요하다. 북한은 한반도 군사질서에서 한미 간의 역할 전환을 이해할 필요가 있다.

상당한 수준으로 '사실상의 평화'가 정착된다 하더라도, 평화협정의 일부 조항은 '창의적 모호성'이라는 협상의 지혜를 활용할 필요가 있다. 해상경계선 문제 같은 쟁점사항은 '사실상의 평화'가 이루어진 뒤에 해결할 수 있을 것이다. 군축과 주한미군의 역할도 마찬가지일 것이다. 협정 타결 시점에 여전히 차이가 존재한다면, 일단 모호성으로 남겨놓고 사실상의 평화가 정착되도록 노력하면서 구체화하는 과정이 필요하다. 평화체제 관리감독은 남북평화관리 공동위원회를 남과 북의 대표로 구성하고, 한반도 분쟁해결 및 평화관리에 관한 일차적 책임과 권한을 갖는 것이 바람직하다. 평화협정의 이행을 국제적으로 보장하기 위해 미국과 중국은 별도로 본 협정의 부속의정서를 체결하는 것도 필요하다.

그리고 한반도 평화체제는 동북아의 다자간 안보협력과 병행해야 한다. 한국이 한반도 평화체제에 대한 강력한 의지가 있다면, 그 과정에서 동북아 협력안보를 주도할 근거와 명분을 갖게 된다. 동북아 평화에서 한반도 문제가 갖는 중요성이 있기에 지역 평화질서를 적극적으로 주도할 힘이 생기는 것이다. 유럽의 다자간 안보협력의 출발이었던 '헬싱키 프로세스' 추진 과정에서 핀란드가 중요한 역할을 한 것처럼, 한국도 동북아의 다자간 안보협력체제를 만들어가는 과정에서 중요한 역할을 할 수 있다.

통일은 과정이다:
'사실상의 통일'

통일정책은 남북관계의 성격에 따라 달라져왔다. 남북관계는 분단 이후 1972년 7·4남북공동성명까지 '대결의 시대', 1972년부터 1992년 남북기본합의서까지 '대화가 있는 대결과 제도적 합의의 시대', 2000년 남북정상회담 이후부터 2007년까지 '접촉의 시대', 2008년부터 2016년까지 '제재의 시대'로 구분할 수 있다.

대결의 시대는 통일방안의 '제안경쟁' 시기였다. 1954년 제네바 회담에서 남북한이 주장한 통일방안은 냉전시기 지속되었다. 상대의 존재를 부정하던 대결의 시대에는 상대가 받을 수 없는 제안을 했고, 오로지 국내정치만 고려했다. 7·4남북공동성명부터 기본합의서 국면에서 통일방안의 진화 과정을 볼 수 있는데, 대화가 지속되는 과정에서 '결과로서의 통일'보다 '과정으로서의 통일'이 대화의 우선순위였다. 김대중 정부와 노무현 정부는 김영삼 정부에서 정리한 통일방안을 계승하면서도 기본적으로 '결과로서의 통일'보다 '과정으로서의 통일', 즉 '사실상의 통일' 상태 실현을 공개적인 통일정책으로 강조했다.

이런 점에서 김대중 정부의 통일정책은 패러다임의 전환기로 평가할 수 있으며, 6·15 남북 정상회담을 통해 남북관계의 역사에서 비로소 감정의 대결이 아닌, 이성의 연합Koalition der Vernunft1이 시도되었다.

'과정으로서의 통일' 개념은 공존을 인정하고 공존의 변화 효과를 통해 '사실상의 통일' 상태를 실현하는 것을 목표로 한다. 남북관계에서 공존이 제도적 형태로 현실화된 것은 1991년 9월 남북한 유엔 동시가입이었다. 임동원은 이 조치로 "북한은 대외적으로 한반도 내에 두개의 국가가 존재함을 인정하게 되고 평화공존을 통해 점진적·단계적인 통일의 과정을 남북이 함께 추진하자는 남측 통일방안에 접근했다"라고 평가했다.[2] 1991년 체결되고 1992년 발효된 남북기본합의서는 남북관계를 '통일을 지향하는 과정에서 잠정적으로 형성되는 특수 관계'[3]로 규정함으로써 공존과 통일의 관계를 개념화했다.

'사실상의 통일' 개념을 대북정책과 통일정책으로 구체화한 것은 김대중 정부다. 이른바 '포용정책'은 대북정책인 동시에 '사실상의 통일'을 지향한다는 점에서 통일정책이기도 하다. '법적·제도적 통일'은 통일 과정의 절차적 중요성을 강조하지만, '사실상의 통일'은 통일 과정의 역동성에 주목한다. 그동안 '사실상의 통일'은 '자연스러운 확산 효과'를 강조한다는 점에서 기능주의적 접근으로 비판받아왔다. 그러나 공존정책의 변화 효과라는 역동성에 주목할 필요가 있다. 경제협력과 평화정착은 보완관계다. 공존이 가져올 '관계의 성격 변화'는 당연히 정치적 신뢰 수준과 평화정착의 제도적 수준에 영향을 받는다.

'사실상의 통일'이 '법적·제도적 통일'의 최종 형태를 제시할 필요는 없지만, 통일 과정의 잠정적 중간과정을 모색할 필요는 있다. 그것이 바로 '남북연합'이다. 이미 남북한은 6·15남북공동선언에서 '남북연합'과 '낮은 단계의 연방제' 안의 공통점이 있음을 인정했다. 그것은 통일 과정의 점진적·단계적 접근을 의미한다. 동시에 '과도적 과정' 혹은 '중간단계'의 필요성에 대한 합의로 해석할 수 있다.

물론 (높은 단계의) 남북연합과 낮은 단계의 연방제는 제도적 수준에서 공통점이 있다. 그러나 국제법적으로 연합과 연방은 다른 개념이다. 남측의 연합제는 '2국가 2체제 2정부'를 의미하지만, 북측의 연방제는 낮은 단계라 하더라도 '1국가 2제도 2정부'를 의미한다. 다시 말해 연합은 주권이 구성국 각자에게 있지만, 연방은 연방국가가 보유한다.

통일 과정의 제도적 수준과 관련해서도 2000년 6·15남북공동선언 합의 이후 남북한이 발전시켜온 분야별 협의체를 좀더 진전시키는 것이 필요하다. 남북 총리급 회담을 총괄회담체로 하고, 남북 국방장관 회담을 정례화해 군사적 신뢰구축을 비롯한 한반도 평화체제를 논의하고, 남북 경제협력추진위원회를 정례화해서 남북 경제협력을 제도화하고, 사회문화공동위원회를 가동해 남북 사회·문화 교류를 제도적으로 발전시킬 필요가 있다. 분야별 협력의 성과를 반영하여 '남북연합'의 제도적 수준을 점진적으로 단계적으로 발전시켜나가는 것이 필요하다. 각 분야별 발전 수준이 호혜적이고, 남북관계의 기본 성격을 냉전체제에서 탈냉전체제로 전환할 때 '사실상의 통일' 상태는 실현될 것이며, 이는 자연스럽게 '법적·제도적 통일'의 기회를 가져다줄 것이다.

한편 통일국가의 미래상을 구체적 정책으로 제시하는 것은 부작용이 크다. 보수적인 국내 여론과 대화의 상대방인 북한을 동시에 만족시킬 수 없기 때문이다. 공존과 통일을 구분하는 것은 현실정치적 맥락이다. 통일국가의 미래상을 구체적으로 '말하지 않는' 의미는 상대를 배려하기 위해서다. 당면 현안은 구체적으로, 최종 목표는 추상적이거나 원론적으로 제시할 수밖에 없다. 공존을 통한 통일, 현상 인정을 통한 현상 타파의 필요성에 대한 진지한 고민이 필요하다.

공간의 상상력과
북방경제

평화가 땅이라면 경제는 그 땅에서 피는 꽃이다. 제재와 억지의 악순환이 아니라, 평화와 경제가 선순환하는 구도로 전환해야 한다. 한반도 평화체제의 형성과 동북아 경제공동체의 형성이 서로 긍정적으로 보완할 수 있는 환경을 조성해야 한다. 남북관계에서도 정치·군사적 신뢰구축과 경제협력을 병행해 추진해야 한다.

따라서 연계론이 아닌 병행론으로 전환해야 한다. 병행은 분리해 선순환하는 것이고, 순서에는 융통성을 발휘할 필요가 있다. 핵문제와 남북관계를 분리해 병행 발전해야 하고, 중앙정부와 지방자치단체의 교류를 분리해 병행할 필요가 있다. 남북관계가 과거로 후퇴했고, 불신이 깊으며 대립의 과정이 있었기 때문에 다시 신뢰를 형성하는 데 상당한 시간과 노력이 필요할 것이다.

평화와 경제의 선순환이 필요한 것은 우리가 놓인 상황 때문이다. 한국 경제는 저성장의 늪에 빠졌고, 우리는 새로운 미래를 준비해야 한다. 우리 시대가 풀어야 할 중요한 과제 가운데 하나가 성장 동력의 확충이다. 과거 해양경제권과의 협력을 통해 산업화를 이룩했다면, 이제 북방경제론으로 한국 경제의 2막을 열어야 할 시점이다.

북방경제는 한국 경제의 구조 재편 과정에서 필요하다. 조선산업을 비롯한 한국 경제의 성장주력 산업이 중요한 기로에 섰다. 우리를 기다리는 위기는 산업의 쇠퇴만이 아니다. 조만간 우리는 인구절벽에 직면한다. 2017년부터 생산가능인구가 줄어들기 시작했다. 일본의 장기 불황이 인구구조의 변화에 따른 것이라는 주장이 설득력을 얻고 있다. 불평등과 양극화 구조를 안고서 우리는 저성장의 늪에 빠졌다. 출구는 대체로 두가지로 모아진다. 하나는 국내적으로 새로운 혁신체제를 만들어가는 것이고, 다른 하나는 성장 동력의 확충이다.

성장 동력의 확충에서 가장 중요한 것은 북방경제다. 북방경제로 산업구조가 전환할 시간을 벌고 조금이라도 전환비용을 마련할 필요가 있다. 북방경제 구상은 최소한 노태우 정부부터 의욕적으로 제시해온 국가발전 전략의 하나였다. 그런데 왜 지금까지 실현될 수 없었는가? 북한이라는 다리를 넘어야 하는데, 남북 신뢰관계가 뒷받침되지 못했기 때문이다.

대륙철도 연결은 당연히 남북 종단철도가 연결되어야 가능하다. 러시아에서 가스파이프를 연결하는 PNG 사업도 북한을 통과해야 한다. 한러 혹은 한중 사이에 논의되고 있는 북방 경제협력은 대부분 남·북·중 혹은 남·북·러 삼각협력을 의미한다. 남북협력이 전제되지 않으면 당연히 대륙경제권과의 연결은 한계가 있다. 북방경제의 핵심 사업이 아주 오래전부터 논의되어왔지만 실질적 진전이 어려운 이유는 남북관계가 뒷받침되지 못했기 때문이다.

북방경제는 한반도의 경제적 공간을 확장할 것이다. 남한의 경우 수도권이 접경지역과 멀지 않은 곳에 있다. 점차 도시 광역화 현상이 진행되면서 수도권이 접경과 맞붙는 현상이 벌어지고 있다. 서울과 인천의 수도권 경제권은 북한의 노동력과 중국 동북지역, 러시아 극동지역을 잇는 비교우위에 입각한 분업체제를 추진할 수 있다.

또한 이러한 광역경제권은 낙후한 동해안지역과 서해안지역의 경제발전에 계기가 될 것이다. 동해안지역은 자원과 에너지, 농업 차원에서 북방 경제협력을 강력히 희망하고 있다. 인천에서 목포에 이르는 서해안지역 역시 평화의 바다를 기초로 한중 협력을 새로운 지역발전 전략의 비전으로 제시하고 있다. 서해안지역의 경우 북한의 해안산업도시, 중국의 연안지역과 삼각협력체제를 구축할 수 있다. 인천과 중국 칭다오의 거리는 불과 600킬로미터. 쾌속선을 타면 7시간 만에 닿을 수 있고, 비행기로는 1시간 남짓의 거리다. 인천과 칭다오, 다롄 세 항만도시가 인천공항을 허브공항으로 삼아 물류동맹을 이루고 북한 노동력과 결합한다면 세계 어느 지역보다 경쟁력 있는 경제공동체를 이룰 수 있다.

현재 동북아 정세가 지역협력을 추진하기 어려운 상황이나, 비관할 필요는 없다. 역설적으로 언제나 협력의 꽃은 위기의 땅에서 핀다. 유럽통합European integration이 유럽석탄철강공동체ECSC에서 시작되었음을 기억하자. 전후 프랑스 외무장관이었던 로베르 쉬망Robert Schuman은 프랑스와 독일의 석탄과 철강 산업의 통합을 제안했다. 그래서 이 같은 구상을 '쉬망 플랜'Schuman Plan이라 부른다. 군수물자인 석탄과 철강을 국제적으로 공동 관리함으로써 전쟁의 근원을 제거해보자는 것이다. 유럽석탄철강공동체는 2차대전 당사자인 독일과 프랑스가 군수물자인 석탄과 철강을 공동 관리함으로써 평화의 물질적 기초를 마련하고자 한 의지의 산물이었다. 유럽에서 평화경제의 시작인 유럽석탄철강공동체는 40여년 뒤 유럽통합의 기원이 되었다.

미국의 프랭클린 루스벨트 대통령은 대공황의 절망적 상황에서 "우리가 두려워할 것은 두려움 그 자체"라고 말한 바 있다. 우리를 둘러싼 경제현실은 차가운 겨울이고, 남북관계는 어둠의 긴 터널을 벗어나지 못하고 있지만 우리는 다시 희망의 불씨를 지펴야 한다. 북한이라는 다리를 건너 아주 오래된 '북방경제의 시대'를 열어야 한다. 땅이 없으면 꽃이 필 수 없듯이, 평화가 없으면 북방경제의 상상력도 불가능하다.

1장 전후(戰後): 1950년대와 제네바 회담

1 판문점의 유래에 대해서는 『판문점 수첩』, 남북회담사무국 1995, 8면 참조.

2 『경향신문』 1953.7.28 참조.

3 얄따 체제를 냉전의 기원으로 보는 전통적 시각과는 달리, 오히려 얄따 합의의 무산이 냉전의 시작이었다는 수정주의적 시각에 대해서는 노경덕 「얄타 회담 다시 보기」, 『사총』 87, 2016 참조.

4 키미에 하라는 샌프란시스코 체제를 유럽의 냉전과 비교하여 세가지 차원에서 구분한다. 첫째 사회적 존재의 근본 가치로서의 이데올로기, 둘째 군사적 발전과 안보동맹을 포함하는 군사체제, 셋째 냉전 전선의 전초기지로서의 지역분쟁 등이다. Kimie Hara, "Rethinking the Cold war in the Asia-Pacific," *The Pacific Review*, vol. 12, no. 4, 1999.

5 김명섭 「샌프란시스코평화체제의 변동과 6자회담」, 『국방연구』 50.2, 2007, 62면.

6 트루먼 대통령과 맥아더의 갈등을 당시 미국의 동북아 전략을 둘러싼 인식의 갈등이라는 차원에서 다룬 저작으로는 데이비드 핼버스탬 지음, 정윤미 옮김 『콜디스트 윈터: 한국전쟁의 감추어진 역사』, 살림 2009, 10부와 11부 참조.

7 한국전쟁을 지휘하던 토오꾜오의 극동군사령부는 이후 한반도의 급변사태가 발생할 경우, 유엔사령부 소속의 주일미군이 일본정부와 협의하지 않고 즉각 개입할 수 있도록 했다. 유엔사령부는 주한미군과 주일미군이 협력할 수 있는 제도적 근거였다.

8 당시 제네바 회담에서 'Korea'라는 개념은 대한민국만을 지칭하는 것이 아니라 남북한을 포함하는 개념이었다. 따라서 '한국문제'라는 용어보다 '코리아 문제'로 번역하는 것이 맥락에 적합하다고 생각한다.

9 메논은 남인도 출신의 지식인으로 영국에서 네루의 저작 출판을 도왔고, 1929년 이후 친(親) 국민회의 조직인 '인도연맹'을 이끌었으며, 네루 집권 이후 외교장관으로 비동 맹외교를 적극적으로 펼쳤다.

10 Qiang Zhai, "China and the Geneva Conference of 1954," *The China Quarterly*, no. 129, 1992, 113면.

11 같은 글 109면.

12 저우 언라이의 평화공존 정책에 대해서는 Shao Kuo-Kang, "Zhou Enlai's diplomacy and the neutralization of Indo-China, 1954-55," *The China Quarterly*, no. 107, 1986 참조

13 Henry W. Brands Jr, "The Dwight D. Eisenhower Administration, Syngman Rhee, and the 'Other' Geneva Conference of 1954," *The Pacific Historical Review*, vol. 56, no. 1, 1987, 84면.

14 Qiang Zhai, 앞의 글 107~108면.

15 『로동신문』 1954.10.7. 박영실 「정전이후 중국인민지원군의 대북한 지원과 철수」, 『정 신문화연구』 105(29.4), 2006 겨울호에서 재인용.

16 이신철 「남북정상회담의 전사: 남북협상과 1950년대 통일논의」, 『사림』 30, 2008.

17 Shu Guang Zhang, "Constructing 'Peaceful Coexistence': China's Diplomacy toward the Geneva Bandung Conference, 1954-55," *Cold War History*, vol. 7, no. 4, 2007, 515~16면.

18 디엔비엔푸 전투를 둘러싼 프랑스인들의 인식과 기억에 대해서는 이재원 「'디엔 비엔 푸(Dien Bien Phu) 전투'에 대한 프랑스인들의 인식과 기억의 변화」, 『서양사론』 102, 2009 참조.

19 Qiang Zhai, 앞의 글 111~12면.

20 김정배 「베트남 전쟁과 사회주의 진영, 그리고 냉전체제」, 『역사와 경계』 76, 2010, 320면.

21 George F. Kennan, "Peaceful Coexistence; A Western View," *Foreign Affairs*, vol. 38, no. 2, 1960, 190면.

22 박인숙 「아이젠하워 행정부와 '평화'의 수사학」, 『미국사 연구』 22, 2005, 168면.

23 정준갑 「한국전쟁 직후 미국의 한반도 정책(1953-54): 냉전 외교의 한계」, 『미국사 연 구』 15, 2002, 142면.

24 William Stueck, "Reassessing U.S. Strategy in the Aftermath of the Korean War," *Orbis*, 2009, 572면.

25 권오신 「아이젠하워 대외정책의 기조: 뉴룩(New Look) 정책과 아이젠하워 독트린」,

『미국사연구』 21, 2005, 157면.

26 미국의 핵탄두는 1953년 1000개에서 1961년 1만 8000개로 증가했다. 권용립『미국 대외
    정책사』, 민음사 1997, 551면.

27 박태균「잘못 끼운 첫 단추: 이승만-아이젠하워 정부의 갈등」, 『역사비평』 86, 2009 봄,
    93~94면.

28 Henry W. Brands Jr, 앞의 글 81면.

29 베를린 회담에서 제네바 회담이 결정되고 이 사실이 한국에 통보되는 과정, 또한 이승
    만 정부의 대응에 대해서는, 미 국무성 외교문서집「미국의 대외관계(Foreign Relations
    of the United States) 1952~1954」 16권을 바탕으로 당시 상황을 재구성한 남찬순「비
    화: 제네바정치회담」, 『신동아』 1983.7 참조.

30 차상철「아이젠하워, 이승만, 그리고 1950년대 한미관계」, 『미국사 연구』 13, 2001,
    154면.

31 정준갑, 앞의 글 146면.

32 자세한 내용은 남찬순, 앞의 글 참조.

33 이완범「1950년대 이승만 대통령과 미국의 관계에 관한 연구」, 『정신문화연구』 107(30.
    2), 2007 여름, 203~11면.

34 이혜정「한미동맹 기원의 재조명: 한미 상호방위조약의 발효는 왜 연기되었는가?」,
    『한국정치외교사논총』 26.1, 2004.

35 차상철, 앞의 글 135면.

36 홍석률「이승만 정권의 북진통일론과 냉전외교정책」, 『한국사연구』 85, 1994, 169면.

37 이런 시각으로 이종원은 이승만의 전략을 '냉전형 내셔널리즘의 국가전략'이라고 규
    정한 바 있다. 1950년대 한·미·일 삼각관계의 구조와 특성에 대해서는 李鍾元『東アジ
    ア冷戰と韓米日關係』, 東京: 東京大出版會 1996 참조.

38 차상철, 앞의 글 136면.

39 최희식「이승만 정부 시기의 한일관계: 한미일 냉전 전략의 불협화음과 한일관계의 정
    체」, 『세계지역연구논총』 27.3, 2009, 131~32면.

40 이신철「남북정상회담의 전사: 남북협상과 1950년대 통일논의」, 『사림』 30, 2008,
    62~64면.

41 제네바 회담의 한국 측 준비과정과 회의 내용은 최운상「원로 외교관 최운상의 1954년
    '제네바 한반도 통일회의' 회고」, 『신동아』 2008.2 참조.

42 라종일「제네바 정치회담: 회담의 정치(1954.4.26/6.15)」, 『고황정치학회보』 1, 1997, 85면.

43 각국의 한반도 통일방안에 대한 구체적인 제안은 홍용표「1954년 제네바 회의와 한국

전쟁의 정치적 종결 모색」,『한국정치외교사논총』28.1, 2006 및 라종일, 앞의 글을 참조.

44 미국의 세가지 '코리아 통일방안'의 자세한 내용은 김보영「제네바 정치회담과 남북
   한 통일정책의 비교연구」,『국사관논총』75, 1997 참조.

45 홍용표, 앞의 글 46면.

46 Henry W. Brands Jr, 앞의 글 84면.

47 SEATO는 1954년 9월 8일 마닐라에서 협정을 맺고, 1955년 2월 공식 출범했다.

48 1차 양안 위기는 1954년 5월 15일 중국 해군 동해함대의 지원으로 화동군구(華東軍
   區)부대가 가오다오(高島) 투먼산(土門山) 등의 도서를 점령하며 시작됐다. 9월 3일
   부터는 중국인민해방군이 푸젠성(福建省) 해안에 주둔해, 국민당이 점령한 진먼다오
   에 대한 공격을 개시했다. 이상숙「1958년 북한주둔 중국인민지원군 철수의 원인과 영
   향: 북한의 대중국 협력 확대와 대중동원 경제노선 강화를 중심으로」,『북한연구학회
   보』13.1, 2009.

2장 대결의 시대: 1960년대 제한전쟁과 푸에블로호 사건

1 Jack Cheevers, *Act of War: Lyndon Johnson, North Korea and The Capture of the
   Spy Ship Pueblo*, New York: NAL Caliber 2013, 42~43면.

2 1807년 미국의 체사피크호 함장이 영국에 항복했다. 당시 함장은 싸우지 않고 배를 포
   기한 죄목으로 군사재판을 받았다. David Patrick Houghton, "Spies and Boats and
   Planes: An Examination of U.S. Decision-Making during the Pueblo Hostage
   Crisis of 1968," *Journal of Cold War Studies*, vol. 17, no. 4, 2015, 7~8면.

3 김일성「현 정세와 우리당의 과업: 조선로동당 대표자회에서 한 조선로동당 중앙위원
   회 위원장 김일성 동지의 보고」,『로동신문』1966.10.6 참조.

4 이문항『JSA-판문점(1953~1994)』, 소화 2001, 16면.

5 정성윤「미국의 대북 무력 강압 실패에 대한 연구: 1968년 푸에블로호 나포 사건을 중
   심으로」,『국제정치논총』54.2, 2014, 151~52면.

6 Nicholas Evan Sarantakes, "The Quiet War: Combat Operations along the Korean
   Demilitarized Zone, 1966-1969," *The Journal of Military History*, vol. 64, no. 2,
   2000, 439~40면.

7 #180 Notes of the President's Meeting with Cyrus R. Vance Washington, 1968.2.15.
   Foreign Relations of the United States, 1964-1968 Vol. XXIX. Part 1, Korea
   (Washington: United States Government Printing Office 2000), 이하 FRUS로 표기,
   376~83면.

8   #181 Memorandum From Cyrus R. Vance to President Johnson, Washington, 1968.2.20 (Subject: The Objectives of My Mission), FRUS, 386~91면.

9   1968년 2월 7일 박정희 대통령은 처음으로 예비군 제도에 대해 언급했다. 이미 한국정부는 이스라엘의 예비군 제도와 키부츠(Kibbutz) 등을 연구하고 있었다. 미국대사관은 한국의 예비군 제도에 관해 과연 한국정부가 무기통제를 제대로 할 수 있을지 우려했다. #183 Telegram from the Commander of United States Forces, Korea(Bonesteel) to the Commander in Chief, Pacific(Sharp) Seoul, 1968.2.29. (Subject: Rok Concepts for Home Defence Militia) FRUS, 396면.

10 #217 Summary Minutes of Meeting, Washington, 1968.1.24, FRUS, 471면.

11 푸에블로호 나포와 베트남 전쟁과의 의도적 관련성은 근거가 부족하다는 주장은 김정배 「북한, 미국, 그리고 냉전체제: 1968년 Pueblo호 사건을 중심으로」, 『미국사연구』 27, 2008, 119~21면 참조.

12 "Telegram from Pyongyang to Bucharest, Top Secret. No. 76. 018. Urgent," 1968.1.26, History and Public Program Digital Archive, Political Affairs Fond, Telegrams from Pyongyang Top Secret, 1968, Archive of the Romanian Ministry of Foreign Affairs, Obtained and Translated for NKIDP by Elliza Gheorghe, http://digitalarchive.wilsoncenter.org/document/113945.

13 1·21사태 이틀 후인 1월 23일 『로동신문』은 '무장 소부대가 서울 시내 한복판에 출현하여 괴뢰경찰 부대와 총격전'이라는 제목의 기사에서 '남조선 인민들의 영웅적 투쟁'이라고 주장했다. 다음 날인 24일에도 각지에서 무장유격대들이 군사공격을 했다고 소개했다. 『로동신문』 1968.1.23~24.

14 "Memorandum on an Information of 24 February and 26 February 1968," 1968.2.27, History and Public Policy Program Digital Archive, MfAA C 1023/73, Translated for NKIDP by Karen Riechert, http://digitalarchive.wilsoncenter.org/document/116727.

15 "Memorandum on a conversation with the Acting Director of the Office of Liaison for the Diplomatic Corps, Comrade Ri Seong-ryong, on 27 February 1968 from 9:00 to 9:40," 1968.2.27, History and Public Policy Program Digital Archive, MfAA C 1091/70, Translated for NKIDP by Karen Riechert, http://digitalarchive.wilsoncenter.org/document/116726.

16 "Telegram from Pyongyang to Bucharest, Top Secret, No. 76,051, Urgent," 1968.2.27, History and Public Policy Program Digital Archive, Political Affairs Fond,

Telegrams from Pyongyang, Top Secret, 1968, Archive of the Romanian Ministry of Foreign Affairs, Obtained and translated for NKIDP by Eliza Gheorghe, http://digitalarchive.wilsoncenter.org/document/113963.

17 #200 Special National Intelligence Estimate, Washington, 1968.5.16, The Likelihood of Major Hostilities in Korea; Conclusions, FRUS, 430~31면.

18 Mitchell Lerner, "A Failure of Perception: Lynden Johnson, North Korean Ideology, and the Pueblo Incident," *Diplomatic History*, vol. 25, no. 4, 2001, 652~53면.

19 1960년대 중반 북한과 중국의 갈등 과정에 대해서는 이상숙「1960년대 중반 북한-중국의 갈등과 북한의 자주노선」,『북한학연구』3.2, 2007 참조.

20 박종철「1960년대 중반의 북한과 중국: 긴장된 동맹」,『한국사회』10.2, 2009, 144~45면.

21 Bernd Schaefer, "North Korean 'Adventurism' and China's Long Shadow, 1966-1972," Working Paper #44. Cold War International History Project Woodrow Wilson International Center for Scholars, Washington D.C, 2004.10, 15~16면.

22 "Telegram from Pyongyang to Bucharest, Top Secret. No. 76. 054. Urgent," 1968.3.1, History and Public Policy Program Digital Archive, Political Affairs Fond, Telegrams from Pyongyong, Top Secret, 1968, Archive of the Romanian Ministry of Foreign Affairs, Obtained and Translated for NKIDP by Eliza Gheorghe http://digitalarchive.wilsoncenter.org/document/113965.

23 "Telegram from Pyongyang to Bucharest, Top Secret. No. 76. 069. Urgent," 1968.3.17, History and Public Policy Program Digital Archive, Political Affairs Fond, Telegrams from Pyongyong, Top Secret, 1968, Archive of the Romanian Ministry of Foreign Affairs. Obtained and Translated for NKIDP by Eliza Gheorghe, http://digitalarchive.wilsoncenter.org/document/113968.

24 #212 Telegram from the Department of State to the Embassy in the Soviet Union, Washington, 1968.1.23., FRUS, 459~60면.

25 #213 Notes of Meeting, Washington, 1968.1.23 (Subject: Notes of the President's Tuesday National Security Lunch), FRUS, 461~62면.

26 #230 Telegram from the Embassy in the Soviet Union to the Department of State, Moscow, 1968.1.27., FRUS, 534면.

27 Mitchell Lerner, 앞의 글 649~50면.

28 #218 Notes of Meeting, Washington, 1968.1.24 (Subject: Notes of the President's

Meeting with the National Security Council), FRUS, 478면.

29 헬름스 국장은 1967년 8월 폴란드 군사고문단이 북한을 방문했을 때, 북한이 북베트남에 30여명의 조종사와 MIG21 10대도 보냈음을 확인했다고 말했다. #217 Summary Minutes of Meeting, Washington, 1968.1.24, FRUS, 470면.

30 #217 Summary Minutes of Meeting, Washington, 1968.1.24, FRUS, 471~72면.

31 #225 Notes of Meeting, Washington, 1968.1.25 (Subject: Notes of the President's Luncheon Meeting), FRUS, 506면.

32 "Document 24: Record of Conversation between Chairman of the Council of Ministers of the USSR Aleksei Kosygin and North Korean Ambassador in the USSR Chon Tu-hwan," 1968.5.6, Sergey S. Radchenko, "The Soviet Union and the North Korean Seizure of the USS Pueblo: Evidence from Russian Archives," Woodrow Wilson International Center for Scholars, Cold War International History Project, Working Paper, #47, 70~71면.

33 "Telegram from Pyongyang to Bucharest, Top Secret. No. 76.022. Urgent," 1968.1.27, History and Public Policy Program Digital Archive, Political Affairs Fond, Telegrams from Pyongyong, Top Secret, 1968, Archive of the Romanian Ministry of Foreign Affairs, Obtained and Translated for NKIDP by Eliza Gheorghe, http://digitalarchive.wilsoncenter.org/document/113947.

34 "Report, Embassy of Hungary in the Soviet Union to the Hungarian Foreign Ministry," 1968.1.30, History and Public Policy Program Digital Archive, MOL, XIX-J-1-J Korea, 1968.5.8. doboZ.3.00894/8/1968, Obtained and Translated by Balázs Szalontai, http://digitalarchive.wilsoncenter.org/document/114571.

35 "Excerpt from Leonid Brezhnev's Speech at the April (1968) CC CPSU Plenum, On the Current Problems of the International Situation and on the Struggle of the CPSU for the Unity of the International Communist Movement," 1968.4.9, History and Public Program Digital Archive, Russian State Archive of Recent History(RGANI), fond 2, opis3, delo 95, Listy 50~58, Obtained and Translated by Sergey Radchenko, http://digitalarchive.wilsoncenter.org/document/110507.

36 1961년 조소 우호협조 및 호상원조에 관한 조약의 체결 과정은 김보미「중소분쟁시기 북방삼각관계가 조소·조중동맹의 체결에 미친 영향(1957~1961)」, 『북한연구학회보』 17.2, 2013 참조.

37 "Excerpt from Leonid Brezhnev's Speech at the April (1968) CC CPSU Plenum,

On the Current Problems of the International Situation and on the Struggle of the CPSU for the Unity of the International Communist Movement," 1968.4.9, History and Public Program Digital Archive, Russian State Archive of Recent History(RGANI), fond 2, opis3, delo 95, Listy 50~58, Obtained and Translated by Sergey Radchenko, http://digitalarchive.wilsoncenter.org/document/110507.

38 『로동신문』은 김창봉의 직위를 당 중앙위원회 정치위원회 위원이며, 내각부수상 겸 민족보위상으로 서술했다. 「모스끄바에서 쏘련 군대 창건 50주년 경축대회 진행」, 『로동신문』 1968.2.26.

39 "Excerpt from Leonid Brezhnev's Speech at the April (1968) CC CPSU Plenum, On the Current Problems of the International Situation and on the Struggle of the CPSU for the Unity of the International Communist Movement," 1968.4.9, History and Public Program Digital Archive, Russian State Archive of Recent History (RGANI), fond 2, opis3, delo 95, Listy 50~58, Obtained and Translated by Sergey Radchenko, http://digitalarchive.wilsoncenter.org/document/110507.

40 Sergey S. Radchenko, "The Soviet Union and the North Korean Seizure of the USS Pueblo: Evidence from Russian Archives," Working paper #47, Cold War International History Project, Woodrow Wilson International Center for Schools, Washington D.C, 2005, 14~15면.

41 푸에블로호 사건 과정에서 남·북·미 삼각관계의 구체적인 내용은 홍석률 「1968년 푸에블로호 사건과 남한·북한·미국의 삼각관계」, 『한국사연구』 113, 2001 참조.

42 David Patrick Houghton, "The Role of Analogical Reasoning in Novel Foreign-Policy Situation," British Journal of Political Science, vol. 26, no. 4, 1996, 11~13면.

43 Chicago Tribune, 1968.1.25.

44 #223 Notes of Meeting, Washington, 1968.1.25 (Subject: Notes of the President's Breakfast Meeting), FRUS, 499면.

45 Houghton David Patrick, "Spies and Boats and Planes; An Examination of U.S. Decision-Making during the Pueblo Hostage Crisis of 1968," Journal of Cold War Studies, vol. 17, no. 4, 2015, 4~6면.

46 #225 Notes of Meeting, Washington, 1968.1.25 (Subject: Notes of the President's Luncheon Meeting), FRUS, 509면.

47 #225 Notes of Meeting, Washington, 1968.1.25 (Subject: Notes of the President's Luncheon Meeting), FRUS, 511면.

48 #226 Notes of Meeting, Washington, 1968.1.25 (Subject: Notes on the President's Thursday Night Meeting on the Pueblo Incident), FRUS, 514~15면.

49 David Patrick Houghton, "The Role of Analogical Reasoning in Novel Foreign-Policy Situation," 34~35면.

50 Mitchell Lerner, 앞의 글 649~50면.

51 이문항, 앞의 책 19~21면.

52 #232 Telegram from the Embassy in Korea to the Department of State, Seoul, 1968.1.27, FRUS, 536면.

53 #247 Editorial Note, FRUS, 571면.

54 이문항, 앞의 책 33면.

55 #263 Telegram From the Embassy in Korea to the Department of State, Seoul, 1968.2.4 (Subject: Summary of Panmunjom Meeting February 4), FRUS.

56 David Patrick Houghton, "The Role of Analogical Reasoning in Novel Foreign-Policy Situation," 18~19면.

57 북한이 푸에블로호 사건을 국내 선전에 활용한 과정에 대해서는 김정배, 앞의 글 참조.

58 카첸바흐 차관은 남한이 40마일 벗어난 해상에서 북한 배를 나포한 적도 있다고 언급했다. #217 Summary Minutes of Meeting, Washington, 1968.1.24, FRUS, 475면.

59 #228 Notes of Meeting, Washington, 1968.1.26, (Subject: Notes of President's Friday Morning Meeting on the Pueblo Incident), FRUS, 524면.

60 #244 Notes of Meeting. Washington, 1968.1.29 (Subject: Notes of the President's Luncheon Meeting with Senior American Advisors), FRUS, 564면.

61 #254 Telegram from the Embassy in Korea to the Department of State, Seoul, 1968.2.2, FRUS.

62 #255 Memorandum from the Director of the Korean Task Force (Berger) to Secretary of State Rusk, Washington, 1968.2.2, #256 Memorandum from Alfred Jenkins of the National Security Council Staff to the President's Special Assistant (Rostow), Washington, 1968.2.2, FRUS.

63 #261 Telegram from the Department of State to the Embassy in Korea, Washington, 1968.2.3, FRUS, 594면.

64 『로동신문』 1968.2.4~6, 10 참조.

65 『로동신문』 1968.2.17.

66 #276 Action Memorandum from the Director of the Korean Task Force (Berger)

to Secretary of State Rusk, Washington, 1968.2.15 (Subject: Sixth Closed Meeting at Panmunjom), FRUS.

67 #277 Telegram from the Embassy in Korea to the Department of State, Seoul, 1968.2.16 (Subject: Seventh Senior MAC Members Meeting, Panmunjom, February 16) FRUS.

68 #277 Telegram from the Embassy in Korea to the Department of State, Seoul, 1968.2.16 (Subject: Seventh Senior MAC Members Meeting, Panmunjom, February 16) FRUS.

69 #280 Telegram From the Embassy in Korea to the Department of State, Seoul, 1968.2.20 (Subject: Eight Senior MAC Members Meeting at Panmunjom February 20) FRUS.

70 #284 Telegram From the Department of State to the Embassy in Korea, Washington, 1968.2.24. (Subject: Instruction for Ninth Closed Meeting), FRUS.

71 #288 Telegram From the Embassy in Korea to the Department of State, Seoul, 1968.3.4 (Subject: Summary and Comments on Tenth Closed Senior MAC Members Meeting at Panmunjom, March 4), FRUS.

72 "Telegram from Pyongyang to Bucharest, Top Secret, No. 76,049, Flash," 1968.2.23, History and Public Policy Program Digital Archive, Political Affairs Fond, Telegrams from Pyongyang, Top Secret, 1968, Archive of the translated for NKIDP by Eliza Gheorghe, http://digitalarchive.wilsoncenter.org/document/113962.

73 "GDR Embassy Letter to State Secretary Hegen," 1968.3.4, History and Public Program Digital Archive, POIA AA, MfAA, G–A 360, Obtained by Bernd Schaefer for NKIDP and Translated for NKIDP by Karen Richert, http://digitalarchive. wilsoncenter.org/document/114573.

74 #289 Memorandum From Alfred Jenkins of the National Security Council Staff to the President's Special Assiatant (Rostow) Washington, 1968.3.4 (Subject: Tactics in the Pueblo Case), FRUS.

75 David Patrick Houghton, "The Role of Analogical Reasoning in Novel Foreign-Policy Situation," 24면.

76 David Patrick Houghton, "The Role of Analogical Reasoning in Novel Foreign-Policy Situation," 23~24면.

77 #290 Memorandum From the Director of the Korean Task Force (Brown) to the

Under Secretary of State (Katzenbach), Washington, 1968.3.4 (Subject: Next Steps on Pueblo), FRUS.

78 #296 Memorandum From the Director of the Korean Task Force (Brown) to the Under Secretary of State (Katzenbach), Washington, 1968.3.11, FRUS.

79 #297 Memorandum From Secretary of State Rusk to President Johnson, Washington, 1968.3.14 (Subject: USS Pueblo), FRUS.

80 #306 Telegram From the Embassy in Korea to the Department of State, Seoul, 1968.5.8 (Subject: Summary of Sixteenth Senior MAC Members Meeting at Panmunjom May. 8), FRUS.

81 #316 Telegram From the Embassy in Korea to the Department of State, Seoul, 1968.9.30 (Subject: 22nd Senior MAC Members Closed Meeting and Panmunjom Sep. 30 1968), FRUS.

82 이문항, 앞의 책 37~38면.

83 #321 Telegram From the Embassy in Korea to the Department of State, Seoul, 1968.10.23 (Subject: 24th Closed Meeting), FRUS.

84 #324 Action Memorandum from the Under Secretary of State (Katzenbach) to President Johnson, Washington, 1968.12.3 (Subject: USS Pueblo), FRUS.

85 #325 Telegram from the Department of State to the Embassy in Korea, Washington, 1968.12.11 (Subject: Instructions for Twenty-Sixth Meeting), FRUS.

86 #328 Telegram from the Department of State to the Embassy in Korea, Washington, 1968.12.17 (Subject: Instruction for Twenty-Seventh Meeting), FRUS.

87 이문항, 앞의 책 38면.

88 #145 Telegram From the Embassy in Korea to the Department of State, Seoul, 1968.1.24, FRUS, 312면.

89 #147 Telegram From the Department of State to the Embassy in Korea, Washington, 1968.1.25, FRUS, 316면.

90 #150 Telegram From the Embassy in Korea to the Department of State, Seoul, 1968.2.3, FRUS 및 #151 Telegram From the Department of State to the Embassy in Korea, Washington, 1968.2.4, FRUS, 321면.

91 #152 Telegram From the Embassy in Korea to the Department of State, Seoul, 1968.2.4, FRUS, 324~25면.

92 #155 Letter From President Park to President Johnson, Seoul, 1968.2.5, FRUS, 330면.

93 #156 Telegram From the Embassy in Korea to the Department of State, Seoul, 1968.2.6, FRUS, 332~33면.

94 #159 Telegram From the Department of State to the Embassy in Korea, Washington, 1968.2.7, FRUS, 339~40면.

95 #161 Telegram From the Embassy in Korea to the Department of State, Seoul, 1968.2.8, FRUS, 344~45면.

96 #162 Telegram From the Embassy in Korea to the Department of State, Seoul, 1968.2.8, FRUS, 346면.

97 #166 Telegram From the Embassy in Korea to the Department of State, Seoul, 1968.2.9, FRUS, 353면.

98 #173 Telegram From the Embassy in Korea to the Department of State, Seoul, 1968.2.10, FRUS, 363~64면.

99 #174 Telegram From the Embassy in Korea to the Department of State, Seoul, 1968.2.10 (Subject: ROKG plans for Vance Visit), FRUS, 366~67면.

100 #176 Telegram From the Embassy in Korea to the Department of State, Seoul, 1968.2.12, FRUS, 370면.

101 #179 Telegram From the Embassy in Korea to the Department of State, Seoul, 1968.2.14, FRUS, 375면.

102 #182 Letter from the Ambassador to Korea (Poter) to the Assistant Secretary of State for East Asian and Pacific Affairs (Bundy), Seoul, 1968.2.27, FRUS, 392면.

103 #190 Telegram from the President's Special Assistant (Rostow) to the President Johnson in Taxas, Washington, 1968.4.13, FRUS, 411~12면.

104 #195 Intelligence Information Cable from the Central Intelligence Agency, 1968.4.23 (Subject: President Park's Critical Reaction to the Honolulu Conference), FRUS, 421면.

105 이문항, 앞의 책 41면.

106 같은 책 47~48면.

3장 대화가 있는 대결의 시대: 1970년대와 7·4남북공동성명

1 김연철 『냉전의 추억』, 후마니타스 2009, 1장 참조.

2 자세한 내용은 『동아일보』 1970.8.15 참조.

3 구체적인 연설문 작성 과정에 대해서는 「좌담: 남북한 체제경쟁선언 ── 8·15 평화통일

구상 선언 비화」,『월간조선』 2003.8 참조.

4 'The Changing Scene in South Korea,' "National Intelligence Estimate," 1970.12.2, FRUS, 210면.

5 "Telegram from the Embassy in Korea to the Department of State," 1971.8.7. 홍석률 「1970년대 초 남북대화의 종합적 분석: 남북관계와 미중관계, 남북한 내부 정치의 교차점에서」,『이화사학연구』40, 2010, 297면에서 재인용.

6 "Telegram From the Embassy in Korea to the Department of State," 1971.8.31, FRUS, 268~69면.

7 마상윤 「안보와 민주주의, 그리고 박정희의 길: 유신체제 수립원인 재고」,『국제정치논총』43.4, 2003, 186면.

8 "Memorandum of Conversation," Washington, 1971.9.1, FRUS, 275면. 여기서 헤이그 부보좌관은 함병춘이 주한미군 감축과 닉슨의 중국 방문에 대해 박정희 정부가 오해하고 있음을 지적하고, 국제환경 변화에 대한 개입양식의 변화일 뿐이지 아시아에서 미국의 안보공약은 확고하다는 점을 강조했다.

9 홍석률, 앞의 글 299면.

10 두 사람의 방문 과정과 절차, 그리고 방문 당시 대화 내용에 대해서는 「정홍진 대담: 남북조절위원회 간사의 남북회담 비화 첫 공개 — 한밤에 만난 김일성」,『월간조선』 1984.7 참조.

11 'Direct Contacts Between North Korean and South Korean Representatives,' "Memorandum From John H. Holdridge of the National Security Council Staff to the President's Assistant for National Security Affairs (Kissinger)," 1972.3.30, FRUS, 325면.

12 "Telegram from the Embassy in Korea to the Department of State," 1971.12.2, FRUS, 297~98면.

13 'Meeting With President Park Chung Hee,' "Telegram From the Embassy in Korea to the Department of State," 1972.6.10, FRUS, 357~59면.

14 'North-South Contacts,' "Telegram From the Embassy in Korea th the Department of State," 1972.6.13, FRUS, 363~65면.

15 마상윤, 앞의 글 188면.

16 'State's Analysis of North Korean Premier Kim Il-song's Proposals of June 21,' "Memorandum From John H. Holdridge of the National Security Council Staff to the President's Assistant for National Security Affairs (Kissinger)," 1972.7.4, FRUS,

369~70면. 이 문서는 김일성의 제안을 "국제적인 데탕트의 환경에서 북한의 국제적 이미지를 제고하고, 한국을 수세적으로 몰고, 유엔총회에서의 토론에 대비하기 위한 것"으로 평가했다.

17 「정홍진 대담: 남북조절위원회 간사의 남북회담 비화 첫 공개 — 한밤에 만난 김일성」, 289~99면.

18 "Telegram From the Embassy in Korea to the Department of State," 1972.7.7, FRUS, 371~75면.

19 국회 회의록, 1972.7.5 「제1차 본회의」「남북공동성명에 관한 보고」, 7.6 「2차 본회의」「남북공동성명에 관한 보고」 참조.

20 『동아일보』 1972.10.8.

21 "Telegram From the Embassy in Korea to the Department of State," 1972.11.24, FRUS, 432~34면.

22 『동아일보』 1972.7.4.

23 1971년 적십자회담부터 1973년 남북조절위원회까지 상대에 대한 호칭과 각종 합의서의 서명 주체에 대한 자세한 내용은 김연철, 앞의 책 34~35면.

24 #233 'Secretary Rogers Gets Out in Front on U.S. Korea Policy,' "Memorandum from John H. Holdridge of the National Security Council Staff to the President's Assistant for National Security Affairs (Kissinger)," 1972.3.1, FRUS, vol. E-12.

25 외무부 보고 「일본 여권상의 북괴 명칭 기재문제」, 1971.3.9.

26 관련 외교문서의 구체적인 내용과 평가에 대해서는 박건영·박선원·우승지 「제3공화국 시기 국제정치와 남북관계: 7·4 공동성명과 미국의 역할을 중심으로」, 『국가전략』 9.4, 2003, 71~80면 참조.

27 정일준 「유신체제의 모순과 한미 갈등: 민주주의 없는 국가안보」, 『사회와 역사』 70, 2006, 207면.

28 『동아일보』 1971.4.21.

29 『동아일보』 1971.4.24.

30 『동아일보』 1971.11.30.

31 "Telegram From the Department of State to the Embassy in Korea," 1971.12.2, FRUS, 296면.

32 "Telegram from the Embassy in Korea to the Department of State," 1971.12.22, FRUS, 307~308면.

33 'Republic of Korea: Park Increases His Power to Counter "Emergency Situation",'

"Intelligence Note Prepared in the Bureau of Intelligence and Research,"
1971.12.10, FRUS, 299~301면.

34 "National Intelligence Estimate," 1972.5.11, FRUS, 346~47면.

35 'Results of South Korean CIA Director's Visit to North Korea May 2-5,'
"Memorandum From John A. Froebe, Jr., of the National Security Council Staff to
the President's Assistant for National Security Affairs (Kissinger)," 1972.5.12, FRUS,
347~49면.

36 'North-South Contacts,' "Telegram From the Embassy in Korea th the Department
of State," 1972.6.13, FRUS, 363~65면.

37 「박 대통령 특별선언 전문」, 『경향신문』 1972.10.18.

38 홍석률, 앞의 글 303면.

39 "Letter from President Nixon to Korean President Park," 1971.11.29, FRUS, 294면.
이 편지는 12월 6일 전문으로 서울 대사관에 전달되었고, 하비브는 12월 13일 박정희에
게 전달했다. FRUS, 295면.

40 "Telegram from the Embassy in Korea to the Department of State," 1971.12.13,
FRUS, 302~304면.

41 "Telegram from the Department of State to the Embassy in Korea," 1971.12.14,
FRUS, 306면.

42 "Telegram From the Department of State to the Embassy in Korea," 1972.10.17.

43 Central Intelligence Agency, Executive Registry DCI Files, Job 80-B01086A,
Subject Files, Box 12 of 16, Korea, FRUS, 421면.

44 "Telegram From the Department of State to the Embassy in Korea," 1972.10.18,
FRUS, 420~23면.

45 'South Korean President to Announce Imposition of Martial Law October 17,'
"Memorandum From the President's assistant for National Security Affairs
(Kissinger) to President Nixon," 1972.10.17.

46 "Telegram from the Embassy in Korea to the Department of State," 1971.12.23,
FRUS, 312면.

47 'Ambassador Habib Comments on President Park's Tightened Controls,'
"Memorandum From John H. Holdridge of the National Security Council Staff to
the President's Assistant for National Security Affairs (Kissinger)," 1972.10.25.

48 정일준 「한국 민주주의와 미국: 박정희 정권시기 한국 정치변동에 대한 미국의 공개 개

입과 불개입을 통한 개입을 중심으로」, 『기억과 전망』 17.17, 2007, 220면.

49 김정렴 『아 박정희』, 중앙M&B 1997, 142~44면. 우승지 「남북화해와 한미동맹의 이해: 1969~1973」, 『한국정치외교사논총』 26.1, 2004, 95면에서 재인용.

50 동방정책의 역사적 형성 과정에 대해서는 Werner D. Lippert, *Richard Nixon's Détente and Willy Brandt's Ostpolitick: The Politics and Economic Diplomacy of Engaging the East*, Vanderbilt University, History, Ph.D, 2005.8, 32~35면.

51 'Consequences of the Recognition of East Germany,' "Memorandum from the President's Assistant for National Security Affairs (Kissinger) to President Nixon," 1970.3.25, FRUS, vol. XL, 190면.

52 "Telegram From the Department of State to the Embassy in Germany," 1970.3.23, FRUS, vol. XL, Germany, 188면.

53 이동기 「분단시기(1949~1989) 동독과 서독 간 대화와 협상: 남북한 대화 평가를 위한 관점들과 관련하여」, 『사림』 30, 2008, 85면.

54 David C. Geyer, "The Missing Link: Henry Kissinger and the Back-Channel Negotiations on Berlin," *GHI Bulletin Supplement 1*, 2003.

55 데탕트와 동방정책의 전략적 차이에 대해서는 Mary Elise Sarotte, "The Frailties of Grand Stategies: A Comparison of Détente and Ostpolitik," *Nixon in the World: American Foreign Relations, 1969-1977*, New York: Oxford University Press 2008 참조.

56 Luke A. Nichet, *Richard Nixon and Europe: Confrontation and Cooperation, 1969-1974*, Graduate College of Bowling Green State University, Ph.D, 2008, 38~39면.

57 이호철 「북의 사자(使者)들 서울 들어오던 날」, 『경향신문』 1972.9.13.

58 『경향신문』 1972.9.15.

59 #232 'Mr. Kissinger's Discussion with Kim Yong-sik of U.S.-ROK Relations,' "Memorandum of Conversation," 1973.2.24, FRUS, vol. E-12.

60 #230 'Memorandum of Conversation,' 1973.1.3, Foreign Relation of the United States, 1969-1976, volume E-12, Documents on East and Southeast Asia, 1973-1976.

61 #241 'U.S. Policy Towerd the Korean Peninsula,' "Memorandum From the President's Assistant for National Security Affairs (Kissinger) to Secretary of State Rogers and Secretary of Defense Suchlesinger," 1973.7.18. 이 문서에는 스코크로프트(Brent Scowcroft)가 키신저에게 보낸 메모가 첨부되어 있는데, '로저스 장관이 아

마도 이 지침을 무시할 것'이라는 내용이다.

62 6·23선언의 구체적인 내용과 배경에 대해서는 통일부『남북대화』2, 1973.4~9 참조. 당시 북한이 주장한 남북대화 중단의 또다른 명분은 '김대중 납치사건'이었다. 김영주의 발표 내용에 관해서는 통일부, 앞의 책 참조.

63 Dan Caldwell, "The Legitimation of the Nixon-Kissinger Grand Design and Grand Strategy," *Diplomatic History*, vol. 33, no. 4, 2009, 650면.

4장 합의의 시대: 북방정책과 남북기본합의서

1 북한의 대남 제안의 구체적인 내용은 노중선『남북대화백서: 남북교류의 갈등과 성과』, 한울 2000 참조.

2 북한의 제안으로 성사된 적십자회담의 자세한 내용은『남북대화』36, 통일부 1984.8~11 참조.

3 북한 수해물자의 인도·인수를 위한 구체적인 남북한의 주장과 최종적인 합의 사항은『남북대화』36 참조.

4 1985년의 특사 방문과 정상회담 추진은 대화록이 공개되어 있다. 북측 대표의 전두환 방문과 남측 대표의 김일성 방문 당시의 대화록이 어떻게 공개되었는지 이해하기 어려우나, 밀사 접촉의 대화록을 통해 남북 양측이 정상회담에 임하는 자세와 주요 의제를 살펴볼 수 있다.「전두환-허담의 극비 대화록」,『월간조선』1996.11;「장세동-김일성 극비 대화록」,『월간조선』1998.9 참조.

5 교류·협력에 관한 용어를 둘러싼 남북한의 입장 차이와 절충 과정은『분야별 남북공동위원회 편람』, 통일부 1998, 301면과 316면 참조.

6 『남북대화』38, 남북회담사무국 1985.3~8, 27~28면.

7 남북 경제회담에서 남북 양측 제안의 자세한 내용은 노중선, 앞의 책 228~46면 참조.

8 이러한 남북한의 상호 의견 일치는 2차 경제회담의 양측 제안을 참조해 작성했다. 자세한 내용은 노중선, 앞의 책 234~35면 참조.

9 북방정책이라는 개념은 1971년 미 국무성의 한국과장인 에이브러모위츠(Morton Abramowitz)가 자신의 논문, "Moving the Clacier: Two Koreas and the Powers"(Adelphi Papers, no. 80, 1971)에서 "한국이 북한의 존재를 인정하고, 중국·소련 등 공산권 국가들과 외교적 접촉을 하는 북방정책(Northern Policy)을 선택해야 한다"고 언급한 것이 처음이라는 지적이 있다. 임춘건『북방정책과 한국 정치의 정책결정』, 한국학술정보 2008, 21면.

10 이석호의 연구에 따르면, 한국에서 각종 간행물에 '북방정책'이라는 용어를 관련 학자

들이 사용한 시기는 1974년부터라고 한다. 북방정책에 대한 연구사적 정리는 이석호 「한국 북방정책의 변천 과정과 결정요인」, 『국제정치논총』 28.2, 1988, 119~23면 참조.

11 박철언 「북방정책과 특사회담의 교훈」, 『제1기 한겨레 평화강좌: 한반도는 어디로? 회담 주역들에게 듣는다』, 2009, 4면.

12 『동아일보』 1983.6.29.

13 박철언 「통일정책, 인기에 영합할 수 없다」, 『신동아』 1989.9, 206면.

14 노태우 『노태우 회고록(하): 전환기의 대전략』, 조선뉴스프레스 2011, 144면.

15 박철언 「통일정책, 인기에 영합할 수 없다」, 207면.

16 노태우, 앞의 책 136면.

17 노태우 정부 취임 초기 북방정책에 관련된 각종 연설문의 내용과 의미에 대해서는 김학준 「한국 휴전 이후 현재까지의 대한민국의 북방정책」, 『한국정치외교사논총』 6, 1990.1, 253~54면.

18 노태우는 회고록에서 영종도 국제공항과 서울–부산 고속철도도 북방정책을 뿌리로 해서 마련된 것이라고 주장했다.

19 고르바초프의 등장 이후 소련의 외교정책 변화에 대해서는 신범식 「북방정책과 한국–소련/러시아 관계」, 『국제문제연구』 24.1, 2002, 286~87면 참조.

20 한국은 1987년 12월 10일 대한무역진흥공사의 부다페스트 무역사무소를 개설하고, 한국과 헝가리 양국은 1989년 2월 1일 대사관을 교환·설치했다. 노태우 대통령은 1989년 11월 대한민국 대통령으로는 처음으로 헝가리를 방문했다.

21 비망록 원문은 박철언 『바른 역사를 위한 증언』 2, 랜덤하우스중앙 2005, 107~11면 참조.

22 돈 오버도퍼 지음, 뉴스위크 한국판 뉴스팀 옮김 『두개의 코리아』, 중앙일보 1998, 191~92면.

23 도브리닌의 회고록은 미소관계사의 고전으로 평가받고 있다. 자세한 내용은 Anatoly Dobrynin, *In Confidence: Moscow's Ambassador to America's Six Cold War Presidents, 1962-1986*, New York: Times Books 1995 참조.

24 노태우, 앞의 책 199면.

25 첸지천 지음, 유상철 옮김 『열 가지 외교이야기: 중국 외교의 대부 첸지천의 국제정치 비망록』, 랜덤하우스중앙 2004, 156면.

26 한소 수교와 한중 수교에 대한 언론의 보도 태도에 대해서는 이정진 「대북정책 결정과정에서 나타난 대통령과 여론의 영향력 변화」, 『국제정치논총』 43.1, 2003, 261면.

27 『노태우 회고록』 388면.

28 같은 책 146면.

29 돈 오버도퍼, 앞의 책 187면.

30 주한미군 재조정을 비롯한 동아시아 주둔 미군의 장래에 대한 자세한 내용은 Department of Defence, *A Strategic Framework for the Asian Pacific Rim: Looking toward the 21st Century*, Washington D.C.: U.S.G.P.O. 1990 참조.

31 돈 오버도퍼, 앞의 책 243~46면.

32 안정식『한국의 자주적 대북정책은 가능한가: 탈냉전기 한미 대북정책의 갈등과 협력』, 한울아카데미 2007, 69~90면.

33 노태우, 앞의 책 326, 368면.

34 이상옥『전환기의 한국외교: 이상옥 전 외무장관 외교회고록』, 삶과꿈 2002.

35 한미 양국이 2014년 원자력협정 개정을 논의했을 때에도 한국은 사용후 핵연료 재처리에 대해 새로운 기술인 '파이로프로세싱'(Pyro-Processing)을 미국 측에 허용해달라고 요청했으나, 미국은 북핵문제 해결 이후 변경될 수 있다는 입장을 유지했다.

36 전재성「노태우 행정부의 북방정책 결정요인과 변화과정 분석」,『국제문제연구』24, 2002, 267면.

37 남북한 비밀접촉에 대한 자세한 내용에 대해서는 박철언, 앞의 책 참조.

38 임동원은 남북 고위급 회담이 종전의 적십자회담이나 체육회담 같은 비당국 간 사안별 회담이나 공작 차원의 접촉과는 구분되어야 한다고 강조한다. 임동원「남북고위급회담과 북한의 협상전략」,『북한의 협상전략과 남북한 관계』, 경남대학교 극동문제연구소 1997.

39 잠정적 특수 관계에 대한 해석은『분야별 남북공동위원회 편람』, 20면 참조.

40 '남북 사이의 화해와 불가침 및 교류·협력에 관한 합의서'의 제3장 남북교류협력의 이행과 준수를 위한 부속합의서, 1992.9.17,『분야별 남북공동위원회 편람』, 432~41면 참조.

41 『남북대화』28, 국토통일원 1981.11~1982.2, 제3부 참조.

42 돈 오버도퍼, 앞의 책 249면.

43 남북 고위급 회담의 자세한 경과는 통일부에서 펴낸『남북대화』49호(1989.12~1990.4)에서 57호(1992.10~1993.4) 참조.

44 임동원『피스메이커: 남북관계와 북핵문제 25년』, 창비 2015, 170면.

45 남북기본합의서에 대한 북한의 부정적 평가에 대해서는 김갑식「남북기본합의서에 대한 북한의 입장」,『통일정책연구』20.1, 2011, 72~75면 참조.

46 당시 노태우 대통령은 비서실장에게 "외교·통일 부처의 기존 보수적인 관념을 깨뜨리는 노력을 리드해주도록 하라"고 지시했다. 박철언, 앞의 책 51~52면.

47 자세한 내용은「노태우의 육성회고록」,『월간조선』1999.5 참조. 제6공화국 정부의 밀

사 접촉에 대한 자세한 내용은 박철언, 앞의 책 참조.

48 김용삼「서동권 전 안기부장의 비화·경고」,『월간조선』2000.5 참조.

49 노태우 대통령은 이 사건을 "오길남은 1985년 독일 유학 중 북한 공작원에게 포섭돼 입북한 후 '민중의 메아리' 방송국에서 근무했던 인물이다. 그런 그가 독일 유학생을 포섭해 북한으로 데려오라는 명령을 받고 유럽으로 돌아왔을 때, 한국대사관을 통해 자수해 온 것이다"라고 기록했다. 노태우, 앞의 책 337면.

50 이부영 의원이 폭로한 '청와대 김종휘 외교안보수석의 대통령에 대한 92년 9월 25일자 보고서' '제8차 남북 고위급 회담 청훈 관련 당시 최영철 부총리의 입장을 담은 92년 9월 28일자 보고서' '92년 9월 회담 대표였던 임동원 통일원 차관의 이산가족 문제 협상 경위와 내용 보고서'의 자세한 내용에 관해서는『한겨레신문』1993.11.17 참조.

51 8차 고위급 회담에서 훈령조작사건의 구체적인 경과에 대해서는 임동원, 앞의 책 219~31면 참조.

5장 공백의 5년: 김영삼 정부의 남북관계

1 조엘 위트·대니엘 폰먼·로버트 갈루치 지음, 김태현 옮김『북핵위기의 전말: 벼랑 끝의 북미협상』, 모음북스 2005, 269면.

2 김도형「방송이 북핵 불안 더 키운다」,『한겨레신문』1994.6.17.

3 베이징 쌀 회담의 경과와 종합적인 평가는 양운철『1995년 북경 쌀 회담: 과정과 교훈』, 세종연구소 1998 참조.

6장 접촉의 시대: 두번의 남북 정상회담

1 신(新)동방정책의 기본 입장은 이미 1963년 7월 에곤 바르의 투칭 연설에서 이미 밝혔다. 한운석「서독정부의 대동독 화해정책 1949~1989」,『역사비평』38, 1997 봄, 226면에서 재인용. 이 연설에서 바르는 이른바 '작은 발걸음 정책' 혹은 '접근을 통한 변화'라는 신동방정책의 기본 입장을 제시했다.

2 한운석, 앞의 글 226면.

3 이동기「분단시기(1949-1989) 동독과 서독 간 대화와 협상」,『사림』30, 2008 참조.

4 앨빈 토플러는 한국이 속도지상주의의 문화와 경제, 그리고 신중하고 더딘 외교 사이의 모순을 어떻게 처리하는지에 따라 한국은 물론 북한의 미래에도 영향을 미칠 것이라고 주장했다. 앨빈 토플러·하이디 토플러 지음, 김중웅 옮김『부의 미래』, 청림출판 2006, 490~99면.

5 체임벌린의 유화정책에 관한 자세한 내용은 김연철『협상의 전략』, 휴머니스트 2016,

26~27면 참조.

6 남북 식량차관 제공합의서(2000.9.26)는 1차 남북 경제협력 실무접촉(2000.9.25~26)에서 맺어졌다. 자세한 내용은 통일부 남북회담본부 「남북 식량차관 제공합의서(2000.9.26)」, 남북회담 본부 남북합의서 자료실, http://dialogue.unikorea.go.kr/agreement 참조.

7 1995년 베이징 쌀 회담의 경과와 자세한 내용, 그리고 결과에 대해서는 양운철 『1995년 북경 쌀 회담: 과정과 교훈』, 세종연구소 1998 참조.

8 『한겨레』는 한나라당의 대북 쌀 지원 제안을 환영하는 사설을 실었다. 「한나라당의 대북 쌀 지원 제안」, 『한겨레』 2001.9.22.

9 페리 보고서 작성 과정에 대해서는 임동원 『피스메이커: 남북관계와 북핵문제 25년』, 창비 2015, 326~30면 참조.

10 「단독 인터뷰: '햇볕정책의 전도사' DJ 정부 대북 밀사 임동원」, 『월간중앙』 2004.7.

11 최청호 「한반도 통일방안 연구: 연속적 통합 과정으로 본 연합제와 낮은 단계의 연방제」, 『동북아연구』 12, 2007.

12 서독정부는 1990년 2월까지만 하더라도 이른바 3단계 경제통합을 구상했다. 제1, 2단계에서는 동독의 경제와 재정·금융부문을 제도적으로 개선하여 서독에 적응시키고, 3단계에서는 화폐 통합을 추진하는 것이다. 자세한 내용은 한종수 「독일의 국가연합과 한반도 통일방안」, 『국제정치논총』 42.2, 2002, 177~81면 참조. 그러나 이러한 단계적 통합 방안은 베를린 장벽이 무너지고 동독 주민들의 서독행이 물밀듯 이어지면서 실현될 수 없었다. 단계적 통합에 대한 이론은 결국 급격한 통일을 원하는 정치적 현실 앞에서 '무용지물'이었다.

13 『통일백서』, 통일원 1992, 85면.

14 6자회담의 성사 과정에 대해서는 찰스 프리처드 지음, 김연철·서보혁 옮김 『실패한 외교: 부시, 네오콘 그리고 북핵위기』, 사계절 2008, 133~35면 참조.

15 부시 대통령은 종전선언을 언급하지 않았다. 당시 미국이 사용한 종전협정이라는 표현은 평화협정과 같은 의미로 해석할 수 있다. 노무현 정부는 이러한 표현을 받아 종전선언과 평화협정의 단계적 접근으로 발전시켰다. 당시 상황에 대해서는 김종대 『노무현, 시대의 문턱을 넘다: 한미동맹과 전시작전권에서 남북정상회담에 이르기까지』, 나무와숲 2010, 475~76면 참조.

16 당시 북한은 4자회담을 명분으로 미국과 한국을 상대로 식량지원을 받을 수 있다고 판단했다. 뉴욕 예비회담에서 북한은 4자회담에 응하는 선결조건으로 150만 톤의 식량지원을 요청하기도 했다.

17 특히 중국 측은 한미 양국의 권고에 따라 4차 회의부터 현역장교인 쑨 옌펑(孫延風) 상
  교를 참여시켰다. 유진규「4자회담 경과와 북한의 협상전략」,『한국전략문제연구소 연
  구보고서』, 한국전략문제연구소 2000, 43면.

18 「2007 남북정상회담 대화록」언론 공개 자료 참조.

19 이와 관련한 내용은 김연철「동아시아 질서와 한반도 평화체제 전망」,『경제와사회』
  99, 2013 가을, 28~29면 참조.

20 군비통제의 일반 개념에 관해서는 남만권『군비통제 이론과 실제』, 한국국방연구원
  2006, 69~72면 참조.

21 헬싱키 협정의 전문과 이에 대한 해설, 그리고 유럽 평화에 미친 영향에 대해서는 서보
  혁 편저『유럽의 평화와 헬싱키 프로세스』, 아카넷 2012 참조.

22 임동원, 앞의 책 288면.

23 같은 책 348면.

7장 제재의 시대: 이명박·박근혜 정부의 남북관계

1 「반보 뒤처진 MB 북핵해법」,『내일신문』 2009.9.22.

2 「미국, 그랜드 바겐에 냉담」,『경향신문』 2009.9.24.

3 「통일세보다 통일비용 줄일 방안 우선」,『한겨레』 2010.8.17.

4 「통일재원 마련하자던 통일항아리 어디로」,『연합뉴스』 2014.1.15.

5 『연합뉴스』 2010.2.8.

6 유재승「2012년 FAO/WFP 북한의 작물 및 식량안보 평가」,『KDI 북한경제리뷰』 14,
  2012.12.

7 신창민「통일이 대박인 이유」,『통일시대』 94, 2014.2~3.

8 조동호『통일비용보다 더 큰 통일편익』, 통일교육원 2011.

9 동서독 사례에서 서독에서 동독으로의 이전비용은 대체로 사회복지비에 해당하는 것
  으로 일종의 소비성 이전지출이 대부분이라고 할 수 있다. 김석진「통일비용·편익 논
  의의 재조명」,『KDI 북한경제리뷰』 16, 2014.3.

10 김석진, 앞의 글 49면.

11 통일비용과 통일편익의 관계 및 이른바 '전환의 계곡'에 대해서는 임현진·정영철「'전
   환의 계곡'을 넘어: 통일편익, 통일비용, 그리고 통일혜택」,『역사비평』 97, 2011 겨울
   참조.

12 김명희「탈북자 자살의 생태계에 대한 생명인문학적 성찰」,『통일인문학』 70, 2017, 37면.

13 같은 글 41면.

14 이제훈 「유엔 안보리 결의 2270호 채택 경과와 전망」, 『IFES 현안진단』 41, 2016.3.14.

15 개성공단 폐쇄에 대한 자세한 내용은 김연철 「왜 개성공단이 재개되어야 하는가?」, 『현안과 정책』 140, 2016.8.5 참조.

16 자세한 내용은 2017년 12월 28일 통일부 정책혁신위원회가 발표한 보고서를 참조.

17 헤커 박사의 북핵문제에 대한 진단과 해결방안의 기조에 대해서는 Siegfried S. Hecker, "North Korea's Nuclear Capabilities and Recommendations for Future Six-Party Talks," East Asia Institute Smart Q&A no. 2013-08, 2013.9.30. 참조.

에필로그: 평화도 통일도 과정이다

1 1983년 서독의 콜 정부와 동독의 호네커 정부는 서독 시민의 동독 입국 중 발생한 사망사건, 국제적인 신냉전 상황, 북대서양조약기구(NATO) 재무장 등 악조건 속에서도 지속적 대화와 협력을 천명하고 실천했다. 당시 '이성의 연합' 혹은 '책임공동체'(Veratwortungsgemeinschaft)라는 개념이 사용됐다. 이동기 「분단시기(1949-1989) 동독과 서독 간 대화와 협상: 남북한 대화 평가를 위한 관점들과 관련하여」, 『사림』 30, 2008, 92면.

2 임동원 『피스메이커: 남북관계와 북핵문제 25년』, 창비 2015, 148면.

3 이에 관한 남북기본합의서 전문의 문장은 "쌍방 사이의 관계가 나라와 나라 사이의 관계가 아닌 통일을 지향하는 과정에서 잠정적으로 형성되는 특수 관계라는 점을 인정하고 평화통일을 성취하기 위한 공동의 노력을 경주할 것을 다짐한다"이다. 『남북기본합의서 해설』, 통일원 1992 참조.

| 참고문헌 |

북한 자료

『로동신문』 1968.1.23, 1.24, 2.4, 2.5, 2.6, 2.10, 2.17, 2.26.

김일성 「현 정세와 우리당의 과업: 조선로동당 대표자회에서 한 조선로동당 중앙위원회
　　위원장 김일성 동지의 보고」, 『로동신문』 1966.10.6.

국내 문헌

『경향신문』 『내일신문』 『연합뉴스』 『한겨레』 등.

「남북 8차 접촉 발언내용: 국회에서 녹화비디오 공개」, 『동아일보』 1994.3.24.

「정홍진 대담: 남북조절위원회 간사의 남북회담 비화 첫 공개 — 한밤에 만난 김일성」, 『월
　　간조선』 1984.7.

「좌담: 남북한 체제경쟁선언 — 8·15 평화통일 구상 선언 비화」, 『월간조선』 2003.8.

강인덕 「박정희는 왜 김일성의 정상회담 제의를 거절했나」, 『신동아』 1993.1.

강태호 「서울 불바다, 북한 발언 TV 방영 되기까지」, 『한겨레신문』 1994.3.23.

남찬순 「비화: 제네바정치회담」, 『신동아』 1983.7.

박철언 「통일정책, 인기에 영합할 수 없다」, 『신동아』 1989.9.

안병준 「노태우 정권 5년 성적표: 북방정책의 성과, 전략이 아쉬웠다」, 『신동아』 1993.2.

유강문 「생필품 싹쓸이 뒤 신용카드 결제」, 『한겨레신문』 1994.6.18.

이범석 「72년 남북적십자 회담 비화: 이범석 회고록」, 『조선일보』 1993.10.30~31.

장정수 「김 대통령 통일정책 강경선회: 8·15 경축사 뭘 담았나」, 『한겨레신문』 1994.8.16.

『개성공단 투자환경』, 한국수출입은행 2005.

『남북관계자료』, 국토통일원 1979.

『남북대화』 각호, 통일부.

『남북대화연표(1970~80)』, 남북대화사무국 1981.

『남북적십자 예비회담 회의록』, 국토통일원 1987.

「보도해설자료: 서해 평화협력특별지대 추진위원회 제1차 회의 결과」, 통일부 2007.12.29.

「2008년 북한 경제성장율 추정결과」, 한국은행 2009.

『통일백서 2008』, 통일부 2008.

『평화번영과 국가안보』, 국가안전보장회의 상임위원회 2004.

개성공단 5년 발간위원회 편 『개성공단 5년: 개성에 가면 평화가 보인다』, 통일부 개성공단 사업지원단 2007.

국방부 정책기획관실 『북방한계선(NLL)에 대한 우리의 입장』, 국방부 2007.

정주영 회장 참고인 증언 「국회 제145회 제3차 외무통일위원회 회의록」, 1989.2.22.

권오신 「아이젠하워 대외정책의 기조: 뉴룩(New Look) 정책과 아이젠하워 독트린」, 『미국사 연구』 21, 2005.

권용립 『미국 대외정책사』, 민음사 1997.

김달중 「북방정책의 개념, 목표 및 배경」, 『국제정치논총』 29.2, 1990.3.

김명섭 「서유럽의 통합과 동아시아의 분절: 냉전초기 미국의 지정 전략을 중심으로」, 『국제정치논총』 45.2, 2005.

김명희 「탈북자 자살의 생태계에 대한 생명 인문학적 성찰」, 『통일인문학』 70, 2017.

김보미 「중소분쟁시기 북방삼각관계가 조소·조중동맹의 체결에 미친 영향(1957~1961)」, 『북한연구학회보』 17.2, 2013.

김보영 「제네바 정치회담과 남북한 통일정책의 비교연구」, 『국사관논총』 75, 1997.

김성기 「도라산의 전설」, 『국민일보』 2002.2.19.

김성철 「외교정책의 환경·제도·효과의 역동성: 북방정책 사례 분석」, 『국제정치논총』 40.3, 2000.

김세균 「북방정책과 통일정책」, 『국제정치논총』 29.2, 1989.

김연철 「개성공단: 탈 분단의 상상력」, 『황해문화』 2004년 봄호

_____ 「남북정상회담의 역사: 평가와 과제」, 『사림』 30, 2008.

_____ 「냉전과 탈냉전기 남북대화 전략의 비교: 7·4, 기본합의서, 6.15를 중심으로」, 『통일문제연구』 17.1, 2005.

_____ 『냉전의 추억』, 후마니타스 2009.

_____ 「왜 개성공단이 재개되어야 하는가?」, 『현안과 정책』 140, 2016.8.5.

김정배「베트남 전쟁과 사회주의 진영, 그리고 냉전체제」,『역사와 경계』76, 2010.

_____「북한, 미국, 그리고 냉전체제: 1968년 Pueblo호 사건을 중심으로」,『미국사연구』 27, 2008.

김종대『노무현 시대의 문턱을 넘다: 한미동맹과 전시작전권에서 남북 정상회담에 이르기 까지』, 나무의숲 2010.

김지형「7·4공동성명 전후의 남북대화」,『사림』30, 2008.

김학준「한국 휴전 이후 현재까지의 대한민국의 북방정책」,『한국정치외교사논총』6, 1990.

나종일『제네바 정치회담에 관한 연구』, 일해연구소 1988.

노태우『노태우 회고록(하): 전환기의 대전략』, 조선뉴스프레스 2011.

데이비드 레이놀즈 지음, 이종인 옮김『정상회담: 세계를 바꾼 6번의 만남』, 책과함께 2009.

데이비드 핼버스탬 지음, 정윤미·이은진 옮김『콜디스트 윈터: 한국전쟁의 감추어진 역 사』, 살림 2009.

돈 오버도퍼 지음, 뉴스위크 한국판 뉴스팀 옮김『두개의 코리아』, 중앙일보 1998.

라종일「제네바 정치회담: 회담의 정치(1954.4.26/6.15)」,『고황정치학회보』1, 1997.

리영희「북방한계선은 합법적 군사분계선인가?: 1999년 6월 15일의 서해상 남북해군 충돌 배경의 종합적 연구」,『통일시론』3, 1999.

마상윤「안보와 민주주의, 그리고 박정희의 길: 유신체제 수립원인 재고」,『국제정치논총』 43.4, 2003

박건영·박선원·우승지「제3공화국 시기 국제정치와 남북관계: 7·4 공동성명과 미국의 역 할을 중심으로」,『국가전략』9.4, 2003.

박영실「정전이후 중국인민지원군의 대북한 지원과 철수」,『정신문화연구』105(29.4), 2006 겨울호.

박인숙「미국 역사가들과 '아이젠하워 수정주의'」,『대구사학』77, 2004.

_____「아이젠하워 행정부와 '평화'의 수사학」,『미국사 연구』22, 2005.

박종철「1960년대 중반의 북한과 중국: 긴장된 동맹」,『한국사회』10.2, 2009.

박철언『바른 역사를 위한 증언』2, 랜덤하우스중앙 2005.

_____「북방정책과 특사회담의 교훈」,『제1기 한겨레 평화강좌: 한반도는 어디로? 회담 주역들에게 듣는다』, 2009.

박태균『우방과 제국』, 창비 2006.

_____「잘못 끼운 첫 단추: 이승만-아이젠하워 정부의 갈등」,『역사비평』86, 2009 봄.

백원담「냉전기 아시아에서 아시아주의의 형성과 재편 1」, 성공회대 동아시아 연구소 편 『냉전아시아의 문화풍경 1: 1940~1950년대』, 현실문화 2008.

서중석「이승만과 북진통일: 1950년대 극우반공독재의 해부」,『역사비평』31, 1995.

성낙문·김연규·안병민『남북 연결 도로·철도의 교통수요 및 비용분석 연구』, 한국교통연구원 2005.

스코트 스나이더 지음, 안진환·이재봉 옮김『벼랑끝 협상: 북한의 외교전쟁』, 청년정신 2003.

신범식「북방정책과 한국-소련/러시아 관계」,『국제문제연구』24.1, 2002.

신종대「유신체제 수립원인에 관한 재조명: 북한요인의 영향과 동원을 중심으로」,『사회과학연구』13.1, 2005.

안병민「남북철도 건설의 효과 및 효율적 향후 추진방안」,『한국철도학회지』10.2, 2007.

_____「남북 철도·도로 연결의 경제적 파급효과」, 통일연구원 학술회의 총서 02-04, 2002.

안정식『한국의 자주적 대북정책은 가능한가: 탈냉전기 한미 대북정책의 갈등과 협력』, 한울아카데미 2007.

앨빈 토플러·하이디 토플러 지음, 김중웅 옮김『부의 미래』, 청림출판 2006.

양운철『1995년 북경 쌀 회담: 과정과 교훈』, 세종연구소 1998.

_____「통일비용의 추정과 재원 조달방안」,『세종정책연구』2.1, 2006.

엄정식「푸에블로호 사건을 둘러싼 북한과 미국의 접근」,『군사』86, 2013.

우승지「남북화해와 한미동맹의 이해: 1969~1973」,『한국정치외교사논총』26.1, 2004.

유재승「2012년 FAO/WFP 북한의 작물 및 식량안보 평가」,『KDI 북한경제리뷰』14, 2012.12.

윤민재「푸에블로호 사건과 한미 관계」,『사회와 역사』85, 2013.

이동기「분단시기(1949-1989) 동독과 서독 간 대화와 협상: 남북한 대화 평가를 위한 관점들과 관련하여」,『사림』30, 2008.

이문항『JSA-판문점(1953~1994)』, 소화 2001.

이병웅『평화의 기를 들고: 회담수석대표의 남북현장이야기들』, 늘품 2006.

이상숙「1958년 북한주둔 중국인민지원군 철수의 원인과 영향: 북한의 대중국 협력 확대와 대중동원 경제노선 강화를 중심으로」,『북한연구학회보』13.1, 2009.

_____「1960년대 중반 북한-중국의 갈등과 북한의 자주노선」,『북한학연구』3.2, 2007.

이상옥『전환기의 한국외교: 이상옥 전 외무장관 외교회고록』, 삶과꿈 2002.

이석호「한국 북방정책의 변천 과정과 결정요인」,『국제정치논총』28.2, 1988.

이신철「남북정상회담의 전사: 남북협상과 1950년대 통일논의」,『사림』30, 2008.

_____「1954년 제네바 정치회담시기 남·북의 통일론」,『사림』25, 2006.

이완범「1950년대 이승만 대통령과 미국의 관계에 관한 연구」,『정신문화연구』30.2(107),

2007 여름.

이장희「서해 5도의 국제법적 쟁점과 그 대응방안: 한강하구구역, 서해5도 그리고 북방한
계선을 중심으로」,『외법논집』 10, 2001.

이재원「'디엔 비엔 푸(Dien Bien Phu) 전투'에 대한 프랑스인들의 인식과 기억의 변화」,
『서양사론』 102, 2009.

이제훈「유엔 안보리 결의 2270호 채택 경과와 전망」,『IFES현안진단』 41, 2016.3.14.

이혜정「한미동맹 기원의 재조명: 한미 상호방위조약의 발효는 왜 연기되었는가?」,『한국
정치외교사논총』 26.1, 2004.

이종석「유신체제의 형성과 분단구조」, 이병천 엮음『개발독재와 박정희시대: 우리 시대
의 정치경제적 기원』, 창비 2003.

이정진「대북정책 결정과정에서 나타난 대통령과 여론의 영향력 변화」,『국제정치논총』
43.1, 2003.

임동원「남북고위급회담과 북한의 협상전략」,『북한의 협상전략과 남북한 관계』, 경남대
학교 극동문제연구소 1997.

_____『피스메이커: 남북관계와 북핵문제 25년』, 창비 2015.

임춘건『북방정책과 한국정치의 정책결정』, 한국학술정보 2008.

임현진·정영철「'전환의 계곡'을 넘어: 통일편익, 통일비용, 그리고 통일혜택」,『역사비평』
97, 2011 겨울.

전재성「노태우 행정부의 북방정책 결정요인과 변화과정 분석」,『국제문제연구』 24, 2002.

정동영『개성역에서 파리행 기차표를: 정동영의 평화시장론 1』, 랜덤하우스코리아 2007.

정성윤「미국의 대북 무력 강압 실패에 대한 연구: 1968년 푸에블로호 나포 사건을 중심으
로」,『국제정치논총』 54.2, 2014.

_____「1968년 북한의 푸에블로호 나포 원인에 대한 연구」,『국제정치연구』 11.2, 2008.

정일준「유신체제의 모순과 한미 갈등: 민주주의 없는 국가안보」,『사회와 역사』 70, 2006.

_____「한국 민주주의와 미국: 박정희 정권시기 한국 정치변동에 대한 미국의 공개 개입
과 불개입을 통한 개입을 중심으로」,『기억과 전망』 17.17, 2007.

정준갑「한국전쟁 직후 미국의 한반도 정책(1953-54): 냉전 외교의 한계」,『미국사 연구』
15, 2002.

조성렬『한반도 평화체제: 한반도 비핵화와 북한 체제의 전망』, 푸른나무 2007.

조엘 위트·대니엘 폰먼·로버트 갈루치 지음, 김태현 옮김『북핵위기의 전말: 벼랑 끝의 북
미협상』, 모음북스 2005.

차상철「아이젠하워, 이승만, 그리고 1950년대 한미관계」,『미국사 연구』 13, 2001.

찰스 프리처드 지음, 김연철·서보혁 옮김『실패한 외교: 부시, 네오콘 그리고 북핵위기』, 사계절 2008.

첸지천 지음, 유상철 옮김『열 가지 외교이야기: 중국 외교의 대부 첸지천의 국제정치 비망록』, 랜덤하우스중앙 2004.

최희식「이승만 정부 시기의 한일관계: 한미일 냉전 전략의 불협화음과 한일관계의 정체」, 『세계지역연구논총』 27.3, 2009.

홍석률「위기 속의 정전협정 : 푸에블로 사건과 '판문점 도끼살해' 사건」, 『역사비평』 63, 2003 여름.

_____「이승만 정권의 북진통일론과 냉전외교정책」, 『한국사연구』 85, 1994.

_____「1968년 푸에블로호 사건과 남한·북한·미국의 삼각관계」, 『한국사연구』 113, 2001.

_____「1970년대 전반 동북아 데탕트와 한국 통일문제: 미·중간의 한국문제에 대한 비밀 협상을 중심으로」, 『역사와 현실』 42, 2001.

_____「1970년대 전반 북미관계: 남북대화, 미중관계 개선과의 관련 하에서」, 『국제정치논총』 44.2, 2004.

_____「1970년대 초 남북대화의 종합적 분석: 남북관계와 미중관계, 남북한 내부 정치의 교차점에서」, 『이화사학연구』 40, 2010.

_____「한국전쟁 직후 미국의 이승만 제거계획」, 『역사비평』 28, 1994 가을.

홍용표「1954년 제네바 회의와 한국 전쟁의 정치적 종결 모색」, 『한국정치외교사논총』 28.1, 2006.

해외 자료 및 문헌

李鍾元「東アジア冷戰と韓米日 關係」, 東京: 東京大出版會 1996.

Chicago Tribune, 1968.1.25.

Foreign Relations of the United States 1964-1968, vol. XXIX Part 1, Korea, Washington: United States Government Printing Office 2000.

Foreign Relations of the United States 1969-1976, vol. E-12, Documents on East and Southeast Asia 1973-1976, Washington: United States Government Printing Office 2011.

Foreign Relations of the United States 1969-1976, vol. XIX Part 1, Korea 1969-1972, Washington: United States Government Printing Office 2010.

Foreign Relations of the United States 1969-1976, vol. XL, Germany and Berlin 1969-1972, Washington: United States Government Printing Office 2007.

History and Public Policy Program Digital Archive, MOL, XIX-J-1-J Korea, 1968, http://digitalarchive.wilsoncenter.org/document.

History and Public Policy Program Digital Archive, Political Affairs Fond, Telegrams from Pyongyong, Top Secret, 1968, Archive of the Romanian Ministry of Foreign Affairs, http://digitalarchive.wilsoncenter.org/document.

History and Public Program Digital Archive, Russian State Archive of Recent History (RGANI), http://digitalarchive.wilsoncenter.org/document.

Boquérat, Gilles, "India's Commitment to Peaceful Coexistence and the Settlement of the Indochina War," *Cold War History*, vol. 5, no. 2, 2005.

Brands, Henry W. Jr, "The Dwight D. Eisenhower Administration, Syngman Rhee, and the 'Other' Geneva Conference of 1954," *The Pacific Historical Review*, vol. 56, no. 1, 1987.

Caldwell, Dan, "The Legitimation of the Nixon-Kissinger Grand Design and Grand Strategy," *Diplomatic History*, vol. 33, no. 4, 2009.

Cheevers, Jack, *Act of War: Lyndon Johnson, North Korea and The Capture of the Spy Ship Pueblo*, New York: NAL Caliber 2013.

Dallek, Robert, *Partners in Power: Nixon and Kissinger*, New York: Harper Collins Publishers 2007.

Department of Defence, *A Strategic Framework for the Asian Pacific Rim: Looking toward the 21st Century*, Washington D.C.: U.S. G.P.O. 1990.

Dobrynin, Anatoly, *In Confidence: Moscow's Ambassador to America's Six Cold War Presidents, 1962-1986*, New York: Times Books 1995.

Foot, Rosemary, "The Eisenhower Administration's Fear of Empowering the Chinese," *Political Science Quarterly*, vol. 3, no. 3, 1996.

Geyer, David C, "The Missing Link: Henry Kissinger and the Back-Channel Negotiations on Berlin," *GHI Bulletin Supplement 1*, 2003.

Hara, Kimie, "Rethinking the Cold war in the Asia-Pacific," *The Pacific Review*, vol. 12. no. 4, 1999.

Hecker, Siegfried S, "North Korea's Nuclear Capabilities and Recommendations for

Future Six-Party Talks," East Asia Institute Smart Q&A no. 2013-08, 2013.9.30.

Kennan, George F., "Peaceful Coexistence; A Western View," *Foreign Affairs*, vol. 38, no. 2, 1960.

Kuo-Kang, Shao, "Zhou Enlai's diplomacy and the neutralization of Indo-China, 1954-55," *The China Quarterly*, no. 107, 1986.

Lerner, Mitchell, "A Failure of Perception: Lynden Johnson, North Korean Ideology, and the Pueblo Incident," *Diplomatic History*, vol. 25, no. 4, 2001.

Lippert, Werner D., *Richard Nixon's Détente and Willy Brandt's Ostpolitick: The Politics and Economic Diplomacy of Engaging the East*, Vanderbilt University, History, Ph.D, 2005.8.

Lowe, Peter, "Change and Stability in Eastern Asia: Nationalism, Communism, and British Policy, 1948-55," *Diplomacy and Statecraft*, vol. 15, no. 1, 2004.

Macmillan, Margaret, *Nixon and Mao: The Week that Changed the World*, New York: Random House Trade Paperbacks 2007.

Nagai, Yonosuke and Irye Akira (eds), *The Origins of the Cold War in Asia*, New York: Columbia University Press 1977.

Nichet, Luke A, *Richard Nixon and Europe: Confrontation and Cooperation, 1969-1974*, Graduate College of Bowling Green State University, Ph.D, 2008.

Patrick, Houghton David, "Spies and Boats and Planes; An Examination of U.S. Decision-Making during the Pueblo Hostage Crisis of 1968," *Journal of Cold War Studies*, vol. 17, no. 4, 2015.

_____, "The Role of Analogical Reasoning in Novel Foreign-Policy Situation," *British Journal of Political Science*, vol. 26, no. 4, 1996.

Qiang, Zhai, "China and the Geneva Conference of 1954," *The China Quarterly*, vol. 129, 1992.

Ra, J. Y, "The Politics of Conference: The Political Conference on Korea in Geneva, 26 April-15 June 1954," *Journal of Contemporary History*, vol. 34, no. 3, 1999.

Radchenko, Sergey S, "The Soviet Union and the North Korean Seizure of the USS Pueblo: Evidence from Russian Archives," Woodrow Wilson International Center for Scholars, Cold War International History Project, Working Paper, #47, Washington D.C. 2005.

Sarantakes, Nicholas Evan, "The Quiet War: Combat Operations along the Korean

Demilitarized Zone, 1966-1969," *The Journal of Military History*, vol. 64, no. 2, 2000.

Sarotte, Mary Elise, "The Frailties of Grand Stategies: A Comparison of Détente and Ostpolitik," Fredrik Logevall and Andrew Preston (ed), *Nixon in the World: American Foreign Relations, 1969-1977*, New York: Oxford University Press 2008.

Schaefer, Bernd, "Washington as a Place for the German Campaign: The U.S. Government and the CDU/CSU Opposition, 1969~1972," *GHI Bulletin Supplement 1*, 2003.

Simmons, Robert R, "The Pueblo, EC-121 and Mayaguez Incidents: Some Continuties and Changes," Occasional Papers/Reprints Series in *Contemporary Asian Studies*, no 8, 1978.

Stueck, William, "Reassessing U.S. Strategy in the Aftermath of the Korean War," *Orbis*, 2009.

Warner, Geoffrey, "Review Article: Nixon, Kissinger and the rapprochement with China, 1969-1972," *Intenational Affairs*, vol. 83, no. 4, 2007.

Zhang, Shu Guang, "Constructing 'Peaceful Coexistence': China's Diplomacy toward the Geneva Bandung Conference, 1954-55," *Cold War History*, vol. 7, no. 4, 2007.

70년의 대화
새로 읽는 남북관계사

초판 1쇄 발행/2018년 1월 30일
초판 4쇄 발행/2020년 10월 13일

지은이 / 김연철
펴낸이 / 강일우
책임편집 / 김유경
조판 / 박아경
펴낸곳 / (주)창비
등록 / 1986년 8월 5일 제85호
주소 / 10881 경기도 파주시 회동길 184
전화 / 031-955-3333
팩시밀리 / 영업 031-955-3399 편집 031-955-3400
홈페이지 / www.changbi.com
전자우편 / human@changbi.com

ⓒ 김연철 2018
ISBN 978-89-364-8623-5 93300